REISEABENTEUER
DUMONT

CONSTANZE JOHN

40 TAGE ASERBAID-SCHAN

UNTERWEGS ZWISCHEN KAUKASUS UND KASPISCHEM MEER

REISEABENTEUER
DUMONT

FSC
www.fsc.org
MIX
Papier aus verantwortungsvollen Quellen
FSC® C018236

Gestaltung: Herburg Weiland, München
Umschlagfoto: laif/KEYSTONE-FRANCE/GAMMA-RAPHO (vorne), Constanze John (hinten)
Umschlagkarte: Constanze John, Gerald Konopik, DuMont Reisekartografie
Fotos, Illustrationen und Karten Innen: Constanze John
Printed in Poland
ISBN 978-3-7701-8299-2

www.dumontreise.de

Für meine Mutter

Inhalt

Vorbemerkung zu den Schreibweisen des Aserbaidschanischen

Allein in den vergangenen hundert Jahren ist die Schrift für die aserbaidschanische Sprache durch mehrere Alphabete gegangen. Und auch wenn heute ein lateinisches Alphabet in Aserbaidschan verwendet wird, gibt es dort einzelne Buchstaben, welche bei uns nicht gängig sind.

Ich habe mich entschlossen, die Übertragung der Namen und Begriffe möglichst der deutschen Aussprache anzupassen.

Zugleich ergeben sich eine ganze Reihe von Ausnahmen dadurch, dass ich die Namen heute lebender Personen, deren Umschreibung in Aserbaidschan wiederum ins Englische üblich ist, in eben dieser Übertragung belasse.

CONSTANZE JOHN, BRASILIA, LEIPZIG, 12. FEBRUAR 2020

... zwar ist der Busbahnhof Baku noch im Bau, aber schon in Betrieb. Ein Reisender hält mir die Tür auf. Während ich diese nun durchschreite, danke ich dem Mann. Gleich hinter der Tür gibt es eine flache Stufe. Ich stürze.

Einige Tage später verlasse ich einen Supermarkt, der durchaus schon in Betrieb ist; nur ist dort, wo in Westeuropa eine Schräge wäre, auch hier eine flache Stufe. Ich strauchele, kann mich dieses Mal aber abfangen.

Als ich eine Woche später durch den dämmrigen Mittelgang eines Busses gehe, bemerke ich die Stufe mitten im Gang sofort.

Nach vierzig Tagen komme ich zurück zum Busbahnhof Baku, öffne wieder genau diese Tür, an der ich anfangs gestürzt bin, schaue und bemerke diesmal eine Schräge hinter der Tür; gegebenenfalls behindertengerecht.

Prolog

Es ist meine erste Reise in den Orient. Meine Freundin, die Journalistin Ludmila Thiele, die, wie sie selbst immer wieder betont, halb Russin, halb Armenierin ist, hat meine bisherigen Reisen durch den Kaukasus mit Herz-Verstand begleitet, mich zugleich an jeder passenden Stelle aber auch daran erinnert: »Einmal musst du nach Baku. Unbedingt. Es wird dir gefallen. Baku ist eine kosmopolitische Stadt.« Geboren in Sibirien, ist Ludmila in Baku aufgewachsen, bis sie in den frühen 1980er-Jahren durch Heirat in den Osten Deutschlands kam, in die DDR.

Vor einigen Monaten traf ich in Georgien einen Aserbaidschaner, einen aus Baku, und der meinte ebenso: »Armenien, Georgien ... Warum kommst du nicht auch nach Aserbaidschan? Ich sehe einiges kritisch in meinem Land, zugleich ist vieles sehr interessant. Überlege es dir und dann komm!« – »Ich glaube sogar, dass ich kommen *muss*. Die Armenier, die Georgier und ihr, ihr seid doch Brüder.« – Mein Gegenüber wirkt fassungslos: »Aber wir sind doch keine Brüder!«

Ich versuche, das Gesagte mittels einer persönlichen Geschichte herunterzubrechen: »Ich habe auch zwei Brüder. Und zwischen denen gibt es immer wieder Streit. Und keiner weiß, warum.«

Mein Gegenüber zeigt sich erleichtert: »Ach so; so – ja.«

Jeder sagt etwas anderes über Aserbaidschan. Und kaum einer war dort. Eine Reihe von Leuten ist sich ohnedies sicher: »Wenn Sie in Armenien gewesen sind, kommen Sie gar nicht erst nach Aserbaidschan.«

Für mich aber ist die Reise beschlossene Sache. Ich werde alles mit eigenen Augen sehen.

Zum Glück bekomme ich über Freunde Kontakt zu Simone Haeberli, die zu diesem Zeitpunkt die stellvertretende Regionaldirektorin für Zusammenarbeit an der Schweizer Botschaft in Baku ist. Ich frage sie, ob es schwierig werden könnte, ein e-Visum zu erhalten. Ihre Antwort ist sachkundig und praktikabel: »Aserbaidschan ist dabei, sich zu öffnen. Sie müssen es nicht vor sich hertragen, dass Sie in Armenien waren. Zugleich muss es auch kein Geheimnis sein. Entscheidend ist, dass Sie nicht in Bergkarabach gewesen sind. Oder waren Sie?«

Nein, in Bergkarabach bin ich nie gewesen. Und das energische Zeichen, diesen Ort im Konfliktzustand unbedingt zu meiden, bekam ich vor Jahren ausgerechnet in Armenien: Ich saß mit Maria, einer armenischen Autorin, im Haus der Schriftsteller in Jerewan. Gerade hatte Maria den Wasserkocher angestellt, um Tee zu machen. Und während wir darauf warteten, dass das Wasser zu kochen begann, lud sie mich ein, gemeinsam mit ihr einmal nach Bergkarabach zu fahren: »Dort ist es nicht gefährlich. Als wir zuletzt in Bergkarabach gewesen sind, mussten wir an der Grenze bloß ein bisschen warten – wegen einer Schießübung.« Und nun, gerade als das Wort *Schießübung* fiel, explodierte dieser Wasserkocher. Erschrocken schauten wir uns an, bevor ich aussprach, was mir in Anbetracht der Explosion völlig klar schien: »Gott hat gesprochen. Unter diesen Umständen fahre ich ganz bestimmt nicht nach Bergkarabach.«

Zurück zum Orient und zu meiner eigentlich ersten Reise dorthin. Ja, inzwischen sage ich: *eigentlich ersten Reise.* Denn allmählich wird mir klar, dass ich bereits als Kind durch den Orient gereist bin, für tausendundeine Nacht.

... und zwar fasst Scheherazade, die Tochter des Wesirs, einen riskanten Beschluss: Sie beabsichtigt, dem König Geschichten zu erzählen und ihn damit so in ihren Bann zu ziehen, dass er um jeden Preis das Ende der jeweiligen Geschichte hören möchte. Und es gelingt. Am Ende schenkt der König Scheherazade das Leben und nimmt sie zur Frau.

Auch unsere Mutter erzählte mir und meinen beiden Brüdern jeden Abend Geschichten. Und so unüberwindbar die meisten Landesgrenzen damals für uns gewesen sein mögen, waren wir mittels dieser Geschichten zugleich in aller Welt unterwegs. Dafür sorgte schon unsere liebe Mutter.

Wir liebten Märchen und Geschichten, nicht zuletzt die, die uns in fremde, orientalische Welten führten – *Der fliegende Teppich, Ali Baba und seine vierzig Räuber, Aladin und die Wunderlampe*. Später kamen die Witze und Streiche des Hodscha Nasreddin dazu, und noch viel später und ganz anders: Hodscha Nasreddin als die zentrale Gestalt einer Reihe von Weisheitsgeschichten der orientalischen Mystiker, der Sufis.

Bis heute liebe ich Geschichten. Und als ich in Baku Samira Hashimzadeh kennenlerne, eine junge, gläubige Frau, die besonders die mystische Seite des Islam sehr liebt – »Das Wort Sufismus bedeutet *pur, sauber*« –, bitte ich sie, mir eine dieser Sufi-Geschichten zu erzählen.

... und zwar ist der Bruder des Königs reich, geht aber immer arm gekleidet. Die einen sagen: »Er ist ein kluger Mensch.«

Die anderen sagen: »Er muss verrückt sein: Er ist reich und geht gekleidet wie ein Bettler.«

Einmal kommt ein Mann zu ihm und bittet ihn um Rat: »Du bist so klug. Sag, wie kann ich reich werden?« Und der Bruder des Königs rät ihm: »Du musst viel Getreide kaufen. Das Getreide wird im nächsten Jahr sehr teuer sein.«

Der Mann kauft Getreide und wird ein reicher Mann.

Im Jahr darauf geht er erneut zum Bruder des Königs und sagt: »Du bist doch verrückt! Mir gibst du guten Rat. Aber du selbst tust nichts, um reicher zu werden. Sag, Verrückter, was soll ich als Nächstes kaufen?«

Diesmal rät der Bruder des Königs: »Du musst Zwiebeln kaufen und sie anschließend wässern.« Also nimmt der Mann all seinen Reichtum, kauft die Zwiebeln, wässert sie und – sie verderben alle.

Als er ein drittes Mal vor den Bruder des Königs tritt, beschwert er sich: »Warum hast du mir zuerst einen so guten Rat gegeben und dann so einen ...?«

»Ganz einfach«, erklärt ihm der Bruder des Königs. »Zuerst hast du mich als einen klugen Menschen befragt, und klug habe ich dir geantwortet. Dann hast du mich aber als einen Verrückten befragt ...«

Vierzig Tage, vierzig Räuber ...

»Die Vierzig ist eine heilige Zahl im Orient«, erinnert sich Ludmila. »So gelten die vierzig Tage nach der Geburt des Kindes als eine wirklich kritische Zeit, in der man Kind und Mutter nicht unbedingt besuchen sollte.«

Stirbt ein Mensch, so gibt es wiederum vierzig Tage nach seinem Tod eine Feier für die Seele.

Einer der großen Dichter Aserbaidschans ist neben Füsuli, Nesimi, Mehseti und Natavan zweifellos Nizami. In seinem Werk *Die Schatzkammer der Geheimnisse* ist zu lesen, dass seinerzeit im Orient, im 12. Jahrhundert, die allgemein geläufige Vorstellung herrschte, dass der Verstand eines Menschen im Alter von vierzig Jahren seine eigentliche Reife erlangt hat.

Und überhaupt: War nicht auch der Religionsgründer des Islam, Mohammed, gerade etwa vierzig Jahre alt, als er seine Visionen empfing?

Zahlen- und Buchstabensymbolik sind im Orient eng miteinander verbunden. Die Vierzig steht für den Buchstaben M – *M wie Mohammed*. Die Vierzig gilt als die Zahl des Propheten.

Die Vierzig spielt sowohl im Christentum als auch im Islam eine wesentliche Rolle – als Zahl der Prüfung, Bewährung, Initiation, Verwandlung, Tod, Aussöhnung ... Und wären wir in Westeuropa ebensolche Freunde von Zahlensymbolik, könnten wir den Fall *der Mauer,* nur vier Wochen nach dem vierzigsten Jahrestag des dazugehörigen Staates, kaum als Zu-Fall sehen.

Also: Aserbaidschan

In Aserbaidschan, gelegen zwischen Kaspischem Meer und Kaukasus, leben die über zehn Millionen Einwohner auf einer Gesamtfläche von 86.600 Quadratkilometern; davon umfasst die Autonome Republik Nachitschewan 5500 Quadratkilometer. Das Gebiet Bergkarabach ist seit 1993/94 nicht mehr unter aserbaidschanischer Kontrolle. Auch von der Bundesrepublik Deutschland wird die sogenannte *Republik Bergkarabach* völkerrechtlich nicht anerkannt.

Aserbaidschan, einst Teilrepublik der Union der Sozialistischen Sowjetrepubliken, grenzt an Russland, konkret an die Republik Dagestan, sowie an Georgien, Iran, Armenien und mit der aserbaidschanischen Exklave Nachitschewan auch an die Türkei. Hauptstadt der Republik Aserbaidschan ist die Hafen- und Erdölstadt Baku.

Das Land wird im Präsidialsystem regiert. Der Präsident wird alle sieben Jahre gewählt. Amtsinhaber ist Ilham Aliyev, der Sohn des Vorgängers Heydar Aliyev. Vizepräsidentin ist die Ehefrau von Ilham Aliyev, Mehriban Aliyeva.

Azize und die altorientalische Heilungsmusik

Vor Jahren begegnete ich bei einem Seminar zu altorientalischer Heilungsmusik in München dem Sufi-Meister Dr. Rahmi Oruç Güvenç. Die Gruppe *Tümata* stellte Musik der Turkvölker vor und spielte. Mit dieser Musik verfiel ich in eine friedvolle Trance, und habe – wenn auch erfolglos – bei dieser Gelegenheit einmalig den Drehtanz der Derwische probiert, das *Himmelstanzen,* wie Samira es nennt.

In Anbetracht meiner bevorstehenden Reise erneuere ich die Verbindung zu *Tümata*, in persona zu Andrea Azize Güvenç. Und so erfahre ich: »Kontakte nach Aserbaidschan gibt es (noch) nicht: Aber wir haben sehr viele aserbaidschanische Lieder im Repertoire.« Bald darauf fügt es sich, dass Azize mit ihrer *Karawane der altorientalischen Heilungsmusik* erstmalig durch Deutschland zieht und, wo immer möglich, musiziert: »Die Idee ist, die Musik dienend zu den Menschen zu bringen, nach Hause, in Hospitäler, Einrichtungen, Schulen etc., und nicht darauf zu warten, dass die Menschen zu uns kommen. Das Ganze soll im Reisen geschehen, weil das auch im alten Orient sich so verbreitet hat. Es ist ein Experiment.«

Als Reisende mit unterschiedlichen Richtungen und zugleich verwandten Wegen treffen wir uns kurz vor meinem Abflug in Richtung Orient bei mir zu Hause in Leipzig. Und Azize, die ursprünglich aus dem Ruhrgebiet kommt und heute in der Türkei lebt, in der Heimat ihres inzwischen verstorbenen Mannes, eröffnet mir in dieser einen Stunde eine ganze Welt. Unmittelbar bevor wir auseinandergehen, bitte ich auch sie um *eine Geschichte*. Und weil ihr nicht sofort eine einfällt und ich sie auch nicht bedrängen möchte, frage ich Azize nach der Bedeutung ihres Namens: »*Azize* hat mehrere Bedeutungen. Es ist einer der schönen Gottesnamen – die Geliebte, die Liebende, die Siegreiche ... Und jetzt ist mir auch eine Geschichte eingefallen, die eine – glaube ich – sehr besondere Geschichte ist und von Oruçs Vater kommt. Oruç hat sie nur ganz, ganz selten in unseren Seminaren erzählt:

... und zwar gibt es einen Bürgermeister, in einem kleinen Dorf, der so grausam ist, dass er von niemandem Sympathie erhält. Und dieser Bürger-

meister stirbt. Und alle weigern sich, ihn zu beerdigen, und sagen: »Nee, ich tu das nicht. Der hat …« Und so weiter.

Und dann sagen sie: »Gut, fragen wir seine Frau, ob sie das macht.« Und die sagt: »Nee, also der hat mir so viel Schlechtes angetan. Ich bringe ihn nicht unter die Erde.«

Im Islam ist es so, dass, wenn jemand stirbt, er möglichst am selben Tag beerdigt wird. Man sagt, die Seele warte darauf, dass der Körper schnell wieder in die Erde geht, damit sie frei ist.

Selbst der Imam weigert sich. Alle weigern sich. Und dann fällt einem ein: »Mensch, da oben auf dem Berg, da wohnt doch der Murad, der Schäfer. Der kennt den Bürgermeister gar nicht. Und vielleicht kann der …«

Sie packen den Leichnam auf einen Eselskarren und machen sich auf den Weg, treffen den Murad und sagen: »Weißt du, Murad: Wir haben alle so schlechte Erfahrungen mit ihm. Aber würdest du ihn beerdigen?«

Und der Murad sagt: »Ja. Gut. Ich übernehme das. Seid ganz beruhigt.«

Sie gehen wieder. Und nach ein paar Tagen sitzen sie alle im Teehaus, mit ganz langen Gesichtern. Die Stimmung ist bedrückt, bis einer es nicht mehr aushält und sagt: »Ich muss euch was erzählen. Ich hatte jetzt drei Nächte hintereinander einen Traum. Da habe ich unseren Bürgermeister im Paradies gesehen. Stellt euch das vor. Wie kann das möglich sein? Wie kann das sein?« – Und ein anderer sagt: »Ich habe es auch gesehen!« – »Und ich auch.« Und alle hatten denselben Traum in diesen drei Nächten. – »Ja, wie kann das denn sein? Wir müssen noch einmal überlegen. Hat er nicht doch etwas Gutes getan?« – »Nein!« – Und auch der Frau fällt nichts ein; gar nichts. – »Ja, dann muss es an Murad liegen. Irgendetwas hat der Murad gemacht. Das wollen wir wissen.«

Also gehen sie zu Murad und fragen: »Murad, was hast du gemacht?«

»Ja«, sagt Murad. »Ich habe nichts Besonderes gemacht. Ihr wisst doch: Ich bin ein einfacher Mann. Ich bin ein Schäfer. Ich wohne hier in der Höhle. Ich habe ein Loch gegraben, habe ihn beerdigt, und das war's.« – »Aber Murad, irgendwas musst du gemacht haben. Überleg doch noch mal.« – Sagt der Murad: »Ich habe ihn ganz normal mit meinen Worten beerdigt.« – »Und was hast du gesagt?«

»Ja«, sagt der Murad. »Ich habe gebetet und habe gesagt: Allah, Allah, du hast mir so viele Gäste geschickt. Ich bin ein einfacher Mann. Und du weißt: Ich habe keinen Reichtum. Ich habe nur mein Fell hier, auf dem ich schlafe; ich habe zu essen, was ich im Wald finde. Und wenn ein Gast kommt, dann teile ich mit ihm, was ich zur Verfügung habe. Und auch ich schicke dir jetzt mal einen Gast. Nimm ihn auf und teile mit ihm, was du zur Verfügung hast.«

Tag 0

Süß und fröhlich

Meine Reise nach Aserbaidschan beginnt dort, wo meine letzte Kaukasus-Reise geendet hat – in Georgien, in Tbilissi, wo ich mich mit dem Begründer von *Kaukasus-Reisen,* Hans Heiner Buhr, treffe.

Heiner stammt aus Berlin und lebt seit 1996 in Georgien, gemeinsam mit seiner georgischen Frau Teona und den Kindern. Er ist Künstler, ehemals Deutschlehrer und jetzt Reiseunternehmer.

Heiner reist gern. Anfänglich spazierte er ausgiebig durch Tbilissi, reiste später bis in die entferntesten Ecken Georgiens, schließlich auch durch die Nachbarländer Armenien und Aserbaidschan. Dabei erwies es sich als Wert, dass er in der Schule – noch vor Englisch – die russische Sprache gelernt hat und gut spricht; selbst Georgisch beherrscht er inzwischen.

»Wobei ich ja nicht als Unternehmer geboren wurde, sondern mir das erst angeeignet habe. In der DDR gab's halt immer diesen Kollektivcharakter. Manch einer – in der Schulklasse, in der Studiengruppe, im Arbeitskollektiv – war zwar ein bisschen höhergestellt; das hieß aber nicht, dass er mehr Rechte hatte. Und so ist das auch bei uns, bei *Kaukasus-Reisen*. Letztlich bin ich allerdings dann doch der Chef: Ich habe die Firma gegründet, ich verwalte das Geld, ich bin für alles verantwortlich. Ganz klar.«

Gemeinsam mit seinem lokalen Team wird Heiner von der Vision beflügelt, interessierte Reisende bei einem schonenden und defensiven Abenteuer- und Bergtourismus orts- und sachkundig zu begleiten.

Derzeit gibt es in Tbilissi ein Team-Treffen, und dabei lerne ich Ashurey Ramazanova kennen, im Unternehmen die aserbaidschanische Reiseleiterin. Ich als die Ältere, zugleich mit Heiner bekannt und befreundet, biete ihr sofort das Du an.

Zu dritt sitzen wir auf Heiners Balkon in der Altstadt. Es ist Ende März, und die Mittagssonne wärmt bereits. »Mindestens einmal im Jahr kommt unser Team zusammen. Manchmal fahren wir auch irgendwohin – mal durch Georgien, mal durch Armenien, mal durch Aserbaidschan. Denn wir arbeiten nicht nur gemeinsam, sondern wir haben auch Spaß miteinander. Unsere Arbeit ist auch unser Leben. Wenn wir als Team nun zum Beispiel nach Aserbaidschan fahren, mit Ashurey in ihre Heimat, dann kann sie uns dort alles erklären. *Ashurey*, sage ich ab und an: *Was können wir Neues machen?* Wir überlegen gemeinsam. Und dabei habe ich meine deutsche Denke, und Ashurey denkt ganz anders!«

Eine junge Aserbaidschanerin hatte ich mir ganz anders vorgestellt und auf jeden Fall mit langem, schwarzem Haar. Ashurey, Ende zwanzig, trägt ihr mittelblondes Haar nackenlang und ihren Rock in Mini. Sie hat einen wachen Blick, spricht wunderbar Deutsch, besitzt ein lebensfrohes und energisches Wesen. Sie lacht gern und viel.

»Woher stammst du eigentlich?«, frage ich sie, nicht sicher, ob ich sie das so rundheraus überhaupt fragen darf. Aber es scheint kein Problem zu sein: »Im Norden, in den Bergen, liegt ein kleines Dorf – Zaqatala. Ich stamme aus Zaqatala. Dort gibt es eigentlich nichts Besonderes. Aber Scheki ist in der Nähe. Und Scheki mit seinem alten Khan-Palast ist interessant. Nach Scheki solltest du fahren.« Ich wage mich noch einen Schritt weiter vor: »Aber du siehst nicht aus wie eine typische Aserbaidschanerin.« Ashurey lacht hell, bevor sie mir erklärt: »Ich stamme zu fünfzig Prozent von den Lesginen und den Awaren ab. Die anderen fünfzig Prozent sind Mischmasch. Das sagt jedenfalls meine Mutter.«

Und ich erfahre, dass in Aserbaidschan mehrere Ethnien zusammenleben. Die deutlich größte Gruppe sind die Aserbaidschaner, überwiegend schiitisch-muslimisch, wobei Staat und Religion voneinander getrennt sind. Darüber hinaus leben im Land um die dreißig verschiedenen Ethnien: Lesginen, Awaren, Udinen, Krysen, Chinalugen, Buduchen, Ingilojer, Pontos-Griechen, Neue Assyrer, Ukrainer, Weißrussen, Armenier, Zachuren, Taten bzw. Tats, Mescheten, Tataren, Juhuren (»Bergjuden«), aschkenasische Juden, Russen, Talyschen, Kurden, Georgier ... (1)

Aufgrund dieser interessanten ethnischen Vielfalt befördert das Ministerium für Kultur und Tourismus in Aserbaidschan konkret auch den *Ethnotourismus*. In der vom Ministerium herausgegebenen Broschüre *Ethnic tourism in Azerbaijan* lese ich: »Ethnotourismus fördert engere Beziehungen zwischen ethnischen Völkern sowie die Integration lokaler Ethnokulturen in das gemeinsame kulturelle Erbe der Welt.« (2)

»Du trägst einen kurzen Rock«, stelle ich fest. Ashurey muss abermals lachen: »Ja, in Baku ist das ungewöhnlich, und die Leute schauen immer gleich. Bei uns in Zaqatala schaut da keiner oder denkt etwas Schlechtes. In Zaqatala sind kurze Röcke ganz normal.«

Ich mag den Austausch mit Ashurey. In ihrer offenen Art kommt sie mir sehr entgegen. Und natürlich interessiert mich auch, warum sie eigentlich so gut Deutsch spricht. Heiner steht auf, bleibt dann aber im Türrahmen stehen, um uns noch ein bisschen zuzuhören.

»Das werde ich immer wieder von meinen Gästen gefragt.« Ashurey lacht ihr Lachen und erzählt, dass sie nach dem Schulabschluss in Gändschä studiert hat, an der Staatlichen Universität. *Gändschä* – englisch: *Ganja* – ist die zweitgrößte Stadt in Aserbaidschan.

Zunächst studierte Ashurey Europawissenschaften, Politik und Geschichte. Anschließend ging sie nach Deutschland, um ihre Kenntnisse in der deutschen Sprache weiterzuentwickeln und die deutsche Kultur kennenzulernen. Dort absolvierte sie ein Freiwilliges Soziales Jahr (FSJ) im Krankenhaus. Es folgte das Angebot, sich zur Krankenschwester ausbilden zu lassen.

»Als Krankenschwester hätte ich in Deutschland bleiben können. Aber nach diesem einen Jahr wusste ich genau: Krankenschwester zu sein, das ist nicht mein Weg. Damals war ich gerade vierundzwanzig Jahre alt. Und irgendetwas hat mich zurück nach Aserbaidschan gerufen. Vielleicht«, und jetzt lacht sie wieder, »war das ja unser großartiges Essen. Unsere aserbaidschanische Küche habe ich in Deutschland sehr vermisst. Ja, aber als ich dann wirklich zurück war, folgte eine schwere seelische Phase: Ich fühlte mich plötzlich zwischen den Kulturen; ich wusste nicht mehr, wohin ich gehöre. Zu Europa? Oder zu Asien? Welche Leute sind wirklich meine Freunde? Und was ist richtig für mich?«

An sich wäre es perfekt gewesen, sich einige Tage früher auf den Weg nach Aserbaidschan zu machen, um spätestens am 20. März in Baku zu sein, zum berühmten *Novruz*-Fest. Novruz ist *das* festliche Ereignis des Jahres. Nur wurde zeitgleich am 20. März die Buchmesse in Leipzig eröffnet, auf der ich *40 Tage*

Georgien vorzustellen hatte. Ich hoffe sehr, dass man mir meine Verspätung verzeihen wird.

Novruz heißt übersetzt *Der neue Tag*. Der Frühling beginnt. Das Haus wird geputzt, Bäume werden gepflanzt, die Familie wird neu eingekleidet. Darüber hinaus ist das Fest ein Anlass, um Schulden zu begleichen, und eben auch, um zu verzeihen. Sogar Begnadigungen werden von Staats wegen zu diesem Tag unterschrieben; in diesem Jahr sind es knapp vierhundert gewesen.

»Natürlich helfe ich dir«, hatte mir Ashurey auf meine Anfrage hin versichert. »Ich kenne Novruz von klein auf. Wenn wir uns treffen, dann erzähle ich dir davon!«

»Moment«, sagt sie jetzt und holt eine hellblaue Plastikbox aus ihrer Tasche, während Heiner endgültig in seinem Büro verschwindet. Das Team von *Kaukasus-Reisen* trifft sich erst in einer Stunde. Uns bleibt also ausreichend Zeit für ein imaginiertes Neujahrsfest.

»Novruz«, beginnt Ashurey und öffnet mit einem geheimnisvollen Blick die Box. Im Inneren liegen übereinandergestapelt mehrere Gebäckstücke. Wie eine Verkäuferin auf einem orientalischen Basar verweist sie auf das, was sich hier bietet. Und das sind: »Sonne, Mond und Sterne. Früher gab es dieses Gebäck nur zu Novruz, heute bekommt man es das ganze Jahr.« Ashurey nimmt ein großes, rundes Blätterteigstück heraus, bricht es in zwei Hälften und reicht mir eine der beiden: »Lass es dir schmecken! Das ist Gogal. Und Gogal steht für die Sonne. – Aserbaidschan hat vier Religionen erlebt: Der Zoroastrismus war die älteste Religion. Im 1. Jahrhundert folgten die Christen, danach kamen für sechs Jahrhunderte die Araber, und mit den Arabern kam der Islam. Während der Sowjetzeit dominierte der Atheismus. – Beim Zoroastrismus, dieser ältesten Religion, haben die Anhänger an die Sonne geglaubt. Normalerweise sagen wir: *Sie beten das Feuer an.* Wir nennen sie Feueranbeter. Aber eigentlich waren sie für die Sonne. Und Novruz ist verbunden mit dieser Religion. Übrigens wird Novruz nicht nur in Aserbaidschan gefeiert, sondern auch im Iran, in Kirgistan, Turkmenistan ... Und jeder feiert es anders. – Ja«, sagt Ashurey und verweist auf das nächste Gebäck, diesmal eines in Halbmondform: »Und das hier ist Schekerbura – der Mond, also: der Halbmond. Und als Drittes kommt Baklava. Diese hier ist extra so geschnitten, dass wir Sterne damit legen können, aus fünf oder acht Baklava. Unser aserbaidschanischer Stern – du siehst ihn in der Flagge oder im Wappen – ist achteckig.«

Ashurey demonstriert mir den fünfeckigen Stern; mehr Baklava hat sie leider nicht dabei. »Sonne, Mond und Sterne. Damals war Gott in diesen ganzen Himmelsfiguren. Man sagt, dass Novruz zum ersten Mal im ersten Jahrtausend vor Christus gefeiert wurde. Zu Sowjetzeiten durften die Menschen ihre Religion nicht leben, die Muslime nicht und auch nicht die Christen. Aber wenn ich mich nicht irre, begann es in den 1960er-Jahren, dass Novruz wieder öffentlich gefeiert werden konnte – 1967, und zwar als *Frühlingsfest*.«

Es gibt vier Himmelsrichtungen, vier Jahreszeiten, vier Elemente. Die Vier steht für die Ganzheit und die Vollendung. Also dauert Novruz vier Wochen, wobei jeweils der Dienstag eine besondere Rolle spielt. Das Fest beginnt mit dem letzten Dienstag im Februar, dem *Wasser-Dienstag:*

»Als ich damals nach Deutschland gefahren bin, haben sie mir Wasser hinterhergeschüttet, über die Stufen, auf den Weg. Und sie haben gesagt: *Komm gut wieder zurück nach Hause!* Wasser gilt bei uns als heilig. In schlimmen Zeiten erzählen die Leute dem Wasser von ihren Schmerzen. Wenn ich als Kind etwas Schlechtes geträumt hatte, sagte meine Mutter: *Geh und sprich zum Wasser!* Als Kind habe ich überhaupt nicht verstanden, warum ich mit dem Wasser sprechen soll. Aber meine Mutter war davon überzeugt, dass mit dem Wasser mein Albtraum davonfließen würde. – Und an diesem Wasser-Dienstag springen die Leute frühmorgens über das Wasser und sagen dabei: *Ich möchte, dass uns in diesem Jahr nichts Schlechtes passiert. Und jetzt bin ich wieder sauber.* Das ist wie ein Update auf dem Computer«, meint Ashurey und lacht. »Der zweite Novruz-Dienstag ist dem Feuer gewidmet. Mit dem Feuer veränderte sich das Leben der Menschen. Auch das Feuer gilt als heilig. Aserbaidschan ist ein Land des Feuers, denn wir haben so viel Gas. Und wenn sich das Gas entzündet, kommt Feuer aus der Erde. Das ist auch ein Wunder. Wir haben hier auf der Halbinsel Abscheron den brennenden Berg *Yanardagh* und den großen Feuertempel *Ateschgah*. Der dritte Novruz-Dienstag gehört dem Wind, der vierte der Erde. Und mit dem Dienstag der Erde beginnt dann das große, mehrtägige Fest. Zuerst feiert man in der Familie, und dann wird öffentlich gefeiert, getanzt, gesungen ... Als ich Kind war, haben wir so sehr auf Novruz gewartet, weil es dann neue Kleidung für uns gab. Und auf jeder Straße wurde ein großes Feuer gemacht, und wir sind darübergesprungen. Wir sind auch zu unserer Nachbarschaft gegangen, um dort zu essen. An diesem Tag achtete man darauf, keinesfalls etwas Schlechtes zu sagen, da gelauscht werden durfte. An jeder Tür durftest du lauschen. Und wenn du etwas Gutes gehört hast, dann würde auch das neue Jahr gut für dich werden«, sagt Ashurey und klatscht, wie um das Ganze zu besiegeln, einmal kräftig in die Hände, bevor sie noch eine Reihe weiterer Novruz-Bräuche aufzählt: »Da ist *Samani,* das Novruz-Gras, das aus Weizenkörnern gezogen wird. Und es gibt die Tradition, Eier zu bemalen und mit den hart gekochten Eiern richtige Eierkämpfe auszutragen, wobei die Regel gilt: Wessen Eierschale zuerst bricht, der hat verloren. Den ärmeren Nachbarn werden Tabletts voller Walnüsse, Süßigkeiten, vor allem Pilaw gebracht, denn – Reis bringt Fülle ins Haus. Und ganz wichtig: Zum Fest muss man fröhlich sein, ob man nun arm ist oder reich. Denn die Vorstellung ist, dass zu Novruz auch die Verstorbenen mit dazukommen – unsichtbar, versteht sich –, um nachzusehen, wie es ihrer Familie geht.

Keiner möchte den Toten Sorgen bereiten. Also zeigen sich alle fröhlich und froh.«

Nicht nur die Zahl Vier, sondern auch die Sieben ist eine symbolische Zahl. Deshalb wird zu Novruz der Tisch gedeckt mit sieben verschiedenen Sachen, die alle im Aserbaidschanischen mit dem Buchstaben S beginnen: zum Beispiel Sumakh (ein Gewürz), Süd (Milch), Sirkä (Essig), Su (Wasser) ...

»Ja, und an diesem letzten Novruz-Dienstag gibt es auch Geschenke – für die Kinder. Bei uns in Zaqatala gingen die Kinder immer mit einem Beutel herum, für Süßigkeiten oder auch für Geld. Die Menschen geben den Kindern etwas. Und dann sind auch die Kinder froh.«

Tag

1

Verschachtelt und einsichtig

Vorderseite, Rückseite ... Von Kopf bis Fuß bin ich eingeseift, werde ich jetzt gewaschen, was heißt *gewaschen*, ich werde *geschrubbt*. Und es ist mir recht: Aus Deutschland habe ich im Kreuz eine kräftige Verspannung mitgebracht. Eine Tasche, ein blauer Koffer und eben diese Verspannung – das ist mein Gepäck. Noch bin ich in Tbilissi, in Georgien, inzwischen im Schwefelbad *König Erekle*. Wasser ist heilig. Und vielleicht hilft es.

Das *König Erekle* ist mir vertraut. Nur die Frau, die mich diesmal wäscht und schrubbt, ist mir neu. Nackt liege ich auf der warmen, nassen Marmorbank und fühle mich, wenn auch nicht respektlos, aber doch behandelt wie ein Gegenstand. Fühlt sich so die Totenwäsche an? Was endet jetzt, heute und hier, und was wird beginnen? Ein neuer Tag?

Diese rundliche Frau um die vierzig wirkt bescheiden, wobei sie energisch agiert. Nachdem sie einen Eimer Wasser aus dem Becken geschöpft und schwungvoll über mich bzw. meinen Körper gekippt hat, sage ich auf Russisch: »Ich glaube, ich bekomme gerade ein neues Leben.« – »Dann ist es gut«, meint sie, und über ihr Gesicht fliegt ein Lächeln. – »Wie ist Ihr Name?« – »Adja.« – »Sie sind Aserbaidschanerin?«

Ich hatte gehört, dass gerade in den Schwefelbädern von Tbilissi seit jeher vor allem Aserbaidschaner arbeiten. Die Frau nickt. Und ich freue mich, jetzt sagen zu können: »Heute Abend fahre ich nach Aserbaidschan.« Bevor ich das *König Erekle* verlasse, umarmen wir uns. Kaum, dass ich meine Verspannung noch spüre.

Später, auf meinem Weg durch die Altstadt, erhalte ich eine WhatsApp-Nachricht von einer unbekannten Nummer. Die Nachricht lautet: »Hier ist Ulviya. Ich bin immer für Sie da. Und wenn Sie in Baku etwas brauchen: Bitte schreiben Sie mir. Ich bin jederzeit erreichbar.«

Jetzt erinnere ich mich – die Freundin einer Freundin hat mir von einer jungen Aserbaidschanerin erzählt, die Dolmetscherin ist und drei Jahre lang in Österreich gearbeitet hat.

Es fühlt sich gut an, in der Fremde bereits erwartet zu werden. Außer Ulviya ist da jetzt auch Ashurey. Dazu noch Chingiz Babayev und Elnur Babayev, zwei aserbaidschanische Künstler, die ich beide vor zwei Jahren in Georgien kennengelernt habe und die, obwohl sie denselben Familiennamen tragen, keine leiblichen Brüder sind.

Und was geben mir *die* Georgier über *die* Aserbaidschaner mit auf den Weg?

»Es sind gute Menschen«, höre ich immer wieder.

Und ich werde aufmerksam gemacht: »Auch Stalin war in Baku.« Als ich dem nachgehe, erfahre ich: Stalin war erstmals im Februar 1905 in Baku, kurz nach dem St. Petersburger *Blutsonntag*, der zu Unruhen in ganz Russland führte. In Baku selbst kam es zu blutigen Auseinandersetzungen zwischen Armeniern und Aserbaidschanern; an die 2000 Menschen starben …

Und ich höre: »Zwischen 1918 und 1920 kam eine ganze Reihe von Künstlern der russischen Avantgarde nach Baku. Aserbaidschan war gerade unabhängig geworden. In Russland war es nicht mehr möglich, aber hier, insbesondere in der Hauptstadt, konnten diese Künstler noch ein freies Leben führen. Darüber hinaus hofften sie, hier im Süden dem Hunger zu entfliehen.«

Die Anreise

Ein Flug nach Baku kommt für mich wegen der Kürze der Strecke sowieso nicht infrage. Möglich sind nun immer noch Bus, Marschrutka, Zug oder, wie mir Ralph Hälbig vorschlägt, ein privater Fahrer. Ich schätze Ralph, freier Mitarbeiter beim MDR, als Kenner der Materie sehr. Sein Blog zu Georgien sowie zum Südkaukasus insgesamt wird inzwischen von drei Millionen Followern genutzt.

Ein privater Fahrer? Keine Chance. Mein Budget ist mein ganz persönliches und also: minimalistisch.

Ich entscheide mich für eine Anreise mit dem Zug. Auf dem Zentralbahnhof Tbilissi warte ich keine zwei Minuten, und schon stehe ich am Schalter. Es ist Ende März. Die Hochsaison beginnt erst im Mai. Laut Plan brauchen wir bis Baku zwölf Stunden und zehn Minuten; die Fahrt beginnt am Abend und endet am nächsten Morgen gegen neun.

Das Ticket in der Tasche, treffe ich mich am Nachmittag noch einmal mit Heiner von *Kaukasus-Reisen*, denn wie sagt er immer: »Aserbaidschan ist mein Lieblingsland.« Ich möchte Genaueres erfahren. Zeit hat er: Sein Team ist abgereist und Ashurey bereits zurück in Baku.

Und wieder sitze ich mit Heiner auf seinem Balkon in der Altstadt von Tbilissi. Ich schaue hinüber zu den Dachterrassen und

Fenstern der nächsten Nachbarn. Und ich schaue hinauf in den blauen Himmel.

»Georgien, Armenien, Aserbaidschan – generell sind das ja drei ganz verschiedene Länder mit verschiedener Geschichte, Kultur, Sprache; die Religion ist verschieden. Zugleich liegt alles eng zusammen. Meine Nachbarn hier im Viertel sind Armenier. Die nächsten Nachbarn sind Aserbaidschaner. Und dieser Nachbar dort ist ein Jude. Sie sind hier geboren. Aber trotzdem wird im Kaukasus nie vergessen, woher einer kommt. – Das ist eine freundliche Koexistenz, man lädt sich gegenseitig ein; Freud und Leid wird geteilt. Ja, und wenn man das hier kennt, dann will man eben auch mal wissen: Wie leben die Leute eigentlich in Baku? Was ist ähnlich? Und was ist verschieden? – Ich bin ein visueller Mensch. Und in Aserbaidschan gibt es sehr starke Kontraste. Diese öden Landschaften. Und – wie soll man sagen? Das ist wirkliche Öde! Zum Teil liegt das Land sogar unter der Meeresoberfläche, achtundzwanzig Meter unter null.« Heiner erzählt begeistert, zugleich entspannt, wie ein achtsamer Beobachter. »Dort treffen sich Europa und Asien. In Georgien bin ich noch irgendwie in Europa. Aber sobald ich die Grenze *Rote Brücke* in Richtung Gändschä überquere, habe ich das Gefühl: *Jetzt komme ich nach Asien.* Auf aserbaidschanischer Seite steht hinter dem Grenzübergang so ein riesengroßes zwanzig Meter hohes Tor. Und solche Tore gibt es eigentlich nur in Mittelasien.«

Der Zug nach Baku wartet schon im Gleis – groß, breit und schwer auf russischer Spur. Es ist noch ein Zug aus Sowjetzeiten. Die Fenster sind halbhoch mit weißen Gardinen verhangen. Und an den Wagen stehen die jeweiligen Schaffnerinnen, auf Russisch: *Provodnitsij,* blau uniformierte Frauen der *Azerbaycan Demir Yollari.*

Am Waggon Nummer acht ist es eine Dunkelhaarige. Sie strahlt Strenge aus. Und so wirkt auf mich die rosafarbene Blüte in ihrem Haar eher wie Dekoration. Ohne eine Miene zu verziehen, nimmt sie Pass und Ticket entgegen, liest, prüft, vergleicht und reicht mir beides ungerührt zurück. Als ich einsteige, fühle ich mich durch die beiden übermäßig hohen Stufen wie bei der Besteigung eines Berges.

Das Abteil Nummer vier teile ich mir mit einer zierlichen, jungen, dunkelhaarigen Frau. Wir sprechen Russisch miteinander, bleiben unter uns, werden aber bereits, und ohne, dass ich es bemerke, genau wahrgenommen.

Zugleich nehme aber auch ich wahr: So richtet sich im Nachbarabteil ein immerzu lächelnder, junger Mensch in Uniform ein. *Er fährt bestimmt zum Dienst*, denke ich, *zum Dienst an der Grenze oder in Baku*.

Bald schon rollt der Zug an – träge, sicher, langsam-langsam-meditativ. Unsere rosa geblümte Waggonbeauftragte beginnt damit, Bettwäsche und Handtücher zu verteilen. »Geben Sie das Ihrer Tante!«, höre ich sie in familiärem Ton zu meiner jungen Mitreisenden sagen, wobei sie ihr zwei Packen Wäsche in die Hände drückt. Überrascht, ja froh horche ich auf.

Meine Nichte, übrigens eine kasachische Studentin, wird in Baku ihre Verwandten besuchen. Sie ist freundlich, aber der Prüfungen wegen, die sie gerade in Tbilissi abgelegt hat, völlig übermüdet. *Mein armes Kind.* Sie sieht blass aus und wartet darauf, endlich schlafen zu können. Allerdings erreichen wir erst kurz vor Mitternacht die georgische Station an der Grenze zu Aserbaidschan.

Alles ist hell erleuchtet. Der Zug hat seine Fahrt gestoppt. Und lange Zeit geschieht erst einmal gar nichts. Wir sitzen da und halten die Pässe bereit. Gerade läuft unsere rosa Geblümte noch ein letztes Mal durch den Waggon und ruft streng: »Passaport! Passport! Graniza!«

Eine der Lampen draußen auf dem Bahnsteig verlischt, um dann, genau dreißig Sekunden später, erneut zu erstrahlen. Zum Zählen haben wir jetzt alle Zeit der Welt.

Endlich geht es los. Georgische Grenzbeamte steigen in den Zug. In unseren Waggon kommt eine junge, uniformierte Frau.

Auf ihrem Gesicht zeigt sich keinerlei Spur von georgischer Lebensfreude. Sie versieht ihren Dienst und stapelt unsere Pässe. Draußen weht ein starker Wind. Er pfeift durch die Fensterritzen.

Eine Dreiviertelstunde später rollt der Zug weiter zum Grenzpunkt Aserbaidschan. Und wie gehabt sitzen wir im Abteil, die Pässe in der Hand ...

Ich erzähle das hier so ausführlich, weil der für mich entscheidende Punkt eben diese Grenze war und ist. Den Antrag auf ein e-Visum hatte ich wahrheitsgetreu ausgefüllt und schon drei Tage später zugeschickt bekommen. Und obwohl ich beständig versuchte, das Unken der anderen zu übergehen und mich auf meine eigenen Erfahrungen zu verlassen, steckte mir, schon aus Mangel an eigenen Erfahrungen, ein Rest dieses Unkens nach wie vor im Hinterkopf.

Ja, und dann wird alles ganz anders als gedacht: Denn dieser immerzu lächelnde, junge Mensch in Uniform, in unserem Nachbarabteil, ist nicht einfach ein Beamter auf dem Weg zum Dienst, sondern er *ist* bereits im Dienst.

Das Büro des Grenzoffiziers steckt in seinem Aktenkoffer. Den hat er inzwischen aufgeschlagen und auf dem Kofferdeckel die kleine Kamera befestigt, die jeden von uns fotografiert, während er den Pass kontrolliert. Einer nach dem anderen tritt bei ihm ein. Die Schaffnerin reguliert. Und wie erwartet, erbittet er von mir nun neben dem Pass auch das e-Visum. Da er aber mit seiner Rechten noch immer den Stapel der Pässe jongliert, faltet er mein Visum einhändig, ja fast artistisch mit seiner Linken. Alles ist in Ordnung.

»Salam«, verabschiede ich mich leise. An sich ist dieser Gruß Begrüßungsformel. Ich komme erst an. *Salam* als der sechste der neunundneunzig Namen, die es für Allah gibt: *As-Salam: der Frieden.* Der Grenzoffizier bleibt gelassen und antwortet mit: »Sagol!«, mit *Auf Wiedersehen*. Ich selbst nehme es als ein *Willkommen* und fühle mich so glücklich und erleichtert wie lange nicht. Und das obwohl unsereins, geboren in Leipzig, ja bereits ähnliche Grenzkontrollen kennt, zum Beispiel wenn wir in die Heimat unseres Vaters, nach Tschechien, einreisen wollten, oder in die Heimat unserer Mutter, nach Polen. Für mich war es damals Urlaub; das jetzt aber ist etwas anderes: Es ist eine Reise, vierzig Tage durch Aserbaidschan.

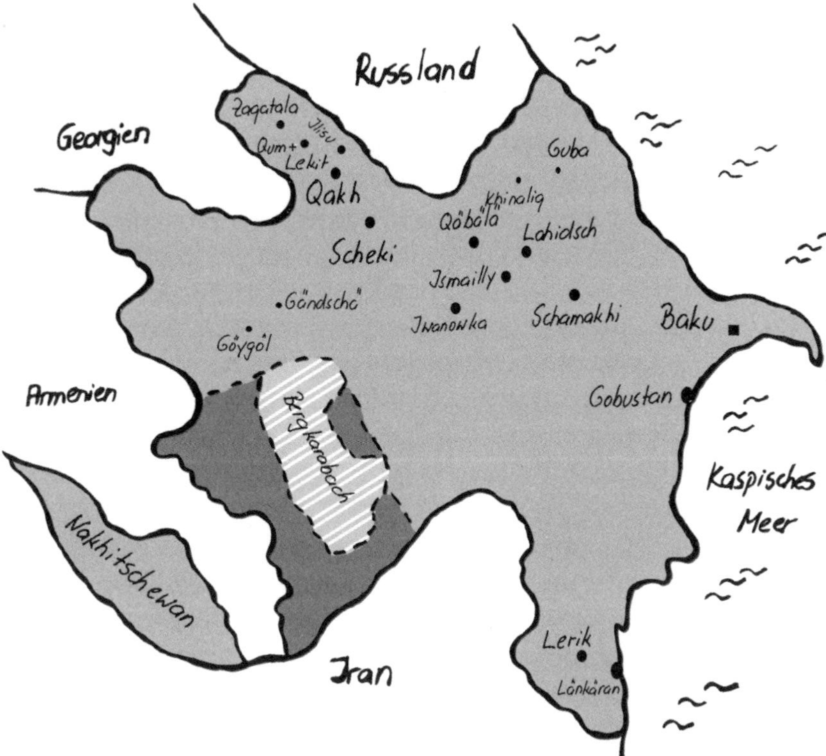
Russland
Georgien
Zagatala
Ilisu
Qum +
Lekit
Qakh
Scheki
Guba
Khinaliq
Qöbälä
Lahidsch
Ismailly
Gändschä
Göygöl
Iwanowka
Schamakhi
Baku
Armenien
Bergkarabach
Gobustan
Kaspisches Meer
Nakhitschewan
Iran
Lerik
Länkäran

Tag 2

Unbestechlich und verschlossen

Im Süden des Landes erstreckt sich der Kleine Kaukasus, im Norden der Große. Mit der Fahrt durch die Kür-Aras-Niederung durchfahren wir vor allem flaches, karges Land. Und vielleicht ist ja genau das diese *Öde*, von der Heiner gestern gesprochen hat.

Inzwischen bin ich also in Aserbaidschan, wo zu neunzig Prozent – der Ethnie nach – Aserbaidschaner leben. Wobei ihr Siedlungsgebiet geteilt ist. Etwa dreimal so viele Aserbaidschaner leben im Iran.

Der Frieden von Gulistan und die Teilung

Es wirkte verworren, als Heiner über die Geschichte dieser Teilung sprach. Heute aber denke ich: *Wahrscheinlich war es genauso – verworren und verwirrend, damals im 19. Jahrhundert.*

»Kaukasische Geschichte«, meinte Heiner, der ja schon mehr als zwanzig Jahre im Kaukasus lebt, »die hat sehr viel mit dem Temperament, mit der Mentalität zu tun, nämlich mit *Treue* und mit *Verrat*. Die russische Eroberung ging seit Katharina der Großen immer weiter nach Süden, in Richtung Schwarzes Meer, fortgesetzt dann unter Peter I. Da kam man sehr schnell mit den Türken ins Gehege, die wiederum die Krim und das Schwarze Meer beherrscht haben. Und im georgischen Raum, in Richtung Kaspisches Meer, herrschten die Perser. Es gab die verschiedenen Kriege zwischen den Russen und den Türken sowie zwischen den Russen und den Iranern. Aber dann gab es 1813 auch den Vertrag bzw. den Frieden von Gulistan – zwischen dem russischen Zarenreich und dem Iran. Damals wurde Aserbaidschan aufgeteilt. Der Süden, das war der größere Teil, südlich von Länkäran, ging an den Iran, und der nördliche Teil, also das heutige Aserbaidschan, blieb beeinflusst von den Russen.« Die endgültige Teilung kam, wie ich später erfahre, 1828 mit dem Frieden von Turkmenchay.

Ankunft

Es ist noch eine knappe Stunde, bis wir Baku erreichen. Während ich also eigentlich noch immer bei Heiner auf dem Balkon sitze, schaut *meine Nichte* wie abwesend hinaus in die Landschaft. Vielleicht eilt sie schon voraus, zu ihren Verwandten.

Endlich kommt die Silhouette der Zwei-Millionen-Stadt Baku in unser Blickfeld. Kaum vorzustellen, dass dies noch vor zweihundert Jahren eine Stadt in der Wüste gewesen sein soll, bestehend aus Lehmhütten und aus Palästen, das Ganze umgeben von einer Mauer. Ende des 19. Jahrhunderts setzte der Ölboom ein, der das Wesen der Stadt grundlegend verändert hat.

Zunächst sind einfach nur Hochhäuser zu sehen, *Wohntürme*. Irgendwo dort wohnt Chingiz, in einer der oberen Etagen. Und die Erdölfördertürme dürften, genau wie das Kaspische Meer, auf der anderen Seite der Stadt liegen.

Punkt 8.50 Uhr fährt unser Zug im Hauptbahnhof Baku ein, dem einstigen *Sabunchu-Bahnhof*. Gemeinsam mit dem *Avtovaksal*, dem Autobusbahnhof, gelegen am anderen Ende der Stadt, wird der Bahnhof für mich in den nächsten Wochen wichtigster Ausgangspunkt sein – für meine Reisen in die einzelnen Regionen.

Das ursprüngliche Bahnhofsgebäude, heute erweitert durch einen modernen An- und Überbau, entstand Ende des 19. Jahrhunderts im maurischen Stil, erkennbar an dem schönen Wechsel von hellen und dunklen Steinen. Die erste Fernverkehrsstrecke der Transkaukasischen Eisenbahn führte von Baku nach Tbilissi, eng verbunden mit dem Ausbau des Telegrafennetzes durch die Gebrüder Siemens. Ein Vorgang, den Heiner plastisch kommentierte: »Damit brachten die Gebrüder sozusagen das Internet des 19. Jahrhunderts ins Land.«

Schon winkt mir zum Abschied *meine Nichte* zu, ich erwidere ihren Gruß, der Zug hält und ruckt noch einmal lärmend durch. Einen Moment lang bleibt es überraschend still, bis die schweren Türen lärmend aufgestoßen werden. Wir sind da.

Heute ist Baku Wirtschafts- und Kulturzentrum sowie Verkehrsknotenpunkt, liegt nach wie vor innerhalb des Erdölfördergebietes und besitzt dementsprechend einen Erdölhafen. Erdöl und Erdgas aus Aserbaidschan werden bis in die Länder der EU geliefert.

»Bakinka, das ist eine, die aus Baku kommt. Das ist wie eine Nationalität«, schwärmt meine Freundin Ludmila immer. 1986 ist sie zum letzten Mal in Baku gewesen: »Wir haben gesagt: *Mij bakinzem, wir Bakuer,* und das stand immer höher als: *Wir sind Russen, wir sind Armenier* ... Das war ja an sich fast ein Traum, den man verwirklichen wollte: dass alle Völker sich miteinander wohlfühlen.«

Das erste Quartier, passend zu meinem Budget, ist nur siebenhundert Meter vom Bahnhof entfernt, gegenüber dem *Yashil-*

Basar, dem *Grünen Markt*. Die Rufe »Taxi! Taxi!« lasse ich verhallen. Ich bin zu Fuß unterwegs und ziehe meinen blauen Koffer hinter mir her. Der Fußweg wird immer schmaler. Zudem haben hier die Bäume ältere Rechte. Sie stehen mitten im Weg. Ohne einen Koffer schiebt sich der Passant problemlos vorbei. Ich selbst muss auf die Straße wechseln.

Baku ist ein Wesen, das ich noch nicht kenne, aber auf meinem Weg zum Quartier ist erst einmal alles so, wie beschrieben: Hier ist der *Yashil-Basar* und dort dann das kleine Hotel namens *East House*.

Im Hotel erwarten mich zwei Herren, beide in anthrazitfarbenen Anzügen. Der Erste schaut ernst, vergeistigt wie ein Dichter; der Zweite wirkt europäischer und lächelt auch kurz. Erschöpft von der Reise, versuche ich, wach zu reagieren.

Ich stehe an der Rezeption des Hotels, reiche dem Zweiten meinen Pass über den Tresen und versuche zu erfassen, natürlich so unauffällig wie möglich, inwieweit ich willkommen bin. Und so beginnt ein Spiel. Immerzu fühle ich mich beobachtet und beobachte doch selbst ... Spätestens am dritten Tag, als ich das Ganze plötzlich wie von außen sehe, muss ich lachen. Denn natürlich werde ich hier angeschaut, *beobachtet,* geprüft: eine europäische Frau, ungeschminkt, die einen bunten langen Rock und flache Schuhe trägt, darüber hinaus allein reist, noch dazu außerhalb der touristischen Saison.

Der *Dichter* trägt mir den Koffer nach oben. Respektvoll, mit einem schönen Leuchten in den Augen, dabei immer mit Abstand, zeigt er mir das Zimmer: Bett, Tisch, Stuhl, kleines Bad. In der Verabschiedung legt er seine Hand aufs Herz, neigt seinen Kopf und eilt wieder davon.

Ich atme durch: Das ist nun mein Ort auf Zeit. Sofort schicke ich eine erste Nachricht in die Runde: *Ich bin gut in Baku angekommen*.

»Willkommen und bis bald!«, antwortet Chingiz fast postwendend. In seinem *Wohnturm-Zuhause* gibt es ein Gästezimmer, und in der nächsten Woche werde ich für einige Tage bei ihm wohnen. Die zweite Antwort kommt von Elnur, der sich derzeit in den USA aufhält: »Gerade arbeite ich an einem großen Mosaik. Wie lange bleibst du? Wir müssen uns sehen. Gruß. Privjet.« Ashurey fragt, wann wir uns sehen. Und Ulviya schlägt vor: »Darf ich Ihnen gleich heute unsere Stadt zeigen?«

Wir treffen uns am Nachmittag und, noch bin ich fremd, gleich wieder am Bahnhof. Den Weg dorthin kenne ich.

Mein erster Tag in Baku ist trüb und kühl. Wenigstens regnet es nicht. Und kein Lüftchen weht in der *Stadt der Winde*. Auf dem Foto, das mir Ulviya geschickt hat, ist eine junge Frau in einem bunten Sommerkleid zu sehen. Natürlich muss ich dieses Bild jetzt in die aktuelle Frühlingskühle der letzten März-Tage *übersetzen,* während ich am Haupteingang des Bahnhofs stehe und Ausschau halte. Nach einer Weile bemerke ich eine Frau, knapp dreißig. Unsere Blicke treffen sich. Und strahlend gehen wir aufeinander zu. Ulviya trägt einen schwarzen Mantel, und ihr dunkelbraunes Haar ist unter einer Mütze verborgen. Wir umarmen uns wie längst Vertraute. Sofort lade ich Ulviya ein, vom Sie zum Du zu wechseln.

Ulviya schlägt mir einen Spaziergang in die Altstadt vor: »Itschäri Schähär ist das Herz von Baku. Mit der Metro sind es zwei Stationen. Oder wäre auch eine halbe Stunde zu Fuß für dich in Ordnung?« Ulviya spricht ein sehr gutes Deutsch, mit leicht österreichischem Akzent.

Vom Bahnhof bis zum Mädchenturm

Vom Bahnhof aus durchqueren wir erst einmal die sogenannte Gründerzeitstadt. Wir laufen die Azadliq-Straße, die Freiheitsstraße, in Richtung Uferpromenade und damit in Richtung des Kaspischen Meeres, welches ich heute noch nicht zu Gesicht bekommen werde, da wir zuvor in die Nizami-Straße einbiegen. Jetzt geht sogar der Himmel ein wenig auf.

»Nizami war ein großer Dichter, lebte im 12. Jahrhundert, schrieb auf Persisch und stammt aus Gändschä.«

»Persisch? Liegt Gändschä denn nicht in Aserbaidschan?«

Ulviya nickt: »Doch. Natürlich.«

Im Weitergehen erreichen wir das Denkmal eines aufrecht stehenden, bärtigen Mannes in langem Gewand, der die Hände hinter dem Rücken faltet. Ulviya sagt: »Und das ist Nesimi.«

»Der große Dichter aus Gändschä?«

»Nein, Nesimi ist ein anderer als Nizami. Nesimi schrieb im 14. Jahrhundert und vor allem auf Türkisch. Er war ein Sufi. Ich lese gern klassische Literatur. Wir hatten in Aserbaidschan sehr gute Dichter – Nizami, Nesimi, Füsuli ... In meinen Augen sind diese Dichter zugleich auch Philosophen. Sie haben Dinge geschrieben, die ich nicht übersetzen und erklären könnte. Nesimi zum Beispiel schrieb: *Meine Seele ist in zwei Welten, passt aber nicht in beide Welten.* – Weißt du, was das bedeutet? So wie ich es verstehe, bedeutet das, dass er zuerst einmal im Mutterbauch gewesen ist. Und von dort ist er dann weggegangen in seine eigene Welt. Wenn er stirbt, verliert er auch diese zweite Welt. Und seine Seele fliegt weiter. Das ist doch irgendwie ... Ich weiß nicht«, sagt Ulviya lächelnd, während sie durchatmet, um am Ende zu offenbaren: »Ich schreibe auch. Wenn es mir besonders gut geht, oder auch wenn ich traurig bin; wenn ich über etwas nachdenken muss, dann schreibe ich. Aber ich veröffentliche meine Gedichte nicht. Sie sind nur für mich.«

Wir kommen an McDonald's vorbei und erreichen mit dem Fontänenplatz das Literaturmuseum, das Nizamis Namen trägt. Langsam schreiten wir die Reihe der Fenster ab, denn jedes Fenster gibt einem anderen Literaten den Raum. Zum Beispiel ist da die Dichterin Natavan: »Natavan. Das war ein Pseudonym und heißt so viel wie *machtlos*. Dieses Pseudonym hat sie sich selbst gegeben. Sie ist berühmt für ihre Gedichte über Liebe, Verlust, Schmerz, Freundschaft, Freundlichkeit. Sie dichtete Gaselen.«

Gasele, Gaselen oder *Ghazal* sind mir unbekannte Begriffe. Und so erfahre ich jetzt von einer Liebesdichtung, die ein strenges Reimschema hat; eine seit dem 7. Jahrhundert aus dem Arabischen stammende Form, die später auch von den Sufi-Mystikern verwendet wurde.

Das alles ist wirklich sehr interessant, bloß komme ich nach der kurzen Nacht mit der mentalen Verarbeitung des Ganzen kaum noch hinterher. Und gerade als die Flut der neuen Namen und Begriffe mich zu überfordern droht, kommt mir zur Rettung Ludmilas *Bakinka* wieder in den Sinn, sodass ich, ohne jeden Übergang, Ulviya frage, ob eigentlich auch sie eine Bakinka sei.

»Bakinka?« Überrascht schaut mich Ulviya an. Als sie sieht, dass mich die Frage wirklich interessiert, beginnt sie zu überlegen: »Mh, meine Vorfahren kommen nicht aus Baku, aber meine Mutter und ich wurden hier geboren. Kann ich mich so nennen? Bakinka? Ich habe nie darüber nachgedacht. Die jungen Leute zur Zeit meiner Mutter, die haben sich allerdings alle Bakinka und Bakinijez genannt. Aus ihnen bestand die Intelligenz unseres Landes. Sie haben alle studiert und damals zu Sowjetzeiten Russisch gesprochen. Ich glaube, heute hat das nicht mehr diese Bedeutung. Aber – das ist wirklich eine gute Frage.«

Schweigend gehen wir weiter, und Ulviya denkt währenddessen weiter über die Bakinka-Bakinijez-Frage nach. Das wird mir aber erst klar, als sie urplötzlich auflacht und mit Schalk in den Augen meint: »Ich bin ich. Und *das* ist meine Antwort: Ich habe keine Zugehörigkeiten.«

Die Altstadt liegt verborgen hinter hohen und breiten Mauern; die Tore stehen weit offen. Wir betreten das Areal, das gemeinsam mit dem Mädchenturm und dem Schirvanschah-Palast zum UNESCO-Weltkulturerbe gehört.

Und es überrascht mich schon, wie rasch – je tiefer wir in die Altstadt vordringen – Gassen und Wege enger und verwinkelter werden.

»In Itschäri Schähär kennt jeder jeden. Und immer, wenn ich hierherkomme, blüht meine Seele. Auch das erste Hotel, in dem ich gearbeitet habe, das *Shah Palace Hotel*, befindet sich hier. Ich würde es dir nachher gern zeigen. Jetzt aber«, sagt Ulviya und verweist auf einen kleinen, alten, leer geräumten Laden, »zeige ich dir die Buchhandlung von Elman Mustafayev.«

Onkel Elmans Buchhandlung

»*Onkel Elman* haben wir ihn alle genannt. Vor ein paar Wochen ist er gestorben. Schade, dass du ihn nicht mehr kennenlernen kannst. Ich habe mich in seinem Laden immer so wohl gefühlt. Dieser Laden gehörte einfach mit zur Altstadt. Jeden Tag öffnete Onkel Elman um neun Uhr, und abends schloss er um halb sechs. Er hatte ausnahmslos alle Bücher, die in seinem Laden standen, gelesen. Onkel Elman empfahl mir immer etwas; dieses und jenes. *Das müssen Sie unbedingt lesen!* Und wenn ich mal ein Buch gesucht habe, das er selbst noch nicht kannte, dann fragte er gleich: *Wissen Sie denn, worum es geht in diesem Buch?* Ich war dann einige Zeit nicht in Baku. Und ich dachte schon: *Vielleicht bemerkt er überhaupt nicht, dass ich weg bin*. Am Ende waren es immerhin drei Jahre. Aber als ich wiederkam, seinen Laden betrat und mir ein Buch wählte, da sagte er: *Ja, voriges Mal habe ich Ihnen etwas anderes gegeben!* Er hat sich sofort erinnert, ohne das offen zu zeigen. Er war verschlossen, aber mit einem großen Herzen.«

Möchte ich über eine Gestalt wie Elman Mustafayev nun mehr erfahren, finden sich in aserbaidschanischen Quellen neben Orten und Zahlen vor allem Geschichten. Noch am selben Abend schickt mir Ulviya einen Link zu einem Artikel von *Radio Free Europe/Radio Liberty* aus dem Jahr 2013, in dem ich fündig werde. Ich erzähle diese Geschichten mal so:

... und zwar gibt es zu Sowjetzeiten das Baku-Buch-Haus. Elman Mustafayev ist der Direktor. Zur Eröffnung 1980 kommen sehr viele

Menschen, nur Heydar Aliyev, der 1. Sekretär des ZK der Kommunistischen Partei Aserbaidschans erscheint nicht. »Er konnte leider nicht kommen«, entschuldigt ihn Onkel Elman.

Lesen ist in dieser Zeit nahrhafte Kost. Bevor um zehn Uhr morgens das Baku-Buch-Haus öffnet, warten die Menschen schon. Einmal sollen es sogar über fünfhundert gewesen sein. Elman ruft in aller Ruhe den Bezirkspolizeipräsidenten an und bittet um Hilfe. Daraufhin wird der Besucherstrom zur Buchhandlung polizeilich reguliert.

Als ein Jahr später Heydar Aliyev das Baku-Buch-Haus dann besucht, wird natürlich ein Foto von den beiden gemacht. Heydar Aliyev, der spätere Präsident der Republik Aserbaidschan, bleibt eine ganze Zeit bei Elman in seinem Laden. Sie unterhalten sich. Aber wenn ich »eine ganze Zeit« sage, dann ist das nicht korrekt. Denn Elman wird es später so erzählen: »Am Ende schaut Heydar Aliyev auf seine Uhr und sagt: ›Eine Stunde und vierzig Minuten. Und das ist die *eine Stunde und sind* die *vierzig Minuten, die ich bei der Eröffnung nicht mit dabei gewesen bin.‹ Heydar Aliyev lacht, verabschiedet sich und geht.«*

In eben diesem Artikel lese ich auch ein Interview mit Elman Mustafayev: »Meine Karriere? Ich bin nicht hinter dem Geld her. Der Sinn des Lebens liegt nicht im Geld oder in einem Amt. Der Sinn des Lebens kommt den Menschen zugute. Ich bin Besitzer dieses Glaubens.«

Und da es bei der Privatisierung solch eines Lädchens sicher auch einige Probleme gegeben haben dürfte, wird Elman an dieser Stelle gefragt, ob er damals vielleicht mit Geld nachgeholfen habe: »Nein! Bei Allah! Ich habe noch nie in meinem Leben einen Cent genommen oder Bestechungsgeld gegeben. Meine Zunge weigert sich schon, Worte wie *Bestechung* und *Korruption* überhaupt auszusprechen. Ich habe eine angenehme Beziehung zu jemandem und gebe ihm ein Buch. Aber Bestechung? Nein!« (3)

Wie ich jetzt höre, ist geplant, Elmans Buchladen nach seinem Ableben zu erhalten: als einen Buchladen mit einem kleinen Café, mit der Möglichkeit, auch online zu bestellen. Hier sollen nicht nur neue Bücher verkauft werden, sondern auch antiquarische.

Vierzig

Ulviya und ich, wir spazieren weiter und erreichen den Mädchenturm, einen mächtigen Hohlzylinder aus Stein. An sich ist dieser Turm *das* Wahrzeichen von Baku. In Gedanken bin ich aber noch immer bei Onkel Elman. Wir sind schon fast am Mädchenturm vorbei, als Ulviya mich fragt: »Möchtest du den Turm besichtigen?«

»Später!«, sage ich und frage nun meinerseits, wann genau Onkel Elman eigentlich gestorben ist. Ulviya schaut in ihrem Smartphone nach: »Am 11. Februar.«

Ich beginne zu rechnen: Heute ist der 30. März ...

»Schade«, sage ich schließlich. »Die vierzig Tage sind vorbei, und seine Seele ist davon.«

Ulviya schaut mich überrascht an: »Meinst du das wirklich?«

Im Shah Palace Hotel

Schließlich stehen wir vor dem *Shah Palace Hotel*. Es sieht edel aus, mit Balkons und einer Terrasse. Der Hotelpage in klassisch-roter Uniform öffnet uns die Eingangstür.

»Heute arbeite ich in einem Hotel in Guba«, erzählt Ulviya. »Begonnen habe ich aber hier.«

Kaum sind wir im Foyer, grüßt Ulviya glücklich nach allen Seiten hin und wird begrüßt. Sogar der Direktor, ein freundlicher und entspannt wirkender Mensch, kommt auf uns zu und reicht uns die Hand: »Sie brauchen ein Zimmer?« Ulviya umreißt dem Direktor kurz die Situation, erklärt, dass ich schon anderswo Quartier habe ...

Ich schaue mich um. Für mich ist alles erstklassig, aber ich *sehe* nichts, was meinen Blick bindet oder mein Herz fängt.

»Darf ich dir das Atrium-Café zeigen?«, fragt mich Ulviya. Hier nun, im Innenhof des Hauses, beamt es mich regelrecht zurück – unmittelbar in den alten Orient, in eine alte Karawanserei. Und eingehüllt vom Nebel der Vergangenheit beschließe ich: Wenn mein Buch fertig ist, möchte ich hier Quartier nehmen.

»Inschallah!«, meint Ulviya. »Wenn Gott es erlaubt.«

Am Ende unseres Rundgangs sitzen wir im Foyer, trinken einen Kaffee, der in Tässchen kommt, ähnlich einem italienischen Espresso. Ulviya beginnt sich zu erinnern: »Damals vor der Eröffnung des Hotels hatten wir sehr viel Arbeit. Das bedeutete aber auch: Wir verbrachten sehr viel Zeit miteinander, haben uns vieles erzählt, miteinander gestritten, gelacht, Ideen entwickelt. Und wir haben viel zu viel geraucht ... Wir wurden Freunde; der Direktor, ich, das ganze Team. Ja, und dann, am Tag der Eröffnung, war nur ein einziges Zimmer gebucht. *Mein Gott*, dachte ich damals. *Es gibt fünfunddreißig Zimmer. Wenn wir das hier nicht schaffen, was wird dann aus uns?* Aber heute läuft es gut. Du siehst es ja selbst.«

Ja, das sehe ich: Zuerst tritt ein russisches Pärchen an die Rezeption, danach kommen eine kleine Gruppe Deutscher und schließlich eine arabische Großfamilie. Dabei hat die Saison noch nicht einmal begonnen.

»Was meinst du, Constanze«, fragt Ulviya, als wir uns voneinander verabschieden. »Möchtest du mich einmal in Guba besuchen?« Und kaum bin ich zurück im East-House-Hotel, schaue ich nach, wo Guba eigentlich liegt: Es liegt im Nordosten Aserbaidschans, unweit der russischen Grenze.

Tag 3

Magisch und spirituell

Und zwar beschließt der Schah nach dem Tod seiner Frau, seine einzige Tochter zu heiraten. Die Tochter widerspricht ihm nicht, fordert als Brautgeschenk aber den Bau eines Turmes, direkt am Kaspischen Meer. Also lässt der Vater, wie gewünscht, den Turm auf einem Felsvorsprung zum Wasser hin erbauen. Kaum ist der Turm fertig und alles bereit für die Hochzeit, eilt seine Tochter hinauf, stürzt sich ins Wasser und ertrinkt.

Der Mädchenturm in Baku soll Ende des 12. Jahrhunderts gebaut worden sein, die Fundamente aber bereits aus dem 5. oder 7. Jahrhundert stammen, vielleicht sogar von einem zoroastrischen Feuertempel.

Als ich heute erneut zum Mädchenturm hinübergehe, habe ich Zeit und Gelegenheit, um ihn auch von der anderen Seite zu betrachten. Dabei wandelt sich mein bisheriges Bild vom Hohlzylinder in das eines halb aufgerollten Monumentalteppichs. Das letzte Stück steht ab, weist in Richtung des Kaspischen Meeres und gibt dem Ganzen statisch den Halt. Der Turm ist dreißig Meter hoch, die Mauern fünf Meter dick, und von oben gesehen gleicht sein Grundriss der Zahl Sechs bzw. der Neun.

Dass dieser Turm ab 1900 Leuchtturm war, gilt als gesichert. Aber wozu hat er bis dahin gedient? Darüber gibt es jede Menge Geschichten. Ist er Festung gewesen, Verteidigungsanlage oder Ritualraum? Der Jungfrauenturm oder Mädchenturm, wobei ich ihn immer Mädchenturm nenne, ist geliebtes Mysterium.

Ursprünglich gab es innerhalb des Turmes einen Umgang, der nach oben führte. Die heutigen Zwischenböden für die Museumsräume kamen erst später dazu.

Ich sitze auf einer halb hohen Mauer, dem Turm gegenüber, blende die März-Kühle des Steines aus, schaue auf das geheimnisvolle Bauwerk und warte, dass etwas geschieht. Und wirklich: Wie aus dem Nichts steht plötzlich ein stattlicher, langhaariger und weißbärtiger Mann vor mir, schaut mir direkt in die Augen, reicht mir die Hand. Dieser Mensch ist europäisch gekleidet, mit Jeans und blauer Wolljacke. Das weiße Haar trägt er im Nacken gebunden. Seine Haut wirkt ägyptisch-dunkel. Nach einem kurzen, prüfenden Blick schlage ich die ausgestreckte Hand ein.

»Tarlan, Schamane in Gobustan«, stellt er sich vor. Er spricht Russisch mit mir. »Tarlan Manafov. Und ich bin der einzige Schamane in Gobustan.« Auf einen Sufi oder einen Sonnenanbeter wäre ich mittlerweile vielleicht eingestellt gewesen, aber ein Schamane, der noch dazu so offen darüber spricht, überrascht mich. Dabei hatte mir Azize vor meiner Abreise mitgegeben: »Zentralasien war über 40.000 Jahre Schamanen-Gegend. Dort haben wir noch heute viele Schamanen getroffen. Sie folgen einem Ruf. Und wenn wir einem Schamanen erzählt haben, dass es bei uns im Westen Schamanen-Seminare gibt, dann haben sie die Hände überm Kopf zusammengeschlagen und gesagt: *Wie kann sich jemand wünschen, Schamane zu werden?* Denn: Das ist auch ein gefährlicher Beruf. Wenn sie dem Ruf folgen, müssen sie durch tiefe innere Erlebnisprozesse der Geisterwelt ... Einige sterben dabei.«

Erst später wird mir bewusst, dass Tarlan nie über sich selbst gesprochen hat oder darüber, wie er als *moderner Schamane* konkret zwischen Geister- und Menschenwelt vermittelt. Immerhin erfahre ich: »Vor 10.000 Jahren lebten die Schamanen in Gobustan und zeichneten in die Felsen. Ich bin ein Nachkomme von ihnen, der letzte.«

Mit einem Wink signalisiert mir Tarlan, ihm zu folgen. Er lächelt nicht, er bittet nicht, er geht einfach los, als wäre unser Handschlag Vertrag genug. Fortan geht es, genau wie gestern mit Ulviya, kreuz und quer durch die Altstadt.

Odin bzw. Wodan und die Udis bzw. Udinen

Erste Station ist eine kleine, moderne Kunstgalerie, direkt an der Stadtmauer. Im Innern des Gewölbes sind Bilder ausgestellt, zumeist Aquarelle mit gegenständlichen Darstellungen. Meine Aufmerksamkeit lenkt Tarlan sofort auf ein Wikingerschiff mit weiß-rot gestreiftem Segel, vom Wind prall gefüllt. Der Schamane stellt sich neben das Bild, schließt die Augen und beginnt von Göttervater Odin bzw. Wodan aus der nordischen Mythologie zu erzählen. Tarlans russischer Redefluss ist ein eiliges Raunen. Zwar verstehe ich nicht jedes Wort, verstehe aber immerhin, dass er einen Zusammenhang zwischen ebendiesem nordischen Odin und den hiesigen Udis herstellt. Von den Udis bzw. Udinen höre ich an dieser Stelle zum ersten Mal.

Die Udis leben vor allem im Norden Aserbaidschans, konkret im Raum um Qäbälä – englisch: *Qabala* – und Oghuz. Die Udis gehören zu den kaukasischen Ureinwohnern, haben ihre eigene Udi-Sprache und sind Christen. Sie gelten als die Nachkommen des kaukasischen Albaniens, des Königreiches Albania, was aber, wie ich erfahre, mit dem uns heute als *Albanien* bekannten Land nichts zu tun hat.

Mit Bezug auf das Wikingerschiff, vor dessen Darstellung der Schamane nach wie vor steht, entwickelt Tarlan in der Folge den Gedanken, dass vor Tausenden von Jahren die Wikinger eigentlich aus dem fünfzig Kilometer vor Baku gelegenen Gobustan stammen, aus seinem Geburtsort, und hier ihre Schiffe gebaut haben, mit denen sie dann in den Norden fuhren, um dort zu siedeln. Der Name Thor Heyerdahl fällt und der des Dorfes Kisch, das bei Scheki liegt ... Geschichten über Geschichten.

Kurz darauf sind wir zurück im Altstadt-Labyrinth und eilen weiter. Einmal stoppt Tarlan unerwartet, wendet sich um und fragt: »Woher kommst du?« Wir scheinen gleichaltrig zu sein und sagen von Anfang an Du zueinander. Und ich antworte: »Aus Leipzig.«

Ein vieldeutiges Lächeln huscht über Tarlans Gesicht: »Ach so, DDR. Ich habe in Dresden gedient. Ich war dort bei der Armee.«

Mir-Movsum-aga

Wir kommen in die Firdousi-Straße 3. Dort betreten wir einen Hof und schließlich ein verwinkeltes Haus. Die Tür steht offen. Es ist ein Kommen und ein Gehen. Eine schmale, moosgrün gestrichene Treppe führt in die obere Etage hinauf. Wir gehen an dieser Treppe vorbei, soweit ein Gehen auf dem engen Flur und zwischen den vielen Menschen überhaupt möglich ist, und betreten schließlich einen schmalen Raum, an dessen Stirnseite das Foto eines kindlich wirkenden Mannes aufgestellt ist, eines Mannes mit großen, gütig blickenden Augen, mit schwarzem Schnauzbart, auf dem Kopf mit schwarzer Kappe: Das nun ist Mir-Movsum-aga. Ende des 19. Jahrhunderts zog seine Familie nach Itschäri Schähär, in die Altstadt Bakus.

»Mir-Movsum-aga gilt als Heiliger«, lässt mich Tarlan wissen. »Die Menschen kamen zu ihm. Sie baten ihn um Hilfe. Und er half, wenn jemand krank war, wenn jemand ungerecht behandelt wurde oder auch zu Unrecht angeklagt ... Er unterschied die Menschen nicht nach Ansehen, nicht nach Nationalität, nicht nach Religion.«

Keiner, der gegen ihn war, kam an ihn heran, keiner hätte ihn, wie es erzählt wird, zerstören können, nicht einmal der sowjetische Geheimdienst. Mir-Movsum-aga starb 1950, und sein Haus ist bis heute für Besucher geöffnet.

Über seinem leeren Sessel liegt ein gemusterter Gebetsteppich. Das Porträt des Mannes nimmt fast die Hälfte der Wand ein. Die Menschen warten geduldig, bis sie an der Reihe sind und vor sein Porträt treten können, um mit ihm zu *sprechen*.

»Hier steht ein Teller mit Bonbons«, verweist mich Tarlan auf den kleinen Tisch. »Nimm dir ruhig etwas davon. Und auf das andere Tellerchen kannst du legen, was du willst.« Ich sehe Geldscheine und lege zwei aserbaidschanische Manat, AZN, Neue Manat, dazu.

... und zwar wird erzählt, er sei ein Mensch ohne Knochen. Und doch besitzt er Knochen. Aber denen fehlt das Kalzium, und sie sind nie wirklich stabil. Immer muss Mir-Movsum-aga gestützt werden, beim Laufen, beim Sitzen. Später liegt er nur noch, empfängt aber weiter die Menschen. Jeder bringt etwas mit. Und es heißt, diese Gaben werden immer gleich an Bedürftige verteilt.

Einmal kommen Männer einfach in sein Haus, tragen Tische, Stühle, Schränke hinaus und laden alles auf einen Lastwagen. Aber als der Wagen beladen ist, springt der Motor nicht an, und die Männer kommen nicht weg mit ihrem Diebesgut. Umsonst wechseln sie den Fahrer. Es wird sogar noch ein dritter Fahrer geholt. Als der aber hört, dass Mir-Movsum-aga beraubt werden soll, dreht er sich um und geht wortlos davon. (4)

Auf dem ehemaligen Friedhof des Dorfes Schuvalan befindet sich seit den 1990er-Jahren eine prächtige Moschee, bei der

Kuppel und Minarett in leuchtendem Blau gehalten sind. Das ist die Mir-Movsum-aga-Moschee mit einem gleichnamigen Schrein. Sein Grab bildet den Grundstock.

Mystisches Zentrum

»Er ist ein erleuchteter Mensch gewesen«, schließt Tarlan und schaut vor sich hin. Ich nutze den Moment und frage: »Ist diese alte Stadt insgesamt ein magischer Ort?«

»Itschäri Schähär ist ein altes, mystisches Zentrum«, bestätigt Tarlan und umreißt für mich in Kurzfassung die spirituell-religiöse Entwicklung auf der Halbinsel Abscheron insgesamt, die, wenn ich alles richtig aufgefasst habe, in etwa so aussieht: In Gobustan lebten seit circa 25.000 Jahren Schamanen. Sie lebten mit dem Feuer und der Sonne. Etwa 5000 Jahre später gab es dann Magier in Baku, auch sie lebten mit Feuer und Sonne. Schließlich verbreitete sich der Zoroastrismus. Darauf folgte im kaukasischen Albania die Christianisierung, und schließlich kam mit dem Islam auch der Sufismus als dessen mystische Richtung hierher.

Ali Shamsi

Es sind nur wenige Schritte, die wir zu gehen haben, bis wir unsere nächste Station erreichen, eine Station, an der, über die gesamte Hauswand, der Kopf einer Löwin gemalt ist. Zwischen diesem Bild und der Eingangstür steht zudem ein grüner Außerirdischer von der Größe eines Zehnjährigen, ein Außerirdischer mit einem Riesenauge auf der Brust. Mittels einer goldenen Hand speist er sich energetisch aus dem feurigen Zentrum der Erde.

Hier nun befindet sich die Galerie von Tarlans Freund Ali Shamsi, einem Maler und barfüßigen Weltenwanderer. Sein graues Haar ist länger als das von Tarlan, gleich ihm trägt er es im Nacken gebunden. Tarlan stellt mich Ali Shamsi vor, und das, wie ich finde, merkwürdig: »Das ist Constanze. Sie hat in Leipzig *gedient* und ich in Dresden.«

An Ali gibt es kaum Auffälliges. Er trägt Jeans und einen blauen Pullover; bemerkenswert ist allein die silberne Kette, die er trägt, mit einem schwarzen Stein in Form eines Tropfens, vielleicht einem Obsidian.

An der Wand, gleich neben dem Eingang, findet sich ein Sammelsurium an Dingen, die Ali Shamsi aus aller Welt mitgebracht hat – Tierschädel, Steine, Vogelfedern, Halsketten aller Art ... An der Wand gegenüber hängen seine Bilder.

»Was bedeutet draußen die Löwin?«, frage ich den Meister. Er antwortet, etwas distanziert: »Das ist Ansichtssache. Alles ist Ansichtssache. Wenn Sie das Bild von oben betrachten, sehen Sie einen Wolf, von der Seite her eine Tigerin und von vorn die Löwin. Diese Totemtiere sind die ältesten Symbole für Weisheit, Adel und Mut. Und in den Augen der Löwin finden Sie meine Unterschrift – Ali Shamsi.«

Im Schirvanschah-Palast

Der Besuch bei Ali Shamsi reicht nur für eine Stippvisite. Gleich darauf sind wir im Schirvanschah-Palast. Hier nun bleiben wir etwas länger. Der Palast wurde im 15. Jahrhundert unter Schah Ibrahim I. erbaut und dabei auf drei Ebenen angelegt. In dieser Zeit hat auch der Hofwissenschaftler, Philosoph und Sufi Seyid Yahya Bakuvi gelebt. Sein Mausoleum befindet sich auf der obersten Ebene und damit auf der Ebene des Palastes, unweit einer kleinen Moschee. Dieser Hofwissenschaftler und Sufi ist damals sehr bekannt und beliebt gewesen. Im Orient hatte er wohl an die 10.000 Anhänger.

Überhaupt war der Schirvanschah-Palast einst bedeutendes Sufi-Zentrum. Im Sufismus wird kein dauerhaftes Leben als Mönch angestrebt, es wird im Gegenteil dafür geworben, mit beiden Beinen im Leben zu stehen, zu beten, einer weltlichen Arbeit nachzugehen und für die eigene Familie zu sorgen.

»Baku«, merkt Tarlan an dieser Stelle bezüglich der Stadtgründung im 5. Jahrhundert an, »ist die Stadt Gottes.« Er erläutert, dass einige etymologische Deutungen des Namens die Herkunft vom persischen *Bagavan* ableiten, sodass es tatsächlich *Stadt Gottes* bedeuten kann. Andere Deutungen beziehen sich auf das persische *Badkube*, wonach Baku die *Stadt der Winde* heißt, was sie praktisch auch ist.

Wir durchstreifen weiter den Schirvanschah-Palast und betreten schließlich einen gewölbeartigen, fensterlosen Raum. Dieser Raum wird laut Tarlan *Schilakhana* genannt und ist *der* Raum, in dem die Derwische ihre Klausur abhielten, eine Klausur von vierzig Tagen – ohne Licht, ohne Essen, nur Trinken sei erlaubt gewesen. In diesem dunklen, abgeschiedenen Raum meditierten sie, beteten und übten sich im Zikr – in der Lobpreisung Gottes. Zikr, *Erinnerung*, gilt als der zentrale Punkt der Sufi-Schulen.

Diese vierzigtägige Klausur war und ist eine Zeit der Abwendung von allem Äußeren. So »wird der Wille gestärkt und der Eintritt in die höheren Welten vorbereitet«, erläutert es André Ahmed Al Habib in seinem Buch über den Sufismus. In dieser Zeit des Alleinseins kommt der Derwisch in seelische Prozesse der inneren Bewegung und Reinigung; er träumt, er hat Visionen, bis hin zum »Gefühl göttlicher Vertrautheit«. (5)

Portal

Später, zurück im Altstadt-Labyrinth, führt mich Tarlan noch zu einer Art Aussichtsplattform. Von hier aus ist der Blick frei – sowohl zum Mädchenturm als auch zum Kaspischen Meer. Das Kaspische Meer bzw. der Kaspisee liegt still vor uns. Als der größte See der Erde ist er mit keinem einzigen Ozean verbunden. Dieser Salzsee liegt in einer natürlichen Senke. Und, verortet in dieser natürlichen Senke, liegt Baku achtundzwanzig Meter unter dem Meeresspiegel.

Mit einer Geste verweist Tarlan auf alles das, was sich an Wasserweite bis zum Horizont vor uns erstreckt: »Hier an dieser Stelle befindet sich ein Übergang von unserer Welt hinüber in eine andere, unsichtbare Welt. Genau hier ist ein Portal.«

»Aha«, sage ich, atme tief durch und versuche, das Unsichtbare zu erschauen.

Mädchenturm

Zurück am Mädchenturm schließt sich ein Kreis, und Tarlan eröffnet mir eine völlig neue Sichtweise: »Dieser Turm besitzt sieben Etagen. Das korrespondiert mit den sieben Chakren des Menschen. Und die Fenster«, sagt er und verweist dabei auf die vier versetzt angeordneten Fenster, »sind immer verbunden mit bestimmten Tagen, an denen das Licht in sie fällt – zum Beispiel am 20. März, also zu Novruz, oder am 21. Juni, zur Sommersonnenwende. Der Mädchenturm ist ein altes Observatorium. Und die Astronomen arbeiteten dort mit dem Stand der Sonne.« Tarlan betont mehrmals das enorme astronomische Weisheitswissen, das hier vor Zeiten geherrscht hat. Und er schließt seine Rede: »Die drei Weisen aus dem Morgenland kamen aus Baku. Sie wussten von der Geburt Jesus Christus. Von hier brachen sie auf, um ihn zu begrüßen.«

Philosophischer Studienkreis

Überraschend irdisch schaut der Schamane jetzt auf sein Mobiltelefon und stellt fest: »Ich muss los. Aber wenn du willst, komm doch mit. Ich treffe mich noch mit ganz interessanten *Kindern*.«

Einige Busstationen später erreichen wir mitten in der Gründerzeitstadt ein Haus, in dem sich im 11. Stockwerk ein philosophischer Studienkreis trifft. Tinay Muşdiyeva, Jahrgang 1979, hat mehrere Jahre in Gießen studiert, in Berlin geforscht und sich an der Universität Wien auf ihre Promotion in antiker Philosophie vorbereitet. Sie spricht ein exzellentes Deutsch und leitet diesen philosophischen Studienkreis. Heute versammeln sich sieben Mitglieder, und Tarlan gehört dazu.

Als das Treffen beginnt, hält Tinay eines der gelben Bändchen des Stuttgarter Reclam-Verlages in der Hand und übersetzt in der Folge Zeile für Zeile aus Aristoteles' *Nikomachischer Ethik*. Sie übersetzt aus dem Stegreif. Mit einem Seitenblick erfasse ich die Passage: »... das oberste dem Menschen erreichbare Gut stellt sich dar als ein Tätigsein der Seele im Sinne der ihr wesenhaften Tüchtigkeit ...« (6)

Natürlich wird Aserbaidschanisch gesprochen und ich verstehe – bis auf einzelne Begriffe wie *Affekt, Praxis, Seele, Logos ...* – kein Wort. Das aber, was ich sehe, lässt mich staunen: Eine junge Frau führt, entspannt, unverstellt, einen Kreis von sieben vergeistigten Männern. Jeder hat vor sich eine Übersetzung desselben aristotelischen Werkes, ob nun in einem Buch, im Laptop oder auf dem Smartphone, und jeder hat diesen Text in anderer Sprache vor sich – der eine auf Russisch, der nächste auf Englisch, der dritte auf Arabisch. Tinay und *ihre Männer* lesen, hören einander zu, wobei Tinay koordiniert, führt, dem Gesagten zustimmt oder Weitergehendes dazu ausführt ... Es sind offensichtlich Liebhaber der Philosophie und des Denkens, die sich zusammengefunden haben und nun hoch konzentriert miteinander im akademischen Austausch sind.

Kleiner Nachtrag zum Mythos Mädchenturm

Am Abend komme ich erfüllt und zugleich todmüde zurück in mein kleines Hotel. Als ich noch einmal prüfe, ob es eine neue E-Mail für mich gibt, sehe ich, dass mir Tinay drei Artikel in puncto *Mythos Mädchenturm* zugeschickt hat. Gut möglich, dass Tarlan ihr von unserem heutigen Rundgang erzählt hat. Trotz meiner Erschöpfung beginne ich auf der Stelle damit, die Artikel zu lesen, und erfahre von weiteren Forschungsansätzen sowie Legenden. Eine davon nehme ich mit in den Schlaf.

... und zwar lebt in der Nähe des Mädchenturmes eine junge Frau. Und auf der anderen Seite der Bucht lebt ein junger Mann. Und so, wie er sie bewundert, bewundert auch sie ihn. Jeden Tag besucht der Junge das Mädchen. Das Merkwürdige dabei ist, dass der Junge über das Wasser läuft. Eines Tages aber verfehlen sich die beiden und der Junge beginnt zu zweifeln. Als er später den Rückweg wieder übers Wasser nehmen will, hört das Wasser auf, ihn zu tragen ... (7)

Tag 4

Langsam und schön

Noch gibt es zu viel Neues auf einmal. Und natürlich ist vor allem die aserbaidschanische Sprache für mich ungewohnt, in Schriftbild und Klang. Allein bei *Itschäri Schähär,* der Bezeichnung der Altstadt, verweigert sich meine Zunge immer wieder. Und genau dieses *Itschäri Schähär* erkenne ich dann kaum wieder, wenn ich es als Ansage zur gleichnamigen Metro-Station höre.

In diesem Sinne bin ich wiederum für die hiesige Grußformel *Salam* ausgesprochen dankbar: Für meine Zunge war das Liebe auf den ersten Zungenschlag.

Beim Wort *Danke* ist dann ein ganz anderes Wort üblich als das, was ich im Wörterbuch gefunden hatte. Denn im Alltag höre ich hier kein einziges *Täschäkür ediräm,* offenbar ist es zu förmlich, und für *Auf Wiedersehen* lese ich höchstens beim Verlassen eines Supermarktes das angekündigte *Yaxshi Yol*. Im Alltag gibt es für beides *sağ ol*, wobei der Buchstabe ğ in der Mitte eher wie der deutsche Buchstabe r gesprochen wird.

Darüber hinaus begegnen mir beim Nachschlagen historischer Namen und Begriffe entsprechend der Geschichte des Landes oftmals mehrere Schreibweisen – persisch, arabisch, türkisch, russisch ... Wer weiß schon als Unkundiger, dass Nizami, Nezāmi oder Nezami ein und dieselbe Person sind?

Aber – langsam, langsam ...

Chingiz Babayev hat sich bereits im Vorfeld meiner Reise Gedanken gemacht, mit wem er mich bekannt machen könnte oder sollte. Und so lerne ich heute – dank Chingiz – den Direktor des Marionettentheaters von Baku kennen. Ashurey wird mich begleiten. Für ihre Zeit und ihren Dienst als Dolmetscherin biete ich ihr ein bescheidenes Salär an. Aber Ashurey wehrt sofort ab: »Dein Projekt ist gut für uns. Die Gäste fragen schon immer nach einem Buch, das vom Leben in Aserbaidschan erzählt. Außerdem: Wenn ich dich begleite, lerne auch ich den Direktor des Marionettentheaters kennen. Und ich darf miterleben, wie dein Buch entsteht.« So werden wir uns einig. Wie zuerst Ashurey klatsche ich einmal in die Hände, und damit ist unser Vertrag *Dolmetschen gegen Erfahrung* geschlossen.

Im Marionettentheater Baku

Das Marionettentheater Baku befindet sich in der Altstadt. Es ist ein Theater für Erwachsene. Hinter einer hohen dunkelgrünen Tür, deren eiserner Türklopfer tadellos funktioniert, befindet sich das Reich der Marionetten.

Heyran Gorchu öffnet uns, Assistentin des Art-Direktors und Ehefrau von Tarlan, eine gepflegte, kleine Frau, dunkelhaarig, mit schönen Augen und der Ausstrahlung von Sicherheit. Sie lächelt.

Das Foyer befindet sich in einem alten Gewölbe. Hier sitzen am runden Tisch drei Männer zusammen, vertieft ins Gespräch, und dennoch wach für das Äußere. Einer von ihnen erhebt sich sofort und begrüßt uns. Das also ist Tarlan Gorchu, der Direktor des Hauses. Charmant vertröstet er uns: Er und die beiden Männer brauchen noch ein wenig Zeit.

Heyran bewirtet uns mit Tee und führt uns anschließend durchs Haus. Mit einem gläsernen Fahrstuhl geht es hinauf in die oberen Etagen, in die Funktions- und Arbeitsräume sowie in den Zuschauerraum: Es gibt neunundvierzig Sessel. Die Bühne entspricht einer Kammerbühne und besitzt in sich noch eine zweite, eine kleinere Bühne, gerahmt von einem barock wirkenden Dekor und besetzt mit zwei vergoldeten Putten. Ich bin überrascht, als ich später von Chingiz erfahre, dass er es war, der vor Jahren diesen artifiziellen Rahmen schuf.

Der dunkelgrün und schwarz schimmernde Bühnenvorhang ist gerafft und hochgezogen, sodass wir freien Blick haben, direkt in einen orientalischen Garten hinein, in dessen Zentrum ein filigran gearbeiteter Springbrunnen steht.

Heute Abend werde ich erfahren, wie zu Beginn der Vorstellung diese Bühne wirkt, nämlich – ungewöhnlich klein. Im Laufe der Vorstellung und mit der Adaption der Augen *wächst* die Bühne. Sobald am Ende aber das Licht aufleuchtet, das Publikum applaudiert und die Spieler mit ihren Marionetten vor den Vorhang treten, um sich zu verneigen, ist die Bühne im Handumdrehen wieder genauso klein wie zu Beginn.

Arschin Mal Alan

Aber noch ist es Tag. Wir sitzen in der ersten Reihe, und auf der Bühne wechselt das Licht. Es läuft die Lichtprobe für die heutige Abendvorstellung *Arschin Mal Alan – Der Stoffhändler*. Dieses Stück, angekündigt als *Marionetten-Show*, basiert auf einem orientalischen Musical aus dem Jahr 1913 von Üzeyir Hajibeyli (1885–1948), dem Gründer der modernen aserbaidschanischen Musik und dem Schöpfer der ersten Oper im islamischen Orient.

Die Handlung ist schnell erzählt:

... und zwar ist Asker auf der Suche nach der Liebe seines Lebens. Doch die traditionellen Bräuche legen klar fest: Die Familien sind es, die Braut und Bräutigam zusammenbringen. Asker kann das nicht akzeptieren und beschließt: »Ich werde doch kein Mädchen heiraten, dass ich vorher nicht gesehen habe. Erst wenn ich sie kenne und in sie verliebt bin, werde ich sie zu meiner Frau nehmen.« Er verkleidet sich als Stoffhändler, bekommt so Einlass in die verschiedenen Häuser und kann Ausschau halten nach der passenden Frau ... Um es kurz zu machen: Es gibt ein Happy End mit nicht weniger als vier Hochzeiten. Und Asker und seine selbst gewählte Braut rufen glücklich: »Nach Paris! Nach Paris« und schweben in einem roten Heißluftballon davon. (8)

Diese Geschichte hat Tarlan mit freundlicher Ironie und großer Sorgfalt inszeniert; die Mugham-Musik, die dem Ganzen seinen würdigen Rahmen gibt, wirkt kunstfertig und leichtfüßig zugleich. Die Gesten der Marionetten sind, wie auch jede Pause, bewusst und fein gesetzt.

Es wird auf Aserbaidschanisch gesungen. Zugleich gibt es ein Faltblatt in englischer Sprache mit der kurz gefassten Handlung sowie direkt im Stück auch eine Schauspielerin, an meinem Abend ist es Fariza Babayeva, die wiederum in russischer Sprache das, was man wissen muss, erzählt.

Jede Woche gibt es eine Vorstellung. Die Mehrzahl der Besucher sind Touristen. Sie kommen zumeist aus Russland, aus Europa und aus dem Iran. Eintrittskarten können online beim Theater bestellt werden oder an einer der Ticketverkaufsstellen in der Stadt.

Orientalisches Marionettentheater

»Ich bin im Arbeitszimmer«, sagt Tarlan, der seine Vormittagssitzung inzwischen beendet hat und nun quer durch den Zuschauerraum an uns vorüberkommt. Heyran nickt. Offenbar führen beide das Zepter des Hauses, wobei sein Zepter ein wenig schwerer zu wiegen scheint.

»Wir machen hier orientalisches Marionettentheater«, stellt uns bald darauf Tarlan sein Haus vor. Er ist Direktor, Regisseur, Bühnenbildner, Ausstatter und Dramaturg in einem. Wir sitzen in seinem Arbeitszimmer an einem großen Tisch. Heyran hat sich zurückgezogen, und noch wirkt Tarlan reserviert.

»Bereits in Tbilissi wird europäisches Puppentheater gemacht. Dort werden ganz andere Themen auf die Bühne gebracht; die Art des Gesangs ist völlig anders, die Musik insgesamt. Bei uns ist es immer die traditionelle Mugham-Musik.«

Tarlan, Jahrgang 1953, geboren und aufgewachsen in Baku, schloss Ende der 1980er-Jahre sein Studium ab: »Das war damals nicht die passende Zeit für eine große Bühne. An sich war ich Regisseur fürs Schauspiel. Aber damals hatten wir fast nichts, kein Geld, alles fehlte, wir hungerten«, Tarlan lacht traurig auf. »So entschied ich mich für ein kleines Theater, für ein Marionettentheater, in dem es, trotz dieser schwierigen Zeit, viel Schönes geben sollte. – Ja, die Schönheit. Ich wollte schon immer, dass das, was ich mache, für die Augen der Zuschauer schön ist. Dafür nutzte ich die Materialien, die es irgendwo dennoch gab – einen Seidenschal meiner Mutter, eine schöne Kette, kleine Ohrringe ... Ich habe begonnen, diese Dinge zu sammeln. Die Schönheit ist wichtig für die östlichen Philosophen. Mich interessiert kein einziger *Ismus*: kein Kapitalismus, kein Sozialismus und auch kein Kommunismus ... Wichtig ist für mich allein: Es muss schön sein. Denn sobald etwas schön ist, bist du bereit, dort auch tiefer hineinzugehen.«

Im Jahr 1990 findet die Premiere von *Arschin Mal Alan* in Paris statt.

»Ach, *Arschin Mal Alan* – das ist meine Lieblingskomödie!«, bricht es jetzt freudig aus Ashurey heraus. Und sofort erzählt Tarlan vor allem für die deutlich jüngere Ashurey und ein bisschen weniger für mich.

Die Premiere des *Stoffhändlers* in Paris ist der erste, noch dazu internationale Auftritt der Marionettenbühne Baku überhaupt. In den Folgejahren wird in Baku gespielt, aber auch außerhalb von Aserbaidschan – in Russland, Polen, Deutschland und in der Schweiz. Zugleich gibt es fortan einen großen Traum – den Traum von einer festen Spielstätte.

»Der Mann verkauft also Stoffe an die Frauen«, erzählt Tarlan und steht bei dem Stichwort *Stoffe* auf, um aus dem Nebenraum verschiedene Tücher herüberzuholen. Spielerisch wirft er diese vor uns auf den Tisch – hellgrüne Seide, violette Seide, eine buntbestickte Weste.

Seele und Energie

»Das alles habe ich vor einigen Tagen gekauft, alles für die Puppen. Es sind alte Stoffe, sehr alte. Bei uns im Umland kann man solche Stoffe noch finden. Wir nehmen sowieso nur Stoffe, die schon etwas erlebt haben, Stoffe also, die so sind wie wir.« Diesmal schwenkt Tarlans Blick von Ashurey zurück zu mir.

»Nur ganz, ganz selten mögen wir auch einen neuen Stoff. Den legen wir zuerst einmal auf den Boden, um dann einige Monate lang über ihn drüberzulaufen. Auf diese Art *erlebt* auch er etwas und wird älter. Oder wir nehmen ihn, um etwas zu polieren. Stoffe besitzen eine Seele«, sagt er und schaut mich abwartend an. Also frage ich nach: »Wirklich?«

»Hundertprozentig«, versichert Tarlan, und endgültig fällt alle Reserviertheit von ihm ab. »Zu hundert Prozent besitzt so ein Stoff

Seele und – Energie.« Tarlan macht sich gleich wieder auf den Weg nach nebenan, um diesmal mit einem mehrschichtigen, violetten Stoff zurückzukommen, der wie Brokat wirkt: »Auch dieser Stoff ist sehr alt. Für unser zweites Stück *Leila und Madschnun* konnten wir in Aserbaidschan einfach nichts Passendes finden. Also bin ich nach Georgien gegangen und von dort weiter nach Paris. In Paris gibt es einen sehr bekannten Flohmarkt mit antiken Dingen. Und dort habe ich diesen schönen, alten Stoff gefunden. Egal, wie du es anstellst: Neue Stoffe sind Souvenirs.«

Die ganze Zeit schon liegt direkt neben den Stoffen ein hölzerner Puppenkopf auf dem Tisch. Erst jetzt bemerke ich ihn: »Und besitzen auch Puppenköpfe und ihre Gesichter eine Seele?«

Tarlan nimmt den Puppenkopf liebevoll auf, hält ihn vor sich hin und schaut ihm sozusagen ins Angesicht: »Alle diese Köpfe sind aus Holz geschnitzt. Das ist Handarbeit und dauert manchmal drei Monate. Manchmal machen wir für eine einzige Puppe verschiedene Köpfe, immer neue, einfach weil wir die Seele noch nicht sehen können. Und mit der Seele fehlen Charakter und Persönlichkeit. Manchmal dauert das ...«

Tarlan dreht den Puppenkopf in seinen Händen. Noch ist der Kopf kahl, besitzt weder Haare noch Mütze, Seele aber wohl schon: »Als Nächstes geht es um die Kopfbedeckung. Auch dazu passt kein neuer Stoff. Aber hier, sehen Sie, ist ein alter Handschuh.« Wie ein Zauberer bei einem Trick greift Tarlan nach einem weißen, aus Spitze gefertigten Handschuh und beginnt zu experimentieren: Mal drapiert er alle Finger des Handschuhs seitlich des Kopfes, mal legt er sie allesamt der Puppe in den Nacken. Noch scheint die Seele des Ganzen zu fehlen oder die Energie stimmt nicht. Erst als der Handschuh wie eine lockere Haube sitzt, ist Tarlan zufrieden: »Der Puppe einfach eine Mütze aufzusetzen, das ist keine Kreativität, sondern Ethnografie. Das hier ist Kreativität ... An diesem Puppenkopf haben bereits zwei Personen gearbeitet. Der Erste hat ihn geschnitzt, der Zweite ihn bemalt. Um daraus eine richtige Marionette zu machen, braucht es einen Körper und die Mechanik. Auch die Kleidung fehlt noch. Ich bin einer, der Kleidung machen kann, aber ich kann nicht schnitzen. Umgekehrt kann der, der die Puppe schnitzt, sie nicht so auserlesen bekleiden, wie ich es vermag.«

Leila und Madschnun

Ashurey meint zu mir auf Deutsch: »Siehst du, wie sehr er seine Arbeit liebt, ja wie er sie genießt?«

Im Jahr 2013 wird das Haus, in dem heute das Marionettentheater beheimatet ist, der Verwaltung des historisch-architektonischen Reservats Itschäri Schähär unterstellt und damit dem Ministerkabinett der Republik Aserbaidschan. Umfängliche Restaurierungs- und Reparaturarbeiten folgen und werden insbesondere durch die Vizepräsidentin der Republik Aserbaidschan, Mehriban Aliyeva, unterstützt. Vor drei Jahren ging der Traum von einer eigenen Spielstätte schließlich in Erfüllung.

Bei der festlichen Eröffnung hatte ein zweites Stück seine Premiere – die Mugham-Oper *Leila und Madschnun* von Üzeyir Hajibeyli. Diese Oper basiert auf einer jahrhundertealten tragischen Liebesgeschichte, die es in vielen verschiedenen Fassungen gibt. Die Grundlage für die Inszenierung von Tarlan Gorchu ist das gleichnamige Poem von Muhammad Füsuli (1494–1556). Zugleich wird in der vorliegenden Adaption die Handlung geografisch näher an Aserbaidschan herangeholt und spielt in der Region der iranischen Königsdynastie Qajar.

... und zwar bedeutet »Madschnun« – Verrückter. Denn Qais ist verrückt vor Liebe zu Leila. Und Leila liebt Qais. Aber einem »Madschnun« gibt Leilas Vater seine Tochter nicht zur Frau. Die Geschichte endet mit dem Tod der Liebenden.

Eine Woche später sehe ich die Vorstellung von *Leila und Madschnun*, und dieses Spiel ist nicht allein schön in der Ausstattung, sondern auch magisch in der Inszenierung. Bildhafte, ja tänzerische Bewegungen sind Teile eines Ganzen, seidige Tücher werden geschwungen und verhüllen phasenweise einen halben Bühnen-Mond, so wie sie ihn bald darauf wiederum *enthüllen*; großformatige Ornamente dominieren das Bild, hinzu kommt der Mugham ...

Schönheit

Urplötzlich kommt Tarlan auf einen Ausspruch Mohammeds zu sprechen: »Es heißt: *Gott ist schön, und er liebt Schönheit.* Das ist mehrdeutig. Das bedeutet auch, dass die Schönheit selbst Gott ist. – Natürlich gibt es im Leben Tausende von Schönheiten. Man muss wissen und wahrnehmen, dass man in *allem* Schönheit finden kann, auch in einem Haufen von Abfall, wirklich in allem. Für die Kreativität bedeutet das: Du musst es selbst sehen und dann für die anderen sichtbar machen. Dabei ist wirkliche Schönheit nicht allein für das Innere da, sondern auch für das Äußere. Beides muss zusammengehen, zusammen sein, zusammenkommen. Wenn das eine fehlt, dann ist es nicht ganz. Inneres und Äußeres helfen einander. – Meine persönlichen Wege sind ein wenig anders. Denn ich liebe zuerst das Äußerliche. Ich liebe es, äußerliche Schönheit zu zeigen. Und wenn das gelingt, dann gehe ich im nächsten Schritt hinein in das Innere dieser Schönheit. – Bei uns im Osten gibt es eine besondere Art, wie wir äußerliche Schönheit zeigen: Das geschieht durch Ornamente. Sehen Sie hier auf diesem Stoff die Buta-Ornamente? Buta ist eines unserer wichtigsten Symbole. – Darüber hinaus gibt es zwischen westlicher und östlicher Schönheit noch einen weiteren Unterschied: nämlich das Mantra. Mantras gibt es in verschiedener Weise. Im Mantra-Schema wiederholt man zum Beispiel immer wieder ein ganz bestimmtes Wort. Das ist dann ein verbales Mantra. Das Ornament ist wiederum ein visualisiertes Mantra. Und es wird immer wiederholt, damit es klar wird für den Menschen. – Das ganz große Problem für einen Menschen ist die Konzentration. Man schaut. Und man schaut sehr aufmerksam. Aber dann kommt ein Gedanke, und der stört. Mantra-Meditation hilft, die Konzentration zu halten. Die äußeren Geräusche werden ausgeblendet. Auf diese Weise vermagst du, dich auf etwas zu konzentrieren. Das alles ist schwierig zu erklären. Erst mit der praktischen Erfahrung ...«

Ashurey übersetzt und übersetzt.

Sobald ich mich auf Tarlan und auf das konzentriere, was er erzählt und beschreibt, vergesse ich Ashurey. Konzentriere ich mich wiederum auf Ashurey und ihre Übersetzungsarbeit, vernachlässige ich den Blick auf Tarlan ...

»Entschuldigen Sie bitte«, verlässt Ashurey jetzt völlig überraschend ihren Posten als Dolmetscherin. »Aber meine Konzentration geht gerade davon. Ich möchte verstehen, was Sie sagen.« Und sie wiederholt zur Überprüfung durch Tarlan noch einmal alles das auf Aserbaidschanisch, was sie verstanden hat. Am Ende nickt Tarlan zustimmend, steht plötzlich auf und beginnt, sich vor uns im Raum um die eigene Achse zu drehen.

»Was ist los?«, frage ich Ashurey, und sie flüstert: »Es gibt einen Tanz der Derwische. Sie drehen sich. Und das Ganze wiederholt sich, immer und immer. Das sind ganz schlichte, mantrische Bewegungen. Tarlan sagt, dass diese Art der Bewegung dem Menschen die Möglichkeit gibt, alle anderen Dinge unwichtig werden zu lassen. Zugleich aber bleibt das, was du möchtest, bei dir.«

Plötzlich stoppt Tarlan seinen Tanz, kommt zurück zu uns an den Tisch, schaut mir unverwandt in die Augen und fragt: »Und Sie, Constanze? Haben Sie in unserem Theater die Schönheit gesehen?«

Ich überlege, suche nach den passenden Worten und sage dann, selbst für mich überraschend bildhaft: »Ja, in Ihrem Theater habe ich Schönheit gesehen. Es ist die Schönheit einer großen, weißen Blume.«

Mugham

Und was umfasst nun die besagte *traditionelle Mugham-Musik?* – Azize umreißt es so: »Wir unterscheiden zwischen der meist pentatonischen Musik, die zum Schamanismus gehört, und der Makam-Musik, die eben viel, viel feiner ist, weil sie ja mikrotonal ist und einen Ganz-Ton-Schritt in neun Untertöne teilt. Und das ist etwas, was sich historisch erst später entwickelt hat. Man muss generell sagen: Vieles bleibt ein großes Geheimnis, was Klänge und Musik vermögen. Das Menschenbild, und Menschenverständnis, war damals ein ganz anderes: *Der Mensch ist eine Einheit aus Körper, Geist und Seele. Und das kann man nicht voneinander trennen.*«

Was in *Leila und Madschnun* nun zunächst nach weltlicher Liebe klingt, meint vor allem die Liebe zu Gott. Mugham basiert auf Gaselen. Dabei wird die Musik nicht notiert, sondern über die Generationen hin weitergegeben. Mugham-Musik ist durch die UNESCO als Teil des immateriellen Weltkulturerbes anerkannt.

Wesentlich bei der Mugham-Musik ist, dass der Wechsel von strengen Regeln hin zur Improvisation ihr immanent ist. Ein Mugham kann Stunden dauern.

Unten im Foyer treffen wir noch einmal auf Heyran, Tarlans Ehefrau und Art-Direktorin des Hauses. Erfüllt von der Welt der Marionetten, bleibt für mich nach wie vor die Frage nach der heilsamen Kraft der Mugham- bzw. Makam-Musik. Schließlich erklingt am Marionettentheater Baku – über sorgfältig erstellte Tonkonserven – ganz bewusst in beiden Inszenierungen diese Musik.

»Ich selbst war noch nie in Aserbaidschan«, sagte Azize bei unserem Gespräch. »Und ich kenne das Leben dort heute nicht. Aber was ich aus den anderen Ländern Zentralasiens kenne –

Kasachstan, Usbekistan, Mongolei ... Ich habe dort immer das Gefühl, dass Musik generell Bestandteil der Alltäglichkeit war oder ist. Ich kann mich erinnern: Wir haben mal in einem Seminar einen Tanz gemacht. Den gibt's in Kirgisien, in Kasachstan, im Altai-Gebirge ... Und es war eine Mongolin mit dabei, die dann sagte: *Was? Ihr nennt das hier Therapie-Tanz? Das machen wir immer, wenn irgendwas ist: Wenn einer sich freut oder wenn ein Kind geboren wird, oder wenn jemand stirbt ... Aber wir würden jetzt nicht ‚Therapie' dazu sagen.* Also da ist offensichtlich etwas integriert, im Leben, was bei uns vielleicht getrennt, mehr getrennt ist oder gar nicht vorkommt. – Und diese aserbaidschanischen Volkslieder, die wir singen, das sind in der Regel Liebeslieder oder tiefe Sehnsuchtslieder. Es ist wie eine Moll-Tonart, eben im westlichen Musiksinne – immer tiefe Sehnsucht.«

Heyran Gorchu und die Mugham-Musik

»Und woher kommen Sie eigentlich, Heyran, im Sinne der beruflichen Richtung?«, frage ich und erfahre, dass Tarlans Frau von Hause aus Pianistin und Musikwissenschaftlerin ist. Sie hat an der Musikakademie in Baku studiert.

»Und Sie haben eine besondere Verbindung zu Mugham?«

»Ja, das ist so«, bestätigt Heyran. »Ich habe eine besondere Beziehung sowohl zu Mugham als auch zu Üzeyir Hajibeyli als dem Komponisten. Für die ältere Generation, so wie für meine kranke Mutter, war Mugham ein wichtiger Bestandteil ihrer nationalen Identifikation. Ich glaube, von meiner Mutter habe ich auch meine Liebe zu Mugham und zur aserbaidschanischen Volksmusik vererbt bekommen. – In der Tat ist Mugham das Gleiche wie Makam; zugleich gibt es in jeder Kultur Unterschiede.«

»Und spielte oder spielt die Mugham-Musik auch eine bestimmte Rolle für die Gesundheit? Vielleicht sogar als Therapie?«

Heyran überlegt einen Moment und meint dann: »Als emotionale Therapie vielleicht, aber nur für Menschen, die während dieser Musik in die Meditation versinken können. Ich bin mir nicht sicher, ob es in Aserbaidschan eine neue Generation dafür gibt. Ein großer Teil der neuen Generation bevorzugt leider eher die Popmusik«, beschließt Heyran unser Gespräch und wendet sich – *Entschuldigen Sie bitte!* – den nächsten Gästen zu, welche soeben das Haus betreten haben.

Springbrunnen und altorientalische Gesundheitshäuser

Als wir das Marionettentheater verlassen und durch die Gassen der Altstadt zum *Fisincan*-Restaurant hinübergehen, taucht vor meinem inneren Auge noch einmal das Bühnenbild zu *Arschin Mal Alan* auf, zur Geschichte des Stoffhändlers. Und wieder sehe ich diesen orientalischen Garten mit dem Springbrunnen im Zentrum. Ein Bild, das sich jetzt für mich mit Azizes Erzählungen verbindet, konkret mit der Erzählung von altorientalischen Krankenhäusern, von denen es allein im Gebiet der heutigen Türkei vierzig verschiedene gab: »Der Kranke war immer umgeben von plätscherndem Wasser. Dieses permanente Wassergeräusch symbolisiert etwas Fließendes. Krankheiten sind ja häufig auch Blockaden. Und unser Blut fließt; Gedanken fließen; Gefühle fließen. Und solange es fließt, ist alles gut. Daran erinnert uns dieses Geräusch. Und es macht frisch. Und es zieht manchmal die Konzentration auf sich. Es zieht mich also auch weg von vielleicht Unnötigem. Und es bringt mich in einen Entspannungszustand. Manch einer wird auch angeregt. Man sagt im Sufismus: Alles kommt aus dem Wasser, wird im Wasser sozusagen geboren, und wir bestehen ja zu über siebzig Prozent, glaube ich, aus Flüssigkeit. – Und diese Schifahane wurden nicht *Krankenhaus* genannt, sondern *Gesundheitshaus*. Hier gab es eine Armenküche, Wäscherei, Schule, wo die Ärzte und das Personal ausgebildet wurden, eine Moschee, und es gab immer einen großen Garten mit Rosen und Kräutern. Und der Mensch befand sich sozusagen in diesem Uterus des Schifahane. Zum Beispiel wissen wir es von dem Schifahane in Edirne genau – vor 150 Jahren wurde es geschlossen –, dass dort dreimal in der Woche die Makam-Musiker kamen und die Patienten bespielten.«

Tag 5 Butaförmig

Als Frau allein

Mein Frühstück bekomme ich im East House Hotel. Es ist völlig ausreichend, auch wenn es mir am ersten Morgen und auf den ersten Blick eher als die *Essenz eines Frühstücks* erscheint: schwarzer Tee, angereichert mit Minze, dazu Fladenbrot, Butter, ein Stückchen Schafskäse, etwas Marmelade, zwei Scheiben Gurke, eine halbe Tomate. »Sie möchten noch Tee? Sagen Sie nur, wenn Sie etwas brauchen!«

An einem Morgen sitze ich gemeinsam mit einer Russin am Tisch. Ihre halbwüchsige Tochter wirkt kränklich. Sie isst nicht viel und geht recht bald zurück auf ihr Zimmer. Aber die Mutter lässt sich Zeit beim Essen und beim Tee und erzählt mir noch, dass sie extra deshalb nach Aserbaidschan gekommen sind, damit die Tochter hier Naftalan-Bäder bekommen kann, Erdölbäder. Und jetzt, nach drei Behandlungen, sei es auch schon *etwas besser* geworden.

Und während wir den Tee trinken, erinnere ich mich an Silke. Silke reiste im Jahr 2012 als Teilnehmerin einer deutschen Reisegruppe zum European Song Contest nach Baku. Einmal spazierte sie allein durch die Altstadt: »Und bei diesem Jungfrauenturm gab es draußen, unter den Bäumen, so einen Tee-Garten. Da habe ich mich einfach reingesetzt, ohne zu überlegen, wurde aber nicht bedient. Irgendwann kam dann einer im Anzug und hat mich gefragt, was ich möchte, weil – er wolle mich gern einladen. Und da habe ich schon gedacht: *Mh, das ist jetzt komisch. Aber gut*. Ich wollte einen Tee, so ein Kännchen, wie sie das immer zurechtmachen, und den Tee habe ich auch bekommen. Und ich musste nichts bezahlen. Später habe ich gemerkt: *Stimmt, du bist die einzige Frau, die allein hier ist*. Die anderen Frauen, die waren alle in Begleitung. Und unsere aserbaidschanische Reiseleiterin erklärte mir dann, dass der Mann im Anzug wahrscheinlich der Inhaber war. Eine Frau geht nicht allein in ein Teehaus. Und der hat praktisch die Situation gerettet.« So war das damals, im Jahr 2012.

Aserbaidschanisch essen im Fisincan

Ich selbst bin nicht allein, gemeinsam mit Ashurey betrete ich das aserbaidschanische Restaurant *Fisincan*. Restaurants wie das *Fisincan* besuche ich später problemlos allein. Es befindet sich unweit des Fontänenplatzes in der Nizami-Straße. *Fisincan* bedeutet so viel wie: *Der König des Essens* oder auch *Königliches Essen*.

»Dieser Name wirkt anziehend«, weiß Ashurey. »Und hier wird sich auch große Mühe gegeben.«

Das *Fisincan* ist ein gut besuchtes, helles Restaurant und nach drei Seiten hin verglast. Als eine Art Wintergarten wirkt der Raum lebendig und gemütlich zugleich: Da sind schwarz-rot gemusterte Tischdecken, Kissenbezüge und nicht zuletzt Teppiche. Einer davon hängt über dem stilisierten Balkon im oberen Bereich der einzigen gemauerten Wand. In seiner Musterung entdecke ich das Buta-Ornament. Das Ornament ähnelt einer Mandel mit scharf gebogener Spitze.

»Manche sagen«, erzählt Ashurey, »dass es typisch aserbaidschanisch ist. Aber ich denke, das Buta-Ornament kommt noch weiter aus dem Osten: Über die Seidenstraße zogen damals Händler aus vielen Ländern nach Aserbaidschan.«

... und zwar ziehen Händler aus vieler Herren Länder mit ihren Karawanen über die alte Seidenstraße. Unterwegs wird Handel getrieben, werden Waren ausgetauscht. Wie schaukelnde Wüstenschiffe ziehen die Kamele gleichmäßigen Schrittes voran, um Lasten von Punkt A nach Punkt B zu transportieren. Dabei sind die Abdrücke ihrer Hufe auf den unbefestigten Wegen butaförmig. Sie sind sogar zweimal butaförmig: »Otai« und »Butai«. Die Sprache veränderte sich seit damals und mit dieser Veränderung wurde aus »Butai« das heutige »Buta«.

Während wir uns für einen Tisch am Fenster entscheiden, erzählt Ashurey immer weiter und bestellt uns einen Tee. Anschließend reicht uns der Kellner die bebilderten Speisekarten.

»Mit meinen Gästen gehe ich gern ins Fisincan, weil hier alles wirklich traditionell ist«, versichert Ashurey, während ich mich zu wundern beginne, dass der Tee trotz der kleinen Gläser so lange heiß bleibt.

»Das kommt von der Birnenform der Gläser«, erklärt Ashurey und verweist dann auf den Teller in der Mitte, auf dem mehrere Würfelzucker liegen. »Und wir trinken den Tee mit Zucker. Aber der Würfelzucker kommt bei uns nicht in den Tee, sondern in den Mund, und erst dort, im Mund, kommt auch der Tee mit dazu. Überhaupt trinken wir den Tee mit Süßigkeiten, vor allem Konfitüre ist da üblich. Gern nehmen wir auch Zitrone in den Tee. Denn wenn du viel Öliges gegessen hast, dann neutralisiert die Zitrone. Sie neutralisiert überhaupt alles Schädliche, was vielleicht auch im Tee ist. Darüber hinaus wird der Blutdruck reguliert und – es schmeckt.«

Ashurey und ich halten nach wie vor unsere Speisekarten aufgeschlagen, schauen aber nicht hinein. Immer wieder schiebt sich das Buta-Thema dazwischen: »Aserbaidschan ist das Land des Feuers, Buta eine Flamme und der Mädchenturm, von oben gesehen – butaförmig. Außerdem steht Buta für den Anfang des Lebens.«

... und zwar macht sich das Kind klein, im Bauch der Mutter, und so wächst es. Nach vierzig Wochen wird es geboren. Es kommt zur Welt und ist anders als jedes Kind, das vor ihm war. So ist es uns gleich.

»Auch in unseren Märchen gibt es *Butas*. In den Märchen sind sie Wesen unbestimmter Gestalt. Manche von ihnen sind verheiratet, andere schwanger, die nächsten schmollen; es gibt so viele Arten von Butas. Es gibt auch böse ... In unserer Folklore heißt es: Wenn jemand im Traum einen Buta sieht, dann bedeutet das: Du wirst mit einer geliebten Person zusammenkommen. Selbst wenn man an einen Buta denkt, passiert etwas Schönes.«

Mit Blick auf die fotografischen Abbildungen der angebotenen Speisen – Suppen, Salaten, Tellern mit Fleisch und Pilaw – kann ich gar nicht anders, als noch einmal auf die aserbaidschanische Küche zurückzukommen, die Ashurey in Deutschland so sehr vermisst hat.

»Es gibt da ein Wort«, erzählt sie, »das ich nicht auf Deutsch kenne. Bei diesem Wort geht es vor allem um ein Gefühl. Dieses Gefühl bedeutet so etwas wie: *Das ist deins*. Ob nun im schlechten oder im guten Sinne – das ist dabei eigentlich egal. Im Deutschen ist es vielleicht zu vergleichen mit dem Wort *Heim*. Ich war ja nicht nur in Deutschland, sondern habe auch andere Länder bereist. Das war alles wirklich schön und interessant, aber: *Das war nicht meins.* Ich fühlte mich irgendwie fremd. Und was ich immer vermisst habe, das war unsere aserbaidschanische Küche. Du wirst ja gleich davon probieren.« Ashurey lacht.

»Und bist du stolz auf dein Land?«, frage ich weiter. Ashurey überlegt, bevor sie in einem fast zärtlichen Ton sagt: »Ja, ich bin stolz auf mein Land. Es ist besonders. Aserbaidschan hat eine sehr komplizierte und stolze Geschichte. Und ich bin stolz darauf, dass wir so zwischen Europa und Asien stehen, dass wir so gemischt sind. Ich bin stolz auf die Hauptstadt Baku und auf die einzelnen Regionen in unserem Land. Ich bin stolz auf unsere Teppiche und die Webereien. Und auf unsere Architekten. Und unser Obst und Gemüse ist sehr lecker. Ich bin stolz auf unser Öl und unser Gas. Man kann nie alles verwirklichen. Aber man muss offen sprechen können, damit alle Ideen zusammenkommen. Und dann wird es realisiert.« Ashurey strahlt eine Freude aus, als führte sie das schönste und leichteste Leben, das es überhaupt gibt.

Und endlich, endlich schauen wir auch in unsere aufgeschlagenen Speisekarten. Ashurey, ganz erfahrene Reiseleiterin, fragt: »Hast du schon *Kutab* probiert? Nein? Du musst! Kutab, das sind dünne Fladen, gebacken aus Mehl, Wasser, Salz und gefüllt mit Hackfleisch, Käse oder auch Kürbis, und dann das Ganze in Öl gebraten. Ich kann dir aber auch *Fisincan-Pilaw* empfehlen. Pilaw als orientalisches Reisgericht wird traditionell mit Zwiebeln und Brühe zubereitet, manchmal auch mit Fleisch, Fisch oder Gemüse. Oder du nimmst *Takhta*: Takhta bedeutet *Holz*. Das ist also Fleisch auf einem Holzbrett. Hier gibt es zum Beispiel Takhta-Kalbfleisch mit Pilzen, Zwiebeln und holländischem Käse. Oder du nimmst innere Organe.« Ich schaue irritiert von meiner Speisekarte auf, Ashurey lacht und versichert mir lächelnd: »Also wir essen das gern.« Am Ende essen wir ganz einfach Kebab – Kebab, eingerollt in dünnes Fladenbrot, in Lawasch.

Tag 6

Klar und lebendig

Im Hotel

Als ich am Abend in mein East-House-Hotel zurückkomme, haben weder der Dichter noch der Weltmännische Dienst, sondern es steht ein junger Mann hinter dem Tresen, der, genau wie Ulviya und Ashurey, so an die dreißig Jahre alt sein dürfte. Er wirkt gelassen und fragt mich auf Englisch: »Wie gefällt es Ihnen in Aserbaidschan?«

»Alles ist so interessant. Und gerade die Altstadt ist ja auch ein bisschen magisch.« – »Und wie gefallen Ihnen die Menschen?« – »Die Menschen sind sehr hilfsbereit«, sage ich ohne zu zögern. »Und sie sind ...«, jetzt halte ich kurz inne, bis mir der passende Vergleich einfällt: »Die Menschen sind wie Seide.«

»Ja, Aserbaidschan ist ein schönes Land. Sie wissen, dass wir einen Teil unseres Landes an die Armenier verloren haben?«, fragt er, unverändert in aller Ruhe.

Zwei Stimmen

Ein deutscher Geschäftsmann ist zur Stippvisite in Baku. Er ist ein taktvoller und weltgewandter Mensch, der, wo immer er gerade ist, schnell in ein offenes Gespräch kommt: »Und mit Bezug auf Bergkarabach sagten sie dann zu mir: *Machen Sie sich keine Sorgen. Wenn wir unser Land zurückhaben, werden wir dort noch sehr viele Projekte verwirklichen.* Zuerst fragte ich mich: *Welches Land meinen sie?* Aber dann begriff ich: Sie meinen Bergkarabach. Die Sache war für sie ganz klar: *Das ist unser Land, und natürlich kriegen wir das wieder zurück, und dann werden wir es auch wiederaufbauen.* Aber wiederum ein anderer meinte: *Ich will keinen Krieg. Und ich will auch nicht, dass dort gekämpft wird. Es ist, wie es ist. Und dann ist das eben so. Dann müssen wir das akzeptieren, auch wenn es unsere Heimat ist.*«

Baku Book Center

Was einer gut gemeint hat, als Hilfe und Unterstützung, muss nicht immer gut sein. Schneller als gedacht stehst du zwischen den Stühlen, denn das *Aufräumen* nach einer solchen *Hilfe* macht nicht nur Arbeit, sondern ist, wenn man die Unordnung nicht selbst verursacht hat, auch ärgerlich.

Mit Chingiz Babayev gibt es diesen Ärger nicht, ganz im Gegenteil. Chingiz gehört genau wie sein Freund Elnur zur Kunst- und Kunstlerszene von Baku. Beide haben sich längst einen Namen gemacht. Und diese Kontakte, die Chingiz für mich bzw. meine Arbeit arrangiert, ohne dass ich ihn darum gebeten hätte, sind ganz im Sinne meines Herangehens, sie sind in meiner Art.

Das Baku Book Center befindet sich in der Üzeyir-Hajibeyli-Straße, an der Ecke zur Gogol-Straße. Das Center ist Buchhandlung, Präsenzbibliothek, Café, Computerkabinett, Treffpunkt, Veranstaltungsort und Konzertsaal in einem, und das insbesondere auch für Kinder, für Blinde und Sehschwache sowie für anders körperlich oder seelisch Beeinträchtigte. Zentrales Anliegen des Hauses ist es, zum Lesen zu motivieren, insbesondere jetzt, im Zeitalter von Internet und Smartphon. Das Baku Book Center wurde auf Initiative und mit Unterstützung der *Heydar Aliyev Foundation* gegründet.

Im Eingangsbereich dieses *Buch-Palastes* bin ich mit Chingiz verabredet bzw. nicht allein mit ihm, sondern durch seine Vermittlung auch mit der Direktorin dieses im vergangenen Jahr eröffneten Hauses, mit Günel Anarkyzy (Rzayeva), die noch dazu Schriftstellerin ist. Gerade Günels Familienname klingt für mich kompliziert, wird mit der Erklärung für mich aber fassbar: *kyzy* bedeutet: *Tochter*. Und als Tochter des in Aserbaidschan allseits bekannten Schriftstellers *Anar* nennt sie sich Anarkyzy. *Rzayeva* ist dann der bürgerliche Name. Letztlich bin ich froh, dass es auch in Aserbaidschan durchaus üblich ist, einander mit Vornamen und Sie anzusprechen.

Günel ist eine junge Frau, wirkt klug, couragiert, lebt unübersehbar immer auch mit dem Blick auf die Uhr, das aber auf sanfte, charmante Weise. Elegant in Schwarz und Weiß gekleidet steht sie vor mir. Wir sprechen Russisch miteinander. Und als Chingiz uns einander vorstellt, reicht sie mir, zurückhaltend lächelnd, ihre Hand. Zwischen uns drei Künstlerseelen herrscht respektvolles Einvernehmen. Dabei spielt keine Rolle, dass Chingiz sich bald schon mit den Worten: »Ich habe zu tun« wieder zurückzieht. Und auch Günel hat zu tun, wobei sie versichert: »Aber nachher haben wir Zeit.« Noch bevor sie mich einer ihrer jungen Mitarbeiterinnen anvertraut, die mich durchs Haus führen wird, reicht sie mir eines ihrer Bücher, das bereits ins Deutsche übersetzt ist: *Karabacher Geschichten*. Bis auf eine kleine Grafik ist das Cover dieses Buch weiß: Da ist ein blattloser Baum, der sich im Wuchs windet; die Zweige streben himmelwärts. Insgesamt herrscht merkwürdige lichtvolle Dunkelheit. Vögel fliegen durchs Bild. *Todesvögel*, denke ich gleich.

Ich schlage das Buch auf und beginne zu lesen. Die erste Geschichte ist ein literarischer Brief: *An meinen Vater. Ich grüße dich herzlich, mein lieber Vater! Wie geht es dir? Was gibt's Neues? Bei mir ist alles wie vorher. (...) Ich bin allein. Seit unserer endgültigen Trennung vor mehr als zwanzig Jahren schrieb ich dir mehrmals. (...) und zum Schein sage ich, es geht mir gut. (...) Du warst doch immer dafür, dass wir mehrere Sprachen sprechen. (...) Im Traum sind wir zusammen. (...) Ich bin zufrieden, hübsch angezogen und habe keine Verletzungen, keine Spuren von einer Schlägerei. (...) Vielleicht würdest du mich nicht wiedererkennen, würden wir uns jemals treffen. (...) Dein Sohn Garabach (9)*

Berührt schaue ich auf und Günel direkt in die Augen. Sie vertröstet mich entschieden: »Wir sprechen nachher. Entschuldigen Sie bitte.«

Günel schrieb diese Geschichte zunächst in russischer Sprache. Die Übersetzung ins Aserbaidschanische übernimmt sie selbst, die Übersetzungen ins Deutsche stammen von verschiedenen Übersetzern. Insgesamt wird diese Brief-Erzählung *An meinen Vater* in zehn Sprachen übersetzt.

Zur deutschen Ausgabe der *Karabacher Geschichten* gibt es ein Vorwort, das von Samira Patzer-Ismailova stammt, die zum Zeitpunkt des Erscheinens Präsidentin des Europakongresses der Aserbaidschaner ist. In diesem Vorwort ist, auch ganz im Sinne der Autorin, unter anderem zu lesen: *Die Menschheit trägt die ganze Palette dieser Emotionen und Erlebnisse in sich, versucht Verzeihen, Lieben, Vergessen, Hoffen und Glauben zu lernen.*

Das Baku Book Center ist ein orientalischer Palast der Bücher und der Literatur. Als wir über eine herrschaftlich breite, in weitem Schwung gewundene Treppe zur nächsten Ebene hinaufsteigen, folgen wir einer Schulklasse, sonntäglich gekleideten Kindern, und ihren beiden ebenso festlich gekleideten jungen Lehrerinnen.

Oberhalb der Treppe wölbt sich über uns eine beleuchtete Kuppel aus Milchglas. Das Netzwerk schwarzer Metallstreben erinnert an die Breiten- und Längengrade eines Globusses. Durch die Beleuchtung der Kuppel scheinen die Farben der Malereien umso klarer auf. Zitrusfrüchte sind zu sehen, Granatäpfel, ein einzelner, kleiner Vogel ...

Auf dieser zweiten Ebene stehen zwischen den Bücherregalen modern geschwungene Sessel und Sofas und laden zum Innehalten ein, zum Lesen. Nach dem Rundgang möchte auch ich kurz innehalten und setze mich in einen der Sessel, einen türkisblauen, um in den *Karabacher Geschichten* die zweite Erzählung anzulesen: *Der Baum.* Es ist die Geschichte einer Liebe zwischen einem Aserbaidschaner und einer Armenierin, die aus ungewöhnlicher Perspektive erzählt wird, nämlich aus der Sicht eines Baumes:

Der Baum. Heute wäre ich achtzig geworden, wenn ich gestern Nachmittag, so gegen drei Uhr Ortszeit, nicht gefällt worden wäre. Ein Tag hat gefehlt, um in die Neunziger zu wechseln. Das ist natürlich schade, aber was willst du machen, so ist das Leben. (...) *In den Häusern wohnte ein buntes Gemisch verschiedener Nationalitäten, Religionen und Traditionen. (...) Alles wiederholte sich – bis zur Genauigkeit des Seufzers. (9)*

Günel und ich sind im Sitzungsraum der Direktorin verabredet. Der große Tisch in der Mitte bestimmt den Raum. Wie bei einer Ausstellungsvitrine befinden sich hier unter der gläsernen Tischplatte Bücher, und zwar Bücher, die schon einiges *erlebt* haben. Es sind alte Bücher mit abgegriffenen Buchdeckeln und mit Seiten aus vergilbtem Papier.

Bevor wir uns nun an diesen Bücher-Tisch setzen, stellt mir Günel ihre Freundin Samira Patzer-Ismailova vor, Pianistin und Musik-Pädagogin, die in Köln lebt und gerade in Baku zu Besuch ist. Sie ist es auch, die das Vorwort zu den *Karabacher Geschichten* schrieb.

Frau Patzer-Ismailova ist ein Mensch, dem ich sofort vertraue. Ich kann ihr Hiersein nicht als Zufall nehmen und bitte sie unverwandt, unsere Dolmetscherin zu sein. Samira spricht ein sehr gutes Deutsch, und das Karabach-Thema ist schwierig und wichtig zugleich. Samira Patzer-Ismailova sagt zu. Günel schielt fast unbemerkt auf ihre Armbanduhr und ohne weitere Umschweife beginne ich das Interview.

Günel antwortet sicher, überlegt, respektvoll, ja professionell: »Die Erzählung *An meinen Vater* entstand in ganz kurzer Zeit. Wenn ich schreibe, habe ich kein konkretes Konzept. Ich fühle, was ich sagen möchte, und dann steuert dieses Gefühl. Mein Gefühl war, dass ich es unfair fand, was in Karabach passiert ist. Dieses Gefühl besaß unterschiedliche Farben – mal war es Wut, mal Bedauern ... Und das hat mich geführt. Ich versuchte, mir alles aus der Sicht eines Kindes vorzustellen: Karabach als ein Kind. Dieses Kind ist sehr verletzt, auch enttäuscht von den eigenen Eltern. Gleichzeitig versteht es die komplizierte und schwierige Situation, hofft aber auch, dass es verteidigt wird. – Karabach, diese Region, dieses Herz von Aserbaidschan, ist jetzt von den Eltern oder vom Körper getrennt.«

»Wie haben Sie diese Zeit miterlebt? Worin bestand Ihr ganz persönlicher Antrieb, darüber zu schreiben?«

»Ich war ein sechzehnjähriges Mädchen, als die Karabach-Geschichte begann. Und das war natürlich genau die Zeit, in der wir uns als Persönlichkeiten formen, als Menschen. Alles passierte vor unseren Augen. In anderen Ländern gingen die Sechzehnjährigen in Diskotheken, in Clubs. Wir hatten da einen anderen Ausdruck des Lebens. Wir gingen in dieser Zeit fast jeden Tag auf den Freiheitsplatz und demonstrierten für unsere Unabhängigkeit, und wir verlangten Freiheit für Karabach. Sicher haben wir das alles damals auch gar nicht richtig kapiert, weil wir so jung waren. Aber wir wollten etwas bewirken. Und wir gingen los. Wir ahnten noch nicht, wie ernst es um die Geschichte unseres Landes stand, wie entscheidend all das war. Wir machten das ohne Angst, und wir machten das mit Elan. Das war eine sehr wichtige historische Phase. – Überhaupt hatten wir damals in Aserbaidschan eine sehr komplizierte Situation. Mit dem Zusammenbruch der Sowjetunion 1991 haben mehrere Republiken sofort ihre Unabhängigkeit erklärt. Die ersten waren die baltischen Länder ... Und als Aserbaidschan seine Unabhängigkeit erklären wollte und um diese Unabhängigkeit kämpfte, entstand der Karabach-Konflikt. Am Anfang glaubte man gar nicht, dass so etwas sein kann: Jede Republik kämpfte doch gleichermaßen um ihre Unabhängigkeit. Aber plötzlich entstand dieser Konflikt – Armeniens Anspruch auf das Territorium ... Das war für uns sehr schwierig und schockierend. Und so wurden wir Zeugen, dass zwanzig Prozent unseres Territoriums peu à peu einfach okkupiert wurde, Leute wurden von dort vertrieben. Plötzlich hatten wir so viele Binnenvertriebene und so viele Menschen wurden getötet, verletzt, auch vermisst – Kinder, Erwachsene, alte Menschen, Frauen ... Das war eine ganz tragische Situation. Es fing schon 1990 damit an, dass am 20. Januar seitens der sowjetischen Regierung in Moskau und entgegen allen Regeln und Gesetzen die sowjetische Armee in Baku einmarschierte. Wir wohnten damals im Zentrum, nahe am Freiheitsplatz. Deswegen: Ich habe das alles selbst erlebt. Es wurde auf Menschen geschossen, einfach so. Panzer fuhren ... Und das war ein blutiger Angriff auf diese Freiheitsbewegung. Für mich, ich war inzwischen noch nicht einmal achtzehn, war das wirklich schlimm. Ich war geschockt und sehr verletzt, wie mit meinem Land umgegangen wurde. Das ging so tief. Und deshalb habe ich nach zehn, zwölf Jahren, dann schon als eine dreißigjährige Frau, diese Erzählungen geschrieben. Nicht allein diesen Brief an meinen Vater, sondern auch die anderen Karabach-Erzählungen. Ich denke, ich wollte diesen Schmerz einmal aus mir herausschreiben.«

»Für mich ist die Erzählung *Der Baum* voller Schmerz, aber ohne Wut. Gibt es denn keine Wut in Ihnen? Oder ist diese bereits transformiert?«

»Vielen Dank für diese sehr gute Frage. Aber es ist meine Überzeugung, dass Literatur weder Wut noch Hass vermitteln soll. Egal wie tragisch die Geschehnisse auch sind. Es ist immer wichtig, dass man nach dem Lesen noch Hoffnung hat, einen Blick nach vorn ... Das ist die Aufgabe von Literatur. Denn wenn wir Hass vermitteln, ist das nicht gut für den Menschen. Deswegen folge ich diesem Prinzip: Die Liebe steht über allen Gefühlen, über Wut oder Boshaftigkeit oder Aggression oder Hass. Und wenn sich eine Seite, wie in dieser Geschichte über den Baum, für die Liebe entscheidet, dann wird dieses Gefühl der Liebe siegen, über alle anderen negativen Gefühle.«

»Aber kann es Liebe in dieser Dimension überhaupt noch geben, nach allem, was auf beiden Seiten geschehen ist?« – »Meinen Sie im Kontext des Karabach-Konfliktes?« – »Ja.«

»Diese Liebe als Symbol von zwei Nationalitäten, der Liebe zwischen einem Aserbaidschaner und einer Armenierin – das ist nicht meine Erfindung. Es gab auch vorher schon literarische Werke, die diese Konstellation beschrieben. Dieser Konflikt ist ein historischer Konflikt. Er war nicht der erste, ist aber hoffentlich der letzte. Es gab in der Geschichte schon einige Male armenisch-aserbaidschanische Konflikte. Es entstanden literarische Werke, und der Konflikt löste sich dann irgendwie. Beide Nationalitäten lebten wieder zusammen, heirateten wieder, liebten sich. Durch diese Erfahrung der Geschichte glaube ich daran, dass Liebe helfen wird, obwohl in der Erzählung *Der Baum* die Liebe nicht bestehen kann. – Es gibt einen Spruch: *Schönheit wird die Welt retten*. Ich glaube, dass Liebe die Welt retten wird. Weil ich glaube, dass auch bisher die Liebe die Welt gerettet hat.«

Musikalischer Nachklang

Später, im Herbst, als ich zurück in Leipzig bin, erreicht mich eine Nachricht von Samira Patzer-Ismailova, diesmal aus Köln. Sie lädt mich zu einem Konzert in den dortigen Sancta-Clara-Keller ein. Präsentiert wird Klaviermusik des aserbaidschanischen Komponisten Kara Karayev. Pianistin ist Samiras Schwester: Elnara Ismailova.

Kara Karayev (1918–1982) hat zu Sowjetzeiten gelebt und komponiert. Werke von ihm werden bis heute in den internationalen Konzerthäusern gespielt. Zugleich gilt er nach wie vor als Geheimtipp.

Leider kann ich nicht zum Konzert nach Köln reisen. In ihrer Eröffnungsrede, die mir Samira Patzer-Ismailova zum Trost freundlicherweise überlässt, lese ich unter anderem: »Ein wichtiges Stichwort (...) ist das Wort *Synthese*. Wie viele andere Komponisten des 20. Jahrhunderts war Kara Karayev auf der Suche nach einer neuen Tonsprache. Diese sollte zwar einen Neubeginn gegenüber der Musik der Romantik darstellen, dabei aber die Traditionen nicht ablehnen. Seine Musiksprache bezieht sehr stark die aserbaidschanische Volksmusik ein, unter anderem die Kunst des *Mugam*, verbindet sie aber mit westlichen Kompositionstechniken und mit Errungenschaften der musikalischen Moderne. (...) Kara Karayev studierte in Baku bei dem Gründer der professionellen aserbaidschanischen Musik Üzeyir Hacibeyov und später in Moskau bei Dmitri Schostakowitsch. Ihn faszinierte die Musik von Bach, und er interessierte sich für die westliche Avantgarde wie die *Neue Wiener Schule*, insbesondere für Arnold Schönberg; er liebte Jazz und korrespondierte mit westlichen Musikern. (...) Er probierte sich auch in serieller Musik und schuf die dodekafonische Symphonie Nr. 3, welche große Diskussionen ausgelöst hat.«

Und um dann das zu ersetzen, was an sich gar nicht zu ersetzen ist – nämlich das Konzerterlebnis im Raum –, höre ich, einem Hinweis von Samira folgend, eine CD, eingespielt beim WDR, mit Elnara Ismailova am Klavier und Werken von Kara Karayev. Und ich folge einem klaren und lebendigen Zauber, aus dem mir –

wenn ich mich nicht täusche – sogar ein Hauch von Bachscher Musik entgegenweht.

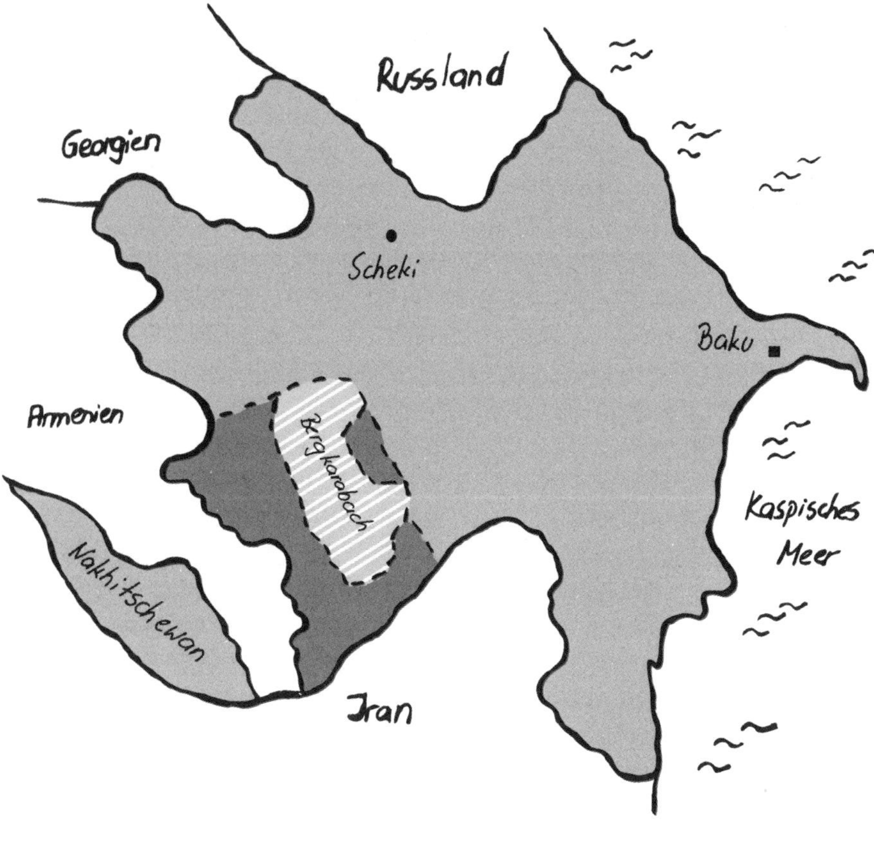

Russland
Georgien
Scheki
Baku
Armenien
Bergkarabach
Nakhitschewan
Kaspisches Meer
Iran

Tag 7 Verraten und treu

Taxifahren

Taxifahren kostet nicht viel. Der jüngere Sohn von Chingiz bringt es einmal auf den Punkt, nachdem er die Preise erbeten und verglichen hat: »Wenn wir alle drei gemeinsam fahren, kostet eine Taxifahrt genauso viel wie der Bus. Warum sollten wir trotzdem den Bus nehmen?«

Die Strecke von meinem kleinen Hotel hin zum Busbahnhof beträgt knapp zehn Kilometer und kostet, vermittelt durch den *Dichter* vom East House Hotel, drei Manat; das sind umgerechnet 1,58 €. Bequem komme ich so zu meinem Bus nach Scheki. Als ich nach zwei Tagen spätabends zurückkehre, endet die Busfahrt auf einem mir noch unbekannten Platz. Von allen Seiten stürzen die Taxifahrer heran. Müde und durchgeschüttelt fühle ich mich nach der Reise sowieso wie am Ende. Und so ergibt sich schließlich ein Preis, der dreimal so hoch ist. Aber was soll's?

Genau wie schon in Tbilissi werde ich auch in Baku zu einer großen Liebhaberin der Metro. Lade ich meine Baku-Karte mit fünf Manat auf, reicht das oft für die ganze Woche. Ich fahre Metro und Bus.

Mit dem Bus

Der Busbahnhof Baku ist ein Areal mit einem nationalen und einem internationalen Terminal. Die Orientierung ist nicht ganz einfach und die Beschilderung wahrscheinlich noch nicht abgeschlossen. Gerade im Bereich der kleinen Läden wird die Orientierung für den Fremden schwer.

Im Bus nach Scheki sind die Plätze nummeriert; ich sitze am Fenster. Im letzten Moment steigt noch der Popcorn-Verkäufer zu; kurz vor der Ausfahrt aus dem Terminal verlässt er uns wieder.

Der Bus nimmt seinen Weg entlang des Meeres, erst am Feld der Erdölpumpen vorbei, dann an endlosen Mauern; dahinter scheinen die Dächer mächtiger Villen auf. Diese Paläste stehen in einer abgegrenzten Welt, abgeschottet – auch vor uns.

Eine knappe Stunde später sind wir *draußen,* außerhalb des Baku-Gürtels. Und aus dem Radio tönt orientalische Musik, eher Pop als Mugham. Die Autobahn ist sechsspurig. Wir kommen zügig voran. Scheki liegt etwa dreihundert Kilometer von Baku entfernt, im Norden Aserbaidschans.

Die Frau aus Kisch

Hier fliegt eine Möwe über das Kaspische Meer, dort kreist ein Hubschrauber über der Küste. Das Land ist karg und die Erde der gepflügten Felder dunkel. Jetzt hupt der Fahrer, und draußen zieht ein Schäfer mit seinen Schafen vorbei. Er winkt uns nach.

Die Frau neben mir holt ihren Proviant aus der Tasche. Alles ist sorgfältig eingepackt in Servietten und Plastikbeutel. Sie reicht mir in hausfraulicher Geschäftigkeit ein Stück Fladenbrot mit Hühnerkeule zu. Mir ist nicht klar, was passiert und warum es passiert. Erst später erklärt es mir Ashurey: Nach der alten Kultur kümmert sich der Einheimische um den Fremden.

Inzwischen isst auch sie selbst. Kaum bin ich meinerseits fertig, bemerkt sie es und reicht mir einen Abfallbeutel für die Knöchelchen. Ihrem Blick entgeht nichts.

»Wollen Sie wirklich nach Scheki fahren?«, hatte der Weltmännische mich gestern im East House Hotel noch gefragt und mir Regen in Aussicht gestellt. Bisher ist der Himmel tatsächlich trüb gewesen, jetzt aber kommt die Sonne heraus.

Knapp zwei Stunden später steuern wir einen Rastplatz an, wo bereits drei weitere Überlandbusse pausieren. Als Erstes führt mich meine Begleiterin zu den Toiletten, drückt mir dort ihre Tasche in die Hand, bevor sie im scharf nach Desinfektionsmittel riechenden Sanitärbereich verschwindet. Zur besseren Vorstellung sei gesagt, dass es orientalische Toiletten sind, vergleichbar mit der freien Natur, bloß abgeschirmt und gekachelt.

Anschließend sitzen wir im Freien, gehüllt in unsere Mäntel, und trinken Tee. In den Bäumen treiben schon die Knospen. – Ich bin dankbar, auf meiner ersten Reise *in die Region*, wie Ashurey es immer ausdrückt, nicht allein zu sein. Meine Gastgeberin telefoniert. Schließlich drückt sie mir ihr Telefon in die Hand, und ich höre von der anderen Seite die Stimme eines Mannes. Er spricht Englisch: »Hallo, wie geht es Ihnen? Bitte bleiben Sie immer bei meiner Mutter. Sie kümmert sich um alles. Ich bin Lehrer und habe gerade Unterricht. Aber am Abend können Sie mich anrufen.«

Kaum geht die Busfahrt weiter, klingelt mein eigenes Telefon: »Wer ist da?« – »Hier ist das East House Hotel. Bei Ihnen ist alles in Ordnung?« – »Ja, hier ist eine Frau. Und sie kümmert sich um alles.« – »Dann ist es gut.«

Wenn ich nach draußen schaue, über das noch zaghafte Grün der Wiesen, bemerke ich auch eine Flut weißer Elemente. Als ich genauer hinschaue, sind es unzählige Plastikbeutel. Als Teil der Landschaft wehen sie umher.

Die Straße verliert mehr und mehr an Breite. Vor uns erheben sich schon die schneebedeckten Gebirgszüge des Großen Kaukasus. Schließlich erreichen wir den Busbahnhof in Scheki.

Scheki ist eine großflächige Stadt, und das Tehran-Haus, mein Quartier, liegt etwas außerhalb. Meine Begleiterin drückt mir am Busbahnhof erneut ihre Tasche in die Hand, um sich für mich durchzufragen: »Tehran-Haus?« Sie selbst kommt aus dem Dorf Kisch, fünf Kilometer von Scheki entfernt.

Djadja Telman

Während ich so – mit Taschen beladen – am Busbahnhof Sheki warte, spricht mich ein älterer Taxifahrer mit Schiebermütze an. Er versichert mir, dass er das Tehran-Haus kennt und er mich für drei Manat dorthin bringen kann. Wir sprechen Russisch miteinander. Ich signalisiere ihm, dass mich eine freundliche Frau bereits in ihrer Obhut hat, dass diese aber noch weitermuss, nach Kisch ... Als meine Begleiterin zurückkommt, ist sie sichtlich erleichtert, als der Taxifahrer ihr vorschlägt, sie bis zur Busstation nach Kisch mitzunehmen, um anschließend selbst die volle Verantwortung für mich als dem Gast zu übernehmen.

Ich darf *Djadja Telman* zu ihm sagen: *Onkel Telman*. Sein Auto, ein hellblauer, vierzig Jahre alter Schiguli, und nicht zuletzt er selbst haben schon viel erlebt. Ist Telman Ende siebzig oder doch schon Anfang achtzig? Der Mann stammt aus Scheki, hat lange Zeit in Russland gelebt und fährt mich sicher durch die Stadt. Auto und Fahrer scheinen eine Einheit zu sein.

Unterwegs passieren wir ein Geschäft mit einem großen, leeren Schaufenster. Es handelt sich um eine Verkaufsstelle für

Seide, zugehörig zum Kombinat für Seidenfabrikation. Das Geschäft ist, auch wenn es nicht so aussieht, geöffnet.

»Zu Sowjetzeiten arbeiteten über 8000 Beschäftigte im Kombinat.« – »Und heute?« – »Viel weniger. Ich weiß nicht, wie viel es heute sind. Sollen wir anhalten? Wollen Sie das Geschäft besuchen?«

Obwohl ich verneine, beginne ich automatisch nach meiner Geldbörse zu schauen. Und was mir sonst nicht passiert, passiert mir jetzt: Plötzlich ist meine Geldbörse verschwunden. Ich durchsuche alle Taschen und kann die Börse einfach nicht finden. Schließlich offenbare ich Telman: »Ich habe ein Problem.«

Djadja Telman stoppt sofort, hört aufmerksam zu, bevor er nachzufragen beginnt: »Wann war die Geldbörse zuletzt da? Wo war das? Woran können Sie sich erinnern?« Djadja Telman fragt großväterlich, ruhig und neutral. Schließlich sagt er: »Steigen Sie aus!« Ich verstehe seinen Gedanken nicht, tue aber, was er sagt. Und – die Geldbörse fällt auf die Straße. Sie hatte auf meinem Schoß gelegen. Wir können weiterfahren.

»Wenn Sie die Geldbörse wirklich verloren hätten, dann hätte ich zuerst beim Busbahnhof angerufen. Ich kenne den Chef. Er besitzt sieben Busse. Und er hätte sich gekümmert: Zuerst hätte er im Bus nachgeschaut und dann den ganzen Weg abgesucht.«

Wir erreichen das Tehran-Haus. Bevor ich aussteige, orientiert mich Telman: »Wenn Sie etwas brauchen, rufen Sie mich bitte an. Auch wenn das Quartier nicht gut ist, rufen Sie mich bitte an. Ich habe dreißig Jahre in Irkutsk gelebt. Gut, dass Sie Russisch sprechen. Ich werde Sie fahren, wohin Sie möchten. Waren Sie schon in Kisch? Wollen Sie nach Kisch? Ich werde Sie fahren wie ein Freund.« Das sagt er; das verspricht er; das wird er auch halten. Und ich meinerseits sage es diesmal gleich: »Ich schreibe ein Buch über meine Reise durch Aserbaidschan.« Jetzt wissen er und alle, mit denen wir es zu tun haben werden, warum ich, noch dazu außerhalb der Touristensaison, hier allein unterwegs bin. Inzwischen ist es Anfang April.

In Tehrans Haus hat die Tochter für mich schon den Ofen angestellt. Der Ofen sieht aus wie ein alter Kanonenofen, wird aber mit Gas betrieben. Bad und Toilette sind außerhalb des Hauses.

Scheki liegt siebenhundert Meter über dem Meeresspiegel, liegt am Fluss Kisch und ist eine Stadt mit etwa 60.000 Einwohnern. Die Berge des umliegenden Kaukasus erreichen Höhen von bis zu 3600 Metern. Berühmt ist Scheki für die Seide und für den Khan-Palast.

Der Khan-Palast

Der Khan-Palast zu Scheki ist nie Wohnstätte gewesen, sondern die Sommerresidenz der einstigen Herrscher, der Khane. Ende des 18. Jahrhunderts wurde er errichtet, im persischen Stil. Bereits zehn Jahre später gehört das Khanat Scheki zum Russischen Reich. Die Khanate sind die einstigen Herrschaftsbereiche in Aserbaidschan.

»Aber die Russen waren auch klug«, hat Heiner erzählt. »Die Russen haben gesagt: *Wir lassen die Herrscher hier, diese Khane. Wenn die uns tributpflichtig sind und offiziell unsere Hoheit anerkennen, dann können sie auch weiterhin vor Ort regieren*. Und diese Khanate sind ja im 19. Jahrhundert noch einmal so richtig aufgeblüht.«

Schekis Khan-Palast ist zweistöckig gebaut und dreiteilig, wobei Eingang und Ausgang kunstvoll überkuppelt sind. Diese Gewölbe erinnern an stilisierte, stark vergrößerte Bienenwaben, die auf der zweiten Etage noch dazu verspiegelt sind.

Über allem liegt ein goldenes Abendsonnenlicht. Telman, der keinerlei Zweifel hegt, dass der Palast trotz abendlicher Stunde für persönliche Gäste von ihm nach wie vor zu besichtigen ist, fährt vor.

»Die Kasse ist schon geschlossen«, stellt er fest. »Aber der Palast ist noch geöffnet. Wunderbar! Und da kommt auch schon mein Freund, der Polizist.« Sie begrüßen sich mit männlicher Umarmung. Ein Gruß meinerseits hingegen geht wie ins Leere. Als unhöflich gilt das wohl nicht, ganz im Gegenteil: Die Frau wird ignoriert, vor allem, wenn sie in männlicher Begleitung ist.

Fünf Minuten später bin ich im Palast. Eine Führung ist zu dieser Stunde nicht mehr möglich. Aber eine Art Hausmeister darf mich begleiten. Er öffnet und schließt vor und nach mir jede der vielen Türen. Gemeinsam eilen wir durch die Räume.

Gagarin

Für das Abendessen empfiehlt mir Telman das *Gagarin*. Das Restaurant liegt oberhalb der Stadt.

... und zwar ist es so, dass, kaum bin ich geboren, Juri Gagarin als erster Mensch ins Weltall fliegt und dabei einmal die Erde umrundet. Mein jüngerer Bruder und ich, wir sind Kinder, lieben Mond und Sterne und mögen auch Gagarins Lächeln sehr. Dann aber geschieht das Unglück: Bei einem Übungsflug stürzt er mit seinem Kampfflugzeug ab. Bis heute weiß keiner, warum und wie das geschehen konnte.

Ich war gerade neun und Gagarins Tod mein erster Trauerfall.

Telman führt mich ins *Gagarin* ein. Er weist den Kellner an, mich zu bedienen, und geht selbst in den hinteren Bereich des Restaurants, um dort seinen Tee zu trinken: »Rufen Sie an, wenn ich Sie fahren soll.« Genau wie im *Fisincan* ist die Speisekarte illustriert, nur dass hier die Preise fehlen. Ich wähle ein Stück gegrilltes Kalbfleisch, dazu Brot und Tee. Am Nachbartisch wird eine lokale Spezialität gegessen – Piti.

Und so sitze ich im Mantel bei abendlicher Kühle im Freien, unter den hohen, kahlen Bäumen, und mein Blick schweift über Schekis *Dächer;* mittendrin ragt das Minarett einer Moschee heraus. Wie behütet liegt die Stadt zwischen den Bergen.

Gerade geht die Sonne unter und der Himmel färbt sich erst orangefarben, dann dunkelblau. Ein Muezzin beginnt zu singen, Augenblicke später singt weiter unten im Tal ein zweiter. Es ist ein ruhiger, warmer Gebetsruf, *Azan* genannt, wobei hellere und tiefere Passagen einander abwechseln. Die Pausen im Gesang wirken für sich.

Es ist schon dunkel, als Telmans Schiguli am Tehran-Haus vorfährt. Der Wagen hält, Telman stellt den Motor ab, und ich frage nach dem Preis. »Geben Sie mir, so viel Sie möchten – unter Freunden.« Ja, was gibt man einem Freund? Ich gebe etwas. Telman nimmt es, prüft aber gar nicht, wie viel es ist, sondern rekapituliert noch einmal in aller Ausführlichkeit unsere abendliche Fahrstrecke: Khan-Palast, Restaurant *Gagarin*, die Fahrt hin und wieder zurück, dazu die Wartezeiten. Ich stimme allem zu und danke ihm für alles, wobei ich bis heute nicht weiß: Habe ich ihm nun zu viel gegeben oder zu wenig?

Hadschi Murad

Irgendwo unweit von Scheki, nahe der georgisch-dagestanischen Grenze, wurde Hadschi Murad Mitte des 19. Jahrhunderts getötet und enthauptet. Heute liegt er – fehlenden Hauptes – dort begraben. Wo das genau ist, weiß auch Telman nicht. Aber er sagt: »Hadschi Murad, das war ein Held!« Und sein Kopf, seinerzeit einbalsamiert und Zar Nikolaus I. überreicht, liegt bis heute als Teil einer stattlichen Sammlung weiterer Köpfe in einem Museum in St. Petersburg.

Wladimir Tolstoi, Ururenkel des Schriftstellers Lew Tolstoi, leitet eine russische Präsidentenkommission, die im Januar des Jahres 2019 einer Rückgabe des Kopfes an die russische Republik Dagestan *im Allgemeinen* zustimmt. (10)

Magomedarip Hadjimuradov, der Urenkel und Haupterbe von Hadschi Murad, nennt es einen *Traum seiner Vorfahren*, dass dieser

Schädel des Urgroßvaters eines Tages, gemeinsam *mit seinen sterblichen Überresten*, begraben wird.

Hadschi Murad heißt auch eine von Tolstois Erzählungen. Denn genau in der Zeit, in der Hadschi Murad zu den Russen überläuft, ist Tolstoi bei den russischen Truppen im Kaukasus stationiert und dem Geschehen ganz nah.

Hadschi Murad, in Dagestan geboren, ist Muslim und gehört dem Volk der Awaren an. Heiner fasst sein Schicksal als *eine kaukasische Geschichte von Treue und Verrat* zusammen. Und es macht Sinn, sich diese kaukasische Geschichte im historischen Detail anzusehen. Stark verkürzt lässt sie sich vielleicht so umreißen: Zuerst war der Weg Hadschi Murads mit den Russen verbunden. Dann wechselte er die Seite hin zum legendären Imam Schamil.

»Schamil«, schilderte Heiner, »war ein großes Vorbild für viele. Aber er hat es eben nicht geschafft, den gesamten Nordkaukasus zu vereinen. Er kannte nicht die Macht und die riesengroße Fläche der Russen. Diese Fläche hat er erst später kennengelernt, als er gefangen genommen und nach Moskau gebracht wurde. Da sagte er: *Ich habe ja nicht gewusst, dass ich überhaupt nie eine Chance hatte.* Insgesamt fast dreißig Jahre leistete Schamil mit seinen Leuten den Russen Widerstand.«

Eine Zeit lang kämpft Hadschi Murad gemeinsam mit Schamil, läuft letztlich aber wieder zu den Russen über; all dies ist fein verwoben als nachvollziehbare *kaukasische Geschichte von Treue und Verrat*. Daraufhin veranlasst Imam Schamil die Verfolgung.

Scheki heißt zu dieser Zeit *Nukha*. Lew Tolstoi schreibt später in seiner Erzählung: »In Nucha war Hadji Murad ein kleines Haus mit fünf Zimmern zugewiesen worden, unweit der Moschee und des Chanspalastes. Im selben Haus wohnten die ihm beigestellten Offiziere, der Dolmetscher und seine Muriden. Hadji Murad verbrachte die Zeit damit, Emissäre aus den Bergen zu erwarten und zu empfangen und die ihm erlaubten Spazierritte in die Umgebung von Nucha zu unternehmen.« (11)

Am Morgen des 5. Mai 1852 nutzt Hadschi Murad solch einen Spazierritt. Er tötet seine Bewacher, flieht aus Nukha und zieht los, um seine Familie zu retten. Aber als er und seine Leute auf der Flucht Unterschlupf in einem Reisfeld suchen, werden sie zufällig beobachtet. In der Verfolgung Hadschi Murads verbünden sich die russischen Truppen sogar mit den muslimischen. Und das bedeutet für ihn und seine Gefolgsleute den Tod.

Tag 8
Manuell und seidig

Fürs Erste bleibe ich zwei Nächte in Scheki und habe damit zwar nur einen Tag, allerdings einen ganzen. Ich beginne diesen Tag mit einer Ruhe, als hätte ich zwei Wochen Zeit. So sitze ich bei Tehran im Haus, im Zimmerchen, trinke Tee, lausche dem Grummeln des Öfchens und schaue hinaus zu den schneebedeckten Gipfeln der Berge.

Geplant habe ich nichts. Ich schaue, was kommt. Und beim dritten Glas Tee kommt mir das Kombinat für Seidenfabrikation wieder in den Sinn, an dessen Geschäft wir gestern vorübergefahren sind. Beim vierten Glas Tee ist es dann schon beschlossene Sache.

Von Tehrans Tochter erfahre ich, dass sich innerhalb der Zitadelle neben dem Khan-Palast das hiesige Tourismusinformationszentrum befindet. Um dorthin zu gelangen, nehme ich die Marschrutka. Der Begriff der *Marschrutka* kommt vom deutschen Begriff *Marschroute*. Und gemeint ist ein Kleinstbus für eine bestimmte Linie.

Eine Stunde später und nach einer schier endlosen Fahrt kreuz und quer durch die Stadt sitze ich noch immer im Sammeltaxi. Allmählich befinde ich mich im meditativen Modus. Nur gut, dass die Frau, die neben mir sitzt, Sorge für mich als Fremde trägt. Als wir uns der Zitadelle nähern, fragt sie mich, wohin ich eigentlich möchte. Ich antworte, und sie sagt: »Dann müssen Sie jetzt aussteigen!«

Im Tourismusinformationszentrum

Kurz darauf komme ich in der Zitadelle an eine Tür mit dem Schild: *Sheki Tourism Information Center and Sheki Destination Management Organization*. Die Tür öffnet sich – *Sesam, öffne dich!* – und Sabina steht vor mir, jung und hübsch, Sabina Yadullayeva, die Direktorin. Überrascht von meiner Überraschung lacht sie mich an. Hier gibt es weder Ali Baba noch die vierzig Räuber, aber von hier aus wird der Tourismus der Region koordiniert – für Sheki, Qakh, Zaqatala sowie Balaken.

»Ja, es gibt das Kombinat«, bestätigt Sabina kundig. »Allerdings werden dort nur Gruppenführungen angeboten. Die Alternative ist die private Seidenmanufaktur des Kelagayi-Meisters Amiraslan.«

Sabina bucht einen Termin für mich: »Heute um vier Uhr in der Manufaktur! – Und kennen Sie schon unser Haus der Handwerker?«

Das Haus der Handwerker

In der Werkstatt des Instrumentenbauers Zahid hängen die Instrumente aufgereiht an der Wand, gefertigt aus Holz bzw.

aus anderen natürlichen Materialien. Das Zentrum von Zahids Werkstatt bildet zweifellos der Tisch mit jenen Instrumenten, an denen er gerade arbeitet. Über allem liegt feiner Holzstaub.

Zahid, ein stattlicher junger Mann, begrüßt uns zurückhaltend, sanft und freundlich. Er hat das Erbe seines verstorbenen Vaters angetreten und beginnt nun mit einer kleinen Präsentation: Da ist als Erstes die Langhalslaute, die Tar, als Zweites die Stachelgeige, die Kamantsche, und als Drittes Daf, die Rahmentrommel. Dies sind genau *die* drei Instrumente, die zu einem traditionellen Mugham-Trio gehören. Früher wurde Mugham-Musik zu großen Festen gespielt, heute nur noch im Konzert, im Restaurant oder eben im Marionettentheater in Baku.

Die Tar besitzt einen doppelten Resonanzkörper – mit dem Umriss einer Acht, wobei beide Teile, wie bei der Acht, im Zentrum miteinander verbunden sind. Verwendet wird zumeist das Holz der Maulbeerbäume.

»Die Tar«, erklärt Sabina, »kann ganz verschieden gespielt werden – entweder mehr rhythmisch oder mehr lyrisch.« Sabina sagt noch etwas, jetzt aber auf Aserbaidschanisch und direkt zu Zahid. Daraufhin nimmt dieser stattliche junge Mensch die zerbrechlich wirkende Tar in seine Hände und beginnt ein überraschend gefühlsbetontes Spiel. Er gibt sich, ungeachtet des kleinen Raumes, der Musik völlig hin. Dadurch wirkt das Ganze fast wie eine Andacht, ein Dienst, ja ein musikalisches Gebet.

Das zweite Instrument des Mugham-Trios, die Kamantsche, die Stachelgeige, besitzt nur einen einfachen Resonanzkörper sowie einen langen, dünnen Hals. Es sind vier Saiten aufgezogen. Die Kamantsche wird aus dem Holz eines Walnuss- oder auch eines Maulbeerbaumes gefertigt und der Streichbogen mit Pferdehaar bespannt.

Die Rahmentrommel, die Daf, wird als das dritte Mugham-Instrument vom Sänger gespielt. Bei Zahids Trommel sind noch dazu rundum feine Metallringe eingespannt, die beim Spiel wie Schellen klingen.

Scheki-Speisen

Das Haus der Handwerker ist für mich so etwas wie ein komprimiertes Dorf – links und rechts des Mittelgangs, des *Weges*, gehen die verschiedenen *Häuser* ab – hier können wir Zahid als den Hersteller der Musikinstrumente besuchen und im nächsten Raum wird gebacken und gekocht ... Wobei nicht wirklich gebacken und gekocht wird – im Ergebnis sieht es nur so aus. Denn sämtliche der ausgestellten Speisen sind Attrappen, wobei sie im Aussehen den Originalen täuschend ähneln. Bei dieser Gelegenheit erfahre ich, dass es in Aserbaidschan um die zweihundert verschiedene Pilaw-Gerichte gibt; der Reis als das Zeichen der Fülle. Außerdem erfahre ich von Sabina, dass das, was in Baku Baklava heißt, in Scheki das Halva ist, hergestellt vor allem aus Reismehl, Zucker, Haselnüssen, Koriandersamen, Kardamom und Safran.

Scheki ist, kulinarisch gesehen, besonders aber für Piti bekannt. Zu Ausstellungszwecken ist die tönerne Tasse, in der Piti zubereitet und serviert wird, hier einseitig offen, und wir können die traditionellen Piti-Zutaten aufeinandergeschichtet sehen. Sabina zählt auf: »Hammelfleisch, Zwiebeln, Safran, Fettschwanz, Kastanie, getrocknete Pflaumen, Kichererbsen.« Alles das wird – in natura zubereitet – mit Wasser übergossen, noch mit einem Klumpen Fett bedeckt und im versiegelten Topf gekocht. So entstehen zwei Menügänge in einem: Zumeist wird Piti mit einem zusätzlichen Teller serviert, sodass die Suppe separat gegessen werden kann.

Dritte, und für diesen Tag letzte, Abteilung im Haus der Handwerker ist die der traditionellen Stickereien – Takalduz. Dabei ging und geht es nicht allein um Ästhetisches, vielmehr besitzen die gestickten Bilder und Ornamente ihre Bedeutung und Energie; in dieser Weise erzählen sie Geschichten – als Stickerei auf einer Koranhülle, auf einem Tabaksbeutel, auf bestickten Schuhen oder auf einem Gebetsteppich ... Nicht selten wurden diese Handarbeiten auch zum Überbringen eingestickter Nachrichten genutzt, sozusagen als stoffliche Briefe.

Im Dorf Kisch

Das Bergdorf Kisch liegt fünf Kilometer von Scheki entfernt. Wer nach Scheki kommt, wird auch Kisch besuchen sowie die dortige Kirche. Telman fährt mich. Unterwegs überqueren wir das an die zwanzig Meter breite, trockene Bett des Kisch-Flusses. Telman sagt, dass der Fluss frühestens im Mai wieder Wasser führen wird. Wir fahren den schneebedeckten Bergen des Großen Kaukasus entgegen.

Die Kirche zu Kisch, auch bekannt als Kirche des heiligen Elisäus, wurde im 12. Jahrhundert erbaut und ist heute Museum. Die Kultstätte aber, die sich einst direkt unter dem heutigen Altar befand, wurde als deutlich älter datiert; sie stammt aus dem dritten Jahrtausend vor Christus. Vor zwanzig Jahren gab es ein aserbaidschanisch-norwegisches Gemeinschaftsprojekt zur archäologischen Erforschung sowie zur Restaurierung der Kirche.

Ich schaue mich um – innerhalb und außerhalb der Kirche. Alles wirkt auf mich so gemacht und geputzt. Dabei muss die Geschichte wechselvoll gewesen sein, allein schon, wenn man bedenkt, dass es einst eine georgisch-orthodoxe Kirche gewesen ist, anschließend eine albanisch-apostolische und als Kirche der Heiligen Muttergottes eine armenisch-apostolische. Naturgemäß entstehen dabei Geschichten.

Ich selbst höre mit Bezug auf die Kirche in Kisch allerdings nur eine einzige Geschichte. Uwe Henschel, der einstige Projektmanager der Restaurierung des Khan-Palastes, wird sie mir später erzählen. Und er erzählt: »Wir waren in Kisch, damals vor zwanzig Jahren, und lernten dort die Museumsdirektorin und ihre Schwester kennen. Wir brauchten gerade unbedingt jemanden, der im Zuge unserer Restaurierung auch diese Bretter am Khan-Palast ausmalt, die da ringsherum unter der Traufe entlangführen, Bretter von ungefähr 1,50 Meter. Diese beiden Frauen haben zur Probe erst einmal bei uns gearbeitet. Und die beiden haben ausgezeichnet gemalt. Also sagte ich zu Seran: *Seran, die nehme ich!* Aber zwei Tage später kam Seran zu mir und sagte: *Uwe, das geht nicht. Du kannst nicht Frauen hier arbeiten lassen.*«

Noch bevor wir zurück nach Scheki fahren, schlägt mir Telman vor, vielleicht diese Frau anzurufen, die mich gestern auf der Fahrt im Bus so gut begleitet hat: »Wir könnten einen Tee mit ihr trinken und uns näher miteinander bekannt machen.« Also rufe ich sie an und erreiche sie auch, nur besucht sie gerade ihre Schwester in einem anderen Dorf. »Ich hätte Ihnen wirklich gern einen Tee gemacht«, versichert sie mir. »Aber ich komme leider erst am Abend zurück nach Kisch, zusammen mit meinem Sohn.«

Auf dem Rückweg nach Scheki fällt mir unweit der Kirche ein Denkmal auf. Es ist die Büste eines Mannes. Auf meine Bitte hin stoppt Telman sofort. – Natürlich habe ich schon viel von dem Forschungsreisenden, Archäologen und Ethnologen Thor Heyerdahl und seinen legendären Schiffsreisen gehört, hätte ihn bisher aber nicht mit Aserbaidschan in Verbindung gebracht. Auf einer schwarzen Marmorplatte sind folgende Worte des Norwegers zu lesen:

Die skandinavische Mythologie beschreibt einen Gott mit dem Namen Odin, der von einem Ort namens Azer nach Nordeuropa kam. Ich habe diese Schriften studiert und bin zu dem Schluss gekommen, dass es keine Mythologie ist, sondern echte Geschichte und Geografie.

Thor Heyerdahl

Die Kelagayi-Seidenmanufaktur von Meister Amiraslan

Nachmittags an der Seidenmanufaktur angekommen, folge ich Telman zu den hinteren Gebäuden des Geländes. Ein stämmiger, kahlköpfiger Mann um die siebzig steht in der Tür – dunkel gekleidet, in Gummistiefeln und mit vorgebundener Gummischürze. Das also ist Meister Amiraslan.

Als Erstes führt er uns in die Maschinenhalle. Dazu muss ich sagen: Ich liebe nicht nur Geschichten, nicht nur Gagarin, sondern auch Maschinen. Der Vater meines Vaters arbeitete bei der Eisenbahn. Zudem standen wir Schüler, kaum waren wir vierzehn Jahre alt, im Schulfach *Produktionsarbeit* dann selbst an Bohr- und Drehmaschinen. Und ob mir das alles nun gefiel oder nicht: Der Geruch nach Öl und verschmortem Metall gehört zu meinen Erinnerungen. Und so bin ich erzogen: Wer nicht nur Köpfchen hat, sondern auch mit seinen Händen etwas zu erschaffen weiß, der verdient Respekt.

Die heutige Seidenmanufaktur ist ursprünglich Fabrik gewesen. In der Maschinenhalle stehen noch etwa dreißig große und vor allem breite Maschinen. Die ältesten von ihnen stammen aus dem Jahr 1957, die neueren aus den 1980er-Jahren.

»Und alle funktionieren noch!«, versichert der Meister stolz. Auf einer dieser Maschinen sind Tausende von weißen Seidenfäden aufgespannt. Hieraus entsteht das Tuch für die Tücher – für die Kelagayi-Tücher. Unter der Bezeichnung *Kunst und Symbolik des aserbaidschanischen Kelagayi* gehören diese traditionellen Kopftücher zum immateriellen UNESCO-Weltkulturerbe. Einst trug hier jede Frau solch ein Kopftuch. Dabei war die Farbe des Tuches jeweils abhängig vom Stand der Frau, von ihrem Alter und vom Anlass. Wer jünger war, trug hellere Farben; war die Frau schon älter, trug sie dunklere Farben. (12)

Meister Amiraslan führt uns weiter in den Trocken- und Stempelraum. Hier wird das gewebte Seidentuch zugeschnitten –

immer anderthalb Meter mal anderthalb Meter. Anschließend wird es gekocht, zum Trocknen aufgehängt und nach dem Trocknen die Musterung aufgebracht. Genau das möchte Meister Amiraslan uns jetzt demonstrieren. Dafür tauscht er die Gummi- gegen die Stoffschürze aus und legt ein weißes Kelagayi auf einem großen Tisch aus. Dieser Tisch ist mit einer glatten Wolldecke gepolstert und mit einem weißen Leinentuch abgedeckt.

Meister Amiraslan setzt sich also, richtet sich am Tisch ein, streicht erst einmal mit beiden Händen das weiße, quadratische Seidentuch glatt und beschwert es dann an der rechten Ecke, damit es während des Druckvorganges nicht verrutscht. Neben dem Tisch steht ein Ofen, in dem das gefärbte Paraffin erwärmt und verflüssigt wird. Jetzt greift Amiraslan nach dem Stempel, taucht ihn ins Paraffin, drückt in der Folge den Stempel auf das weiße Tuch und stempelt ein erstes Buta-Ornament in Zwiebelfarben unten in die linke Ecke.

»Dieser Stempel ist aus Nussbaumholz und über dreihundert Jahre alt«, erklärt der Meister stolz. Wir sprechen Russisch miteinander. Telman ist zwar immer mit dabei, bleibt aber im Hintergrund.

Schließlich kommen wir in die Färberei. Dieser Raum ist vollgestellt mit großen Bottichen aus Plastik. Hier schwimmen – in Rot, Blau und auch Violett – die Tücher. Bis auf die Bereiche der Paraffin-Ornamente nimmt das Gewebe die jeweilige Farbe an. Das Färben gilt als der schwierigste Teil des gesamten Prozesses. Und nur ein Fachmann, wie Meister Amiraslan es ist, kann wissen, wie lange ein Stück Seide in der Farbe bleiben muss.

»Traditionell werden unsere Farben aus Berberitze hergestellt, oder aus Wildorange, Safran, Johannisbeere, Zwiebelschalen ... Das ist alles natürlich und rein. Manchmal hat mein Vater diese Farbe sogar getrunken«, kommt Amiraslan langsam ins Plaudern.

Bereits seit fünfzig Jahren arbeitet er mit der Seide: »Ich hätte inzwischen auch woanders arbeiten können. Aber ich bleibe hier.« Schon sein Vater war Meister der Seidenherstellung, schon sein Großvater. Und die Seide selbst kam und kommt aus den umliegenden Dörfern. Dort stehen auch die Maulbeerbäume.

Zu Sowjetzeiten arbeiteten bei Amiraslan 120 Menschen; heute sind es nur noch fünf. Außer dem Meister selbst sind das drei Frauen sowie sein einziger Sohn. Aber ob sein Sohn eines Tages die Manufaktur übernehmen wird, steht in den Sternen.

Zum Abschluss möchte ich ein Foto von Meister Amiraslan machen. Sofort steht er auf, wobei er prüfend auf seine rot gefärbten Hände schaut. Ich meine, seine Gedanken lesen zu können und bitte ihn, alles genauso zu lassen und sich auch die Gummischürze noch einmal umzubinden.

»Richtig«, sagt er, sofort wieder sicher. »Wer mit den Händen arbeitet, der kann sich immer sehen lassen.«

Tag 9

Kreativ und denkmalgeschützt

Ende Juli, mitten in der touristischen Hochsaison, komme ich ein zweites Mal nach Scheki. Djadja Telman strahlt, als wir uns jetzt, ein Vierteljahr später und für ihn völlig unerwartet, wieder gegenüberstehen. Telman lobt mich: »Wie gut, dass Sie meine Telefonnummer noch haben.« Mein Quartier nehme ich diesmal zentraler gelegen im familiär geführten *Shaki Host House.* Von hier aus komme ich gut auch zu Fuß ins Zentrum.

»Da kann ich Ihnen Geschichten erzählen«, sagt Uwe Henschel, als ich ihn zwei Wochen zuvor, Mitte Juli, noch in Deutschland, in Schwerin, in der Neumühler Bauhütte treffe. In Uwe Henschels Arbeitsfeld geht es immer um Restaurierung. Zu DDR-Zeiten und bis in die 2000er-Jahre ist er bei den *Werkstätten für Denkmalpflege Quedlinburg* beschäftigt. Gut. Aber was hat das jetzt mit Aserbaidschan zu tun?

Zwanzig Jahre ist es her, dass es eine internationale Ausschreibung bezüglich des Khan-Palastes in Scheki gab, finanziert über die Weltbank. Uwe Henschel bewirbt sich mit einer entsprechenden Konzeption; es bewerben sich, wie Henschel sagt, auch *die Italiener* ... Den Zuschlag bekommt der Mann aus Schwerin.

Genau einen Tag bevor ich Uwe Henschel in Schwerin treffe, um ein bisschen mehr von *damals* zu erfahren, tagt in Baku die UNESCO-Kommission und vergibt unter anderem an den Khan-Palast Scheki den Titel als Weltkulturerbe. So will es der Zufall, dass ich zur Überbringerin dieser guten Nachricht werde, denn als wir uns treffen, weiß Uwe Henschel zwar von der Tagung, vom UNESCO-Titel aber weiß er noch nichts. Erst ist da Freude, und gleich darauf tiefer Ernst: »Dann können Sie mir gratulieren! – Was für eine Anerkennung! Wann macht man so etwas schon einmal mit?«

Mitmachen klingt sehr bescheiden, denn Uwe Henschel ist ja *der* Mann, der das gesamte Projekt gemanagt hat und gegenüber der Weltbank nicht zuletzt finanztechnisch in der Verantwortung stand. Hinzu kommt das fachliche und menschliche Management bzw. Miteinander. Uwe Henschel ist der Fachmann, der von außen kam, und Seran Mamedov – als Architekt und Restaurator für Scheki seit jeher zuständig – der Fachmann von innen. Ihre Verbindungssprache ist Russisch, und überhaupt sprechen sie eine gemeinsame Sprache, sodass Seran mir später ungefragt versichert: »Und Uwe hat nie von oben auf uns herabgeschaut.«

Zum Führungsteam gehörten außerdem der Restaurator Dietrich Wellmer und der Statiker und Ingenieur für Holztechnik Uli Thümmler. Hinzu kamen die lokalen Handwerker und Helfer. Insgesamt dauerte die Restaurierung drei Jahre.

Mit Seran unterwegs

Heute, zwei Wochen nach dem Gespräch mit Uwe Henschel, treffe ich in Scheki nun auch Seran Mamedov am Ort des Geschehens. Verabredet ist der gemeinsame Besuch des Khan-Palastes. Und pünktlich, zwei Minuten vor zwei Uhr, fährt am *Shaki Host House* wie bei einem Staatsbesuch ein hellgrauer Wagen vor. Der erwachsene Sohn lenkt das Gefährt, hinter ihm im Auto sitzen Seran und sein halbwüchsiger schlanker Enkelsohn. Zu meiner Begrüßung steigen alle aus.

Seran Mamedov ist ein weißhaariger, betagter und vom Wuchs her eher kleiner Mensch. Darüber hinaus wirkt er ruhig und bezaubernd bescheiden. An sich ist er zwar pensioniert, seine Fachkenntnisse aber nutzt man immer noch gern – aktuell bei der Restaurierung der Roten Brücke, welche Georgien und Aserbaidschan miteinander verbindet.

Schon während der Fahrt zum Palast beginnt Seran zu erzählen. Er erzählt mit leiser Stimme und hoher Intensität. Offenbar erinnert er sich gern: »Uwe fragte mich damals: *Und wie steht es bei euch mit dem Winter?* Ich sagte zu ihm: *Ach, normalerweise ist bei uns nur zwanzig Tage lang Winter.* Uwe war froh und zufrieden über diese Nachricht. Dann aber schneite es ausgerechnet in diesem Jahr tagtäglich; es schneite die ganze Zeit, jeden Tag von November bis hinein in den März. Das war eine schwere Zeit damals. – Ja.«

Bestandsaufnahme und Erschließung

Kaum war das Projekt freigegeben, war der erste Schritt vor Ort die gründliche Bestandsaufnahme des Baukomplexes. Im Zuge dessen wurde unter anderem ein Stahlbetonbalken gefunden, der bei einer Restaurierung, wiederum unter russischer Führung, in den 1950er- oder 1960er-Jahren eingezogen worden war und nun mit seinem ganzen Gewicht auf den kunstvollen Schebeke-Fenstern lastete, sodass diese Buntglasfenster mit den Jahren verspannt und auch zerbrochen waren. Die Lösung bestand schließlich in einer sechs Tage langen Handarbeit. Ja, es musste von Hand gearbeitet werden, um entsprechend feinfühlig vorgehen zu können und nicht den gesamten Bau zu gefährden. So wurde dieser Stahlbetonbalken vorsichtig geteilt, Stück für Stück entfernt und damit die Statik des Hauses wieder in den Ursprungszustand gebracht.

Wichtig bei dieser Bestandsaufnahme waren außerdem eingelegte horizontale Hölzer: »Ganz klar«, erklärt Uwe Henschel. »Man hat das gemacht, um bei einem Erdbeben die Erschütterungen so gering wie möglich zu halten. Also haben wir diese Hölzer wieder ersetzt und vervollständigt.«

Nächster Punkt der umfänglichen Vorbereitungsarbeiten war die Erschließung. Uwe Henschel hat Tagebuch geführt: »Extra für den Khan-Palast haben wir eine Stromleitung legen können. Das Trafohaus stand neben dem Krankenhaus. Für uns gab es Licht. *Swjet jest.* Für die Abführung des Regenwassers wurde eine Ringdrainage um den Palast gelegt ... Also, es ging um die komplette Infrastruktur. Anfangs hatten wir nur zwei Stunden Strom am Tag. Der Strom kam immer um acht. Das Wasser kam aber erst um halb neun. Also, vor neun konnten wir gar nicht anfangen mit der Arbeit. Gas gab es auch nicht. Zwar lagen die Gasrohre da, aber zu diesem Zeitpunkt wurde die Erdgastrasse gerade über Georgien ans Schwarze Meer geführt, bis in die Türkei, um unabhängig von Russland zu werden. Wir kamen also nach Scheki, und: Kein Gas! Kein Licht! Kein Strom! Dabei hatten wir doch immer gelernt: *Von der Sowjetunion lernen, heißt siegen lernen!?*« Uwe Henschel lacht; es ist dieses traurige, zugleich belebende Galgenhumorlachen. Wir kennen es. »Und keine Demokratie. – Und als ich jetzt da war, vor einigen Wochen, habe ich mich mit Seran getroffen und habe ihn zum Spaß gefragt, wie es heute mit Wasser, Licht und

Demokratie steht. Und er hat geantwortet: *Woda jest. Swjet jest. Demokratija ...* – *Wasser gibt es, Licht gibt es, Demokratie ...* Wir haben uns beide wieder so gut verstanden.«

Und nun bin ich, mit meinem Anliegen, der Bitte um *Geschichten von damals*, in die Verbundenheit dieser beiden Männer mit aufgenommen.

Während wir noch immer durch das lang gestreckte Stadtzentrum fahren, atmet Seran tief durch, bevor er es ein zweites Mal betont: »Es war wirklich eine schwere Zeit. Wie viel haben wir gearbeitet! Und wie viel Tee haben wir getrunken! Es war auch eine sehr interessante Arbeit. Und ich glaube: Wir haben das richtig gut gemacht.«

Rundgang im Khan-Palast

Wir nähern uns der Zitadelle. Der Platz vor dem Khan-Palast ist voller Menschen. Geschätzt sind es Hunderte, die sich hier umschauen und alles fotografieren. Prächtige Mosaikarbeiten prägen die Fassade, wobei farblich gesehen Rot, Schwarz und Taubenblau dominieren, dazu Braun in mehreren Abstufungen. Unbedingt und ausdrücklich ist auch die breite Front mit den Schebeke-Fenstern zu erwähnen.

Wenig später schlängeln wir uns als wendige Vierergruppe durch die Menge der Touristen zum Eingang hin und betreten das Haus. Immer wieder wird Seran freudig, respektvoll von Mitarbeitern des Hauses begrüßt. – Anfangs führt er mich noch persönlich durch den Palast, was aus seiner Sicht nur ein Notbehelf sein kann. Aber alle sonstigen Palast-Führer sind momentan noch – in Anbetracht der zahlreichen Touristen – eingebunden.

Im Untergeschoss befinden sich die Räume für die offiziellen Anlässe, im Obergeschoss die privaten Räume. Die Erbauer des Palastes waren von dem Wunsch beseelt, das Gebäude insgesamt als ein übergroßes Schmuckkästchen erscheinen zu lassen.

Innen ist alles mit ornamentreichen *Stoffen* bezogen. Stoffe aber sind es nicht. Und auch das, was wiederum an Teppiche erinnert, ist in jedem Falle Malerei, aufgetragen mit Eitempera, in Naturfarben.

Seran erzählt und erklärt. Ich nehme es mit meinem Diktafon auf, damit mir nichts entgeht. Und Serans Sohn fotografiert uns, hier, im Khan-Palast, wo das Fotografieren streng verboten ist. Wie zu erwarten war, beginnt schon bald hinter Seran und mir eine Turbulenz zwischen dem Sohn und dem Aufsichtsführenden. Serans Sohn diskutiert aufgebracht wie um sein Leben. Einmal wendet sich Seran in aller Ruhe den beiden zu, zuckt dann aber nur kurz bedauernd mit den Schultern und fährt in seinen Erklärungen für mich fort. Die beiden kommen uns immer näher. Schließlich fragt Seran den jungen Mann von der Aufsicht nach dem, was wir schon wissen: »Also, verstehe ich das richtig: Aufnahmen mit dem Diktafon sind möglich, das Fotografieren aber nicht?« Der junge Mann beruhigt sich sofort, nickt und geht davon.

Das Schebeke-Fensterglas

»Oben ist der älteste Teil des Palastes«, führt Seran weiter aus, bevor er mich auf die breite Front der Schebeke-Fenster aufmerksam macht, in der rotes, blaues, gelbes und grünes Glas dominieren. Bei diesen traditionellen Fenstern wird farbiges Glas mittels hölzerner Verstrebungen stabil miteinander verbunden, sodass es weder eines einzigen Nagels noch der Verwendung von Leim bedarf. Seran lächelt geheimnisvoll und beginnt dann, die Geschichte dieses Fensterglases zu erzählen: »Dieses Glas hat Uwe aus Deutschland mitgebracht.«

Ich weiß bereits aus meinem Gespräch mit Uwe Henschel, dass bei offiziellen Führungen oft gesagt wird, dies sei *italienisches Glas*: »Wissen Sie aber, was ich genommen habe? Ich habe von den

Kirchen hier in Mecklenburg-Vorpommern das Glas geholt, von einer Glasmalerin, und habe erst einmal Proben mit nach Scheki gebracht.«

Dieses Glas, das in Europa für Kirchenfenster bestens geeignet ist, erweist sich nun als ebenso geeignet für den muslimisch geprägten Khan-Palast in Scheki. »Genau. Religionen sind überall gleich. Und damals, vor zwanzig Jahren, hat ja auch keiner von uns über den Islam geschimpft. Damals gab es diese Probleme noch nicht.«

Die aserbaidschanischen Vorgesetzten und Kollegen stimmten ebenso der Qualität sowie den Eigenschaften dieses Glases zu. Von da an reiste Uwe Henschel gleich mehrfach und mit weiteren Koffern voller farbigem Glas aus Mecklenburg-Vorpommern in Aserbaidschan an.

Wichtig ist vor allem die Stärke des Glases. Denn nur so vermag diese grandiose Farbigkeit zu entstehen, die wir mit dem Einfall des Sonnenlichtes bewundern können. – Zur Ehrenrettung der aserbaidschanischen Kollegen aber, die die Reisegruppen durch den Palast führen, soll an dieser Stelle ergänzend angeführt sein: Im 18. Jahrhundert wurde tatsächlich italienisches Muranoglas für die Schebeke-Fenster verwendet, auf der Seidenstraße zuvor eingetauscht gegen Silber, Gewürze oder anderes.

Orientalische Malerei

Eine der Frauen des Hauses übernimmt schließlich die Führung für mich. Und auch sie schätzt Seran ganz offensichtlich; *sein* Gast ist *ihr* Gast: »Das hier ist der Sommerpalast. In Scheki gibt es auch einen Winterpalast ... Und hier ist der Versammlungsraum. Auf Aserbaidschanisch heißt dieser Raum *Divan.* Alle Malereien sind unterschiedlich; jede Person trägt andere Kleidung, eine andere Frisur. – Und sehen Sie diese Drachen! Die Drachen speien kein

Feuer, sondern Blumen. Das bedeutet, dass der Herrscher streng sein soll, zugleich aber friedlich. – Und hier ist ein Fisch. Er ist das Zeichen der Freiheit. Ein Fisch ist nur schwer zu fangen oder zu kontrollieren. Und das bedeutet: Alles in der Welt ist wie ein Fisch, und alles hat nur eine bestimmte Zeit. Heute haben wir Leben, Geld, Kraft, Schönheit. Aber morgen? Wir können alles wieder verlieren.«

Als wir später auf dem Platz vor dem Palast stehen, wandert mein Blick nach oben zur Dachtraufe und ich entdecke diese fast schon asiatisch anmutenden Dachhölzer, bemalt mit geometrischen Mustern in Rot, Blau, Moosgrün ...

»Wir suchten ja immer *Khudoschniks*, also: Künstler, Maler. Und wir ließen die Leute zur Probe arbeiten. Also auch die Museumsdirektorin aus Kisch und ihre Schwester, die wir damals beide leider nicht nehmen konnten. Da kamen Künstler aus verschiedenen Sparten an. Und immer hieß es: *Uwe, der muss unbedingt dabei sein, der muss da mitarbeiten am Projekt!* Manchmal stellten wir fest: *Der kann aber nichts. – Dann lass ihn doch die Fenster sauber machen. Oder ausfegen ...* Sie müssen sich vorstellen: Ganze Familien haben damals von diesem Projekt gelebt. Wer dabei war, der hat bei mir zehn Dollar am Tag verdient. Im Vergleich dazu hat die Museumsdirektorin von Kisch vom Staat acht Dollar gekriegt; das aber im Monat! – Am schlechtesten waren wirklich die Firmen, die mir aufgeschoben worden sind. Die waren erst einmal inkompetent. Und dann war es meistens so, dass irgendwo das Geld versackt ist. In Aserbaidschan kam zuerst das Geld und dann die Arbeit. Und bei denen, die ich nehmen musste, musste es auch nach diesem Prinzip gehen. Aber auf der Baustelle sah ich dafür nichts, keinen Baufortschritt. Bei denen aber, die wir ausgewählt hatten, bestimmten wir, und es ging andersherum: Zuerst die Arbeit und dann das Geld. Mir vertrauten sie. *Der Deutsche* – sagten sie immer.«

Die Platanen

Zum Palast gehört ein großer Garten, umgeben von einer Mauer. Im Zentrum dieses Gartens befindet sich ein Wasserbecken, und beidseits davon stehen zwei Platanen wie getreue Wächter. Dicht belaubt gehen die Zweige weit auseinander und bilden eine mächtige Krone. Dabei wurde erst vor wenigen Tagen diese Krone aus traurigem Anlass gestutzt: Denn im Juli hatte es an dieser Stelle einen Toten und einen Verletzten gegeben. Während eines starken Regens mit Hagelschauer, mitten im Sommer, brach einer der schweren Äste plötzlich ab und erschlug einen Mann; ein zweiter wurde schwer verletzt.

Pionierlager

Der Tag schließt mit einem Essen im Freien, an einem Ort namens *Mustafa Bey,* einem Ort, der außerhalb der Stadt gelegen ist. Bei unserer Anfahrt passieren wir, zwischen Wiese und Wald, ein Gittertor, an dem ein größerer, völlig verbogener Sowjetstern Teil der Schmiedearbeit ist: »Hier begann das Pionierlager«, erzählt Serans Sohn, während er den Wagen durchs offene Tor lenkt.

»Immer musste ich in dieses Pionierlager! Es hat mir einfach nicht gefallen.« – »Und warum nicht?« – »Ich wäre lieber zu Hause geblieben.«

In den Zeiten noch vor Pionierlager und *Mustafa Bey* soll dies ein Ort gewesen sein, an dem albanische Kaukasier gelebt haben: »Manche«, weiß Serans Sohn, »hatten blondes Haar. Oder ihr Haar war safranfarben.«

Schließlich erwartet uns im Schatten der hohen Bäume ein Restaurant. Für Seran, seine Familie und Gäste deckt sich der Tisch wie von selbst. Und endlich wird auch Serans Enkelsohn gesprächig. Er ist ein überaus ernsthafter junger Mensch, zurückhaltend und zauberhaft bescheiden wie sein Großvater. Hier aber, auf dem geschichtsträchtigen Gelände, offenbart er uns nun: »Ich möchte Schriftsteller werden.«

Tag 10

Leicht, schwer und erwachsen

Meine Unterkunft im sommerlichen Scheki nennt sich *Shaki Host House.* Und die Gastgeber sind – Äfqan als der Vater, Näzakät als die Mutter, Tochter Fidan und Sohn Nicat. Wobei die Tochter bereits Anfang zwanzig ist, in Baku arbeitet und lebt. Der fünfzehnjährige Sohn absolviert sein letztes Jahr in der Schule, zugleich unterstützt er das *Shaki Host House* seiner Eltern. Er spricht sehr gut Englisch, sodass die Eltern ihn immer wieder brauchen.

Gerade hat sich Nicat einen Traum erfüllt: Seit drei Tagen besitzt er ein Mountainbike und befährt damit die Straßen von Scheki. Mal führt die Straße bergauf, mal bergab, mal ist der Weg asphaltiert, mal ist da nichts als Schotterpiste. Was anderswo erst künstlich kreiert werden muss, ist hier örtliche Gegebenheit.

Als Nicat an seinem Mountainbike schraubt, hockt sich der Vater mitten hinein in die Aura dieser Sohnesfreude und freut sich mit.

Am Abend sitzen wir noch ein wenig draußen im Garten beieinander, Vater Äfqan und ich. Nie wird der Gast allein gelassen. Zu dieser Abendstunde öffnet der Vater mir eine kleine, innerseelische Kammer: »In Scheki ist es gefährlich mit einem Fahrrad.« Und nach einer kurzen Pause fügt er hinzu: »Wir haben schon einmal ein Kind verloren.«

Die Eltern

Äfqan und seine Frau Näzakät bilden das Zentrum der Familie. Wie finde ich mein Gegenüber, meinen Lebenspartner? Diese Frage steht für mich geradezu plastisch im Raum: Denn diese beiden, Äfqan und Näzakät, passen so völlig zueinander; auf eine ganz entspannte Art sind sie sich eins. Jeden Morgen treffe ich sie in der Küche. Die Mutter bereitet das Rührei mit Tomate und Kräutern für die Gäste zu. Und der Vater, gerade zurück vom Austrieb der Schafe, trinkt Tee. Inniglich wie Gefährten seit jeher, so plaudern sie.

Auch am nächsten Abend leistet mir der Vater im Garten und unter dem Sternenhimmel Gesellschaft. Auf meine Frage hin beginnt er zu erzählen, dass er bereits verschiedene Berufe ausgeübt hat. Zuletzt war er in Russland und fuhr dort über die Dörfer, um frische Lebensmittel zu holen und anschließend auf dem Markt in der Stadt zu verkaufen. Er arbeitete viel und verdiente gut. Parallel dazu baute er in seiner Heimat, in Scheki, hier dieses Gästehaus. Gerade als die Wirtschaft in Russland zurückging, war das Haus fertig geworden. Alles war da, nur eine eigene Familie fehlte ihm noch.

»Und wo haben Sie sich kennengelernt, Sie und Ihre Frau?«, frage ich schließlich. Äfqan schaut mich lange an, bevor er es sagt:

»Bei unserer Hochzeit. Da habe ich meine Frau zum ersten Mal gesehen. – Wie gesagt: Ich habe in Russland gearbeitet, und ich hatte gar keine Zeit, mir in Aserbaidschan die passende Frau zu suchen. Aber ich wollte eine Familie, denn ohne Familie hat das Leben keinen Sinn. Meine Schwester und ich, wir sind sehr eng. Und sie hat mir dann meine Frau ausgesucht. Meine Schwester hat zusammen mit Näzakät studiert. Und bei der Hochzeit habe ich sie zum ersten Mal gesehen ...«

Das glaube ich nicht, das kann ich einfach nicht glauben, denn ich kann mir nicht vorstellen, dass sich auf diesem Weg eine so tiefe Liebe entwickeln kann. »Wir leben gut zusammen. Die Familie ist bei uns sehr wichtig. Und so, wie wir zueinandergekommen sind, das ist bei uns die Tradition. Es wird nicht gut angesehen, wenn man mit einer Frau einfach so zusammenlebt. Das kann man nicht machen. Ich weiß, dass es anderswo kein Problem ist. Aber bei uns ist das eben so.«

Seine Frau tritt aus dem Haus und setzt sich mit zu uns. Für einen Moment sind wir ein Dreigestirn. Dann zieht sich der Vater zurück. Und kaum sind wir Frauen unter uns, ist es an Näzakät, mich zu befragen: »Sind Sie verheiratet? Haben Sie Kinder? Leben Sie allein? Unsere Tochter möchte einfach nicht heiraten. Was können wir tun? Wir können sie nicht zwingen. Und wir zwingen sie auch nicht. Sie hat sich jetzt selbstständig gemacht, sie lebt in Baku und schmückt das Haar der Mädchen, wenn sie heiraten. Aber sie selbst möchte nicht heiraten. Sie ist schon vierundzwanzig Jahre alt. Ich weiß nicht, was mit ihr werden soll. Ich glaube, das ist eine neue Generation.«

Hiking

Genau in diesem Moment quietscht das Tor zur Straße, und zwei weitere Gäste kommen – junge Frauen, Freundinnen. Dieser Abend wird noch lang. Die beiden kommen aus Deutschland, sind gern in der Welt unterwegs, und sie lieben *Hiking*. Kurz vor Mitternacht fragen sie: »Und wo können wir hier wandern? Was empfehlen Sie?« Inzwischen sitzen auch Vater und Sohn wieder mit in unserer abendlichen Runde. Es dauert nicht lange, und die Verabredung zum morgigen Hiking gilt: »Treffpunkt ist früh um 6.30 Uhr direkt am Haus. Die Schafe müssen auf die Weide. Und Sie können mit.«

Am nächsten Morgen stehen wir am Haus bereit zur Wanderung. Von weiter oben am Hang tönt das Blöken der Schafe. Der Vater ist nicht zu sehen, aber der Sohn ist da: »Jetzt können wir los.« Wirklich hell ist es noch nicht, bisher werden nur die Gipfel der grünen Berge von der Sonne beleuchtet. Ein steiniger Weg führt uns aufwärts und durch Buschwerk hindurch. Unterwegs fressen die Schafe, wo und wie sie nur Blatt oder Gras erreichen können. Der Vater eilt voraus, einen Stecken in der Hand, der Sohn sichert den Schluss. Die Herde streckt sich, bleibt dank der beiden Schäfer aber zusammen. Es sind weiße, graue, braune Schafe; hinter uns Schafe, vor uns Schafe. Wir werden schon Teil der Herde.

Auf der ersten Höhe pausiert Äfqan. Wir holen auf, atmen durch, und er erzählt, strahlend, ohne dass ihm eine Mühe anzusehen wäre: »Aber es ist schwer für uns, jeden Morgen und jeden Abend loszuziehen. Das sind immer drei Stunden. Und langsam wird es zu viel, weil wir ja auch Gastgeber sind. Ich denke, ich werde die Tiere bis zum nächsten Frühling verkauft haben.«

Das Licht steigt. Schließlich haben auch wir die höchste Ebene erreicht, die Weide, wo die Tiere nun für eine Stunde bleiben. Der wissende Blick des Vaters verliert sich in den Bergen des Großen Kaukasus.

Für die Zeit bis zum Abtrieb lädt Nicat uns ein, mit ihm zu einer Quelle zu gehen. Laub hat dort den Abfluss verstopft. In aller Seelenruhe und völlig fokussiert beginnt der Halbwüchsige nun damit, die Quelle wieder freizulegen. Nur einmal schaut er auf zu uns und sagt: »Aus dieser Quelle kommt das Wasser für die Tiere. Es muss fließen.«

Auf dem Rückweg sucht der Junge auch das Gespräch mit mir: »Die Deutschen wollen nicht so gern über den Zweiten Weltkrieg sprechen, richtig?« – »Warum denkst du das?« – »Weil wir einen Gast hatten. Ich habe ihn nach dem Zweiten Weltkrieg gefragt und dieser Gast hat gleich geweint.« – »Ja, das ist ein schweres Thema. Die Deutschen haben ihren Anteil am Krieg – so und auch so. Wie alt war der Gast?« – »Es war eine Frau, und sie war vierundzwanzig Jahre alt, genauso alt wie meine Schwester.«

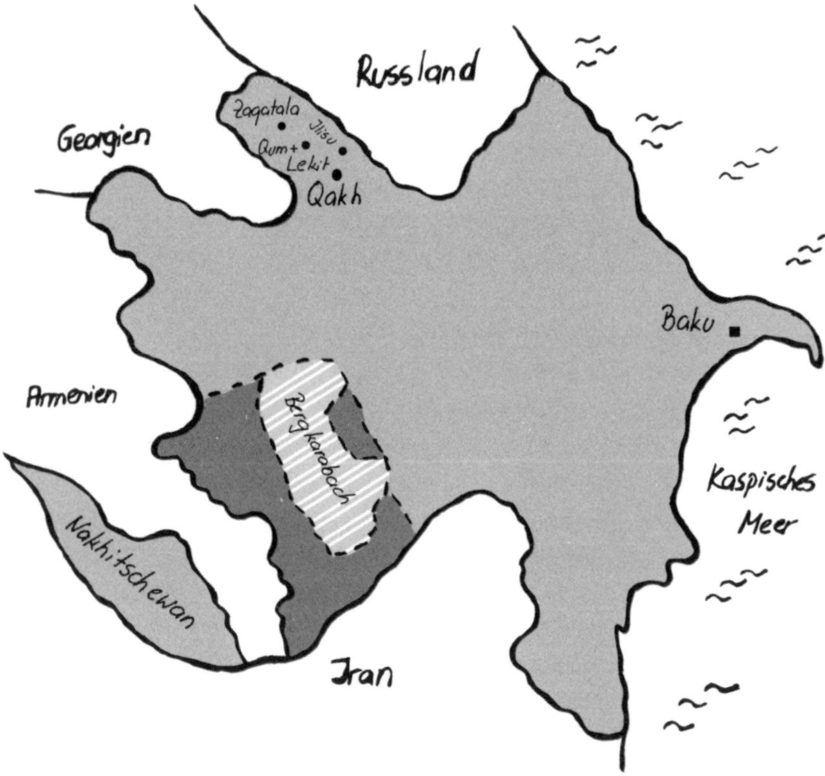
Russland
Zaqatala
Jlisu
Qum+
Lekit
Qakh
Georgien
Baku
Armenien
Bergkarabach
Kaspisches
Meer
Nakhitschewan
Iran

Tag 11 Schwach und schwindelig

Qum

Dieser Sommertag ist heiß, aber wir haben eine gute *Klimaanlage*: Die vier Fenster stehen weit offen, der Fahrtwind weht. Wir sind bester Ausflugslaune. Heute leiste ich mir Djadja Telman als Fahrer, um an einem einzigen Tag vier verschiedene Orte aufzusuchen, vier Orte, die zwar dicht, aber nicht direkt beieinanderliegen – Qum, Lekit, Qakh und Ilisu. Am Straßenrand werden Melonen verkauft. Wir kommen an Tabakfeldern vorbei, an Apfelbaumplantagen, an Nussbäumen ... Das Getreide ist bereits gedroschen, nur das Stroh liegt noch auf den Feldern.

Nach einer reichlichen halben Stunde erreichen wir das Dorf Qum. Hier, auf der Strecke nach Georgien, wohnen vor allem

Georgier. Ich hatte von den Ruinen eines alten Klosters gelesen, welches ich in Qum nun unbedingt besichtigen möchte. Telman fragt sich für mich durch. Bloß kennt kein Mensch dieses Kloster; jeder verweist uns auf die Ruine einer christlichen Kirche. Gut, wenn uns alle ein und denselben Weg weisen, sollten wir ihn vielleicht gehen. Bloß was wird mit *meinem* Kloster? Inschallah.

Als ich das Eisentor zum Ruinengelände öffne, quietscht es in den Angeln. Ich möchte eintreten, werde aber von Djadja Telman gestoppt: »Fotografieren Sie dieses Tor!«, sagt er streng. Sein Ton überrascht, ja irritiert mich. Und ich antworte knapp: »Jetzt nicht! Vielleicht später.« – »Dieses Tor ist schön. Es ist gut für Ihr Buch über Aserbaidschan«, erklärt mir Telman. Ich beschaue mir das schmiedeeiserne Tor also noch einmal: Gut, es ist neu, und es ist sorgfältig in seinen Streben gearbeitet sowie mit kleinen Eisenringen geschmückt. Dennoch: Dieses Tor mag mit Telman *sprechen*, mit mir allerdings *wechselt* es kein einziges Wort.

Ich gehe einfach weiter, an Telman vorbei, schlendere über den gepflegten Rasen und stehe nach wenigen Schritte vor den Resten einer albanischen Basilika aus dem 5. Jahrhundert. Die Steinmauern, die die Zeit bis heute als Mauern überdauert haben, sprechen mich an. Und nicht zuletzt die Rundbogen innerhalb der Kirche sind überraschend gut erhalten ... *Ein lichter Ort, der nichts mehr will.* Zwei Stunden später werde ich im Historischen Museum in Qakh das Modell der Basilika sehen – einen dreistöckigen Prachtbau.

Als das Tor erneut in seinen Angeln quietscht, betritt ein hagerer Mann das Gelände und geht auf Telman zu. Die beiden kommen ins Gespräch. Am Ende wird klar: Dieses, *mein* Kloster gibt es gar nicht in Qum, sondern es befindet sich im Nachbardorf, in Lekit, genau wie der *Grüne Wasserfall,* den der Hagere ganz nebenher erwähnt.

»Aber was wollen Sie bei diesem Kloster?«, ereifert sich Telman, als ich mich zu den beiden geselle. »Es arbeitet nicht mehr. Dort sind nichts als Steinhaufen, genau wie hier.« Irgendwann beginne ich zu ahnen, dass Telman mir für mein Buch über Aserbaidschan lieber Neues zeigen möchte. Ich versuche mich verständlich zu machen: »Natürlich sind da heute nur noch Steine. Aber überall, wo ein Tempel, eine Kirche, eine Moschee steht oder gestanden hat, auch ein Kloster, ist der Ort heilig. Ich möchte an diesen Ort. Fahren wir?«

Der Hagere hört aufmerksam zu, zuerst Telman, dann auch mir, und setzt anschließend das Gespräch allein mit *Djadja* fort. Genau in diesem Moment gebe ich auf. Ich warte nur noch das Ende ihres Gespräches ab, dann sage ich: »Gut, Djadja, ganz wie Sie wollen. Mein Herz ruft mich zwar nach Lekit, aber sagen nun Sie, wohin wir fahren sollten.« Urplötzlich ist Telman wieder der, den ich kenne, *Djadja Telman* eben, mein großväterlicher *Onkel*, der mir jetzt nachdrücklich ins Gewissen redet: »*Sie* entscheiden, wohin wir fahren, Sie allein. Sie müssen es nur sagen.« – »Ja, wie gesagt - mein Herz ...«

Als wir das Eisentor ein zweites Mal durchschreiten, diesmal in die andere Richtung, trete ich wie durch ein Portal. Kaum bin ich durch, drehe ich mich um, den Fotoapparat in der Hand und mache endlich ein Foto, genau wie Telman es sich gewünscht hat.

»Das ist Inwer«, stellt mir Telman seinen sanftmütigen Ratgeber vor. Inwer möchte mir, bevor wir weiter nach Lekit fahren, hier in Qum etwas zeigen: ein Denkmal sowie die Moschee. Telman bleibt am Wagen zurück. – Das Denkmal zeigt einen Mann, den ich schon kenne. Hier in Qum ist es eine vergoldete Büste von ihm. Und am Sockel steht sein Name – Nizami. »Der Poet?«, versichere ich mich. Inwer strahlt: »Sie kennen Nizami?« Ich nicke und erinnere mich daran, dass Goethe in seinen *Noten und Abhandlungen zum Divan* über Nizami schreibt: *Ein zarter, hochbegabter Geist ...* (13)

Auf dem Weg zur Moschee passieren wir einen Birnbaum. Die Birnen sehen sehr schön aus, ihre Schale glänzt. Inwer pflückt vier der unreifen Früchte und reicht sie mir: »Für Sie – als Geschenk aus Qum!«

Wir erreichen die Moschee. Noch bin ich scheu. Noch nie im Leben habe ich eine Moschee betreten. Aber diese mag ich gleich. Alles wirkt einfach. Es ist eine große, weiß gekalkte Halle, obenauf mit einem halbhohen Minarett. Hier weht ein Geist, der keinen Pomp braucht. Die Türen sind grün gestrichen, und so sorgsam, wie die Gebetsteppiche aneinandergelegt sind, ist der Boden bunt.

Lekit

Nach einer kurzen Strecke über Land erreichen wir die ersten Häuser von Lekit. Es fehlt jede Beschilderung. Am Dorfplatz, kurz bevor die Straße sich teilt, haben sich am Trinkwasserbrunnen die Männer des Dorfes versammelt. Telman stoppt den Wagen, steigt aus, geht geradewegs auf die Männer zu. Sie reden miteinander, gestikulieren, witzeln offensichtlich auch. Als Telman etwas erwidert, lachen die Männer auf und schauen plötzlich allesamt zu mir. Haben sie etwa über *die Deutsche* gesprochen, die sich merkwürdigerweise für Steinhaufen interessiert? Mir wird unwohl. – Aber kaum fahren wir weiter, lässt mich Telman wissen: »Und dann haben sie gefragt, ob wir noch einen Übersetzer brauchen. Ich habe ihnen gesagt: *Den brauchen wir nicht, das mache ich alles selbst*.« Wir lachen. Endlich sind wir wieder auf einer Frequenz.

Djadja Telman stellt seinen Schiguli am Straßenrand ab. Ein Mann mit einem Jungen kommt vorüber. Telman spricht ihn an, sie verhandeln, und schließlich sagt Djadja zu mir: »Er geht zum Grünen Wasserfall. Von dort sind es nur noch hundert Meter bis zum Kloster. Er bringt Sie hin.«

Also folge ich dem Mann durch den dichten Wald, entlang eines Flusses. Wir kommen an Ausflüglern vorbei, die im Schatten der hohen Bäume an gedeckten Tischen sitzen, essen und Tee trinken. Irgendwo unterwegs taucht der Junge ab. Der Mann eilt weiter; ich folge ihm, immer mit zwei, drei Metern Abstand. Vielleicht ist er sogar ein Tsakkur, eine Ethnie, die aus dem Dagestanischen stammt und in Lekit lebt. Unterwegs wechseln wir kein einziges Wort.

So erreichen wir den Grünen Wasserfall, von dessen Höhe das Wasser an mehreren Stellen zugleich über die Rundungen des bemoosten Felsens hinunterläuft. Es ist ein Naturschauspiel. Ich möchte es aufnehmen, knipse allerdings mehr, als dass ich es fotografiere, denn mein Führer eilt voraus zum Fluss und watet bereits hinüber auf die andere Seite.

Das Wasser ist kristallklar; es strömt und erfrischt. Auf der anderen Uferseite schließt sich ein Feld grünbemooster Steine an. Und dahinter beginnt der Anstieg. Meine Schuhe sind stabil; den langen Rock binde ich kürzer; der durch die Hitze ausgetrocknete, lockere Boden vermag kaum Halt zu geben. Ich gehe nach vorn, rutsche immer wieder auch ein Stück zurück. Mein Führer reicht mir eine Gerte. Und weiter geht es. Unterwegs bleibt ein Zipfel meines Rockes am Dornengestrüpp hängen. Der Anstieg wird steiler, die Gerte zerbricht; für diesen Notfall wird der Führer zum Begleiter und reicht mir nun seine Hand. Er selbst rutscht kein einziges Mal. Als hätte der Boden unter seinen Füßen eine andere Konsistenz.

Gemeinsam erreichen wir die Höhe – ein Plateau. Meine Unterarme sind zerkratzt, meine Füße schwarz vom Staub der Erde. Kaum aber sehe ich zwischen dem Grün das erste Gemäuer, vergesse ich alles: Hier auf der Höhe herrscht ein besonderes Licht. Ich schaue, atme durch, und der Ort, schön wie er ist, schweigt sich aus. Auf den Informationstafeln ist von einer *albanischen Tempelanlage* zu lesen, die aus dem *6. bzw. 7. Jahrhundert* stammt.

Gleich zu Anfang des kleinen Rundganges passiere ich ein verwittertes, fast völlig zugewachsenes Gebäude – Haus oder

Ritualraum, mit flachem Giebel. Gesetzt aus massiven, halb verwitterten Steinplatten, wird die Fassade durch einzelne Feldsteine stabilisiert. Gras wächst aus den Fugen und auch das Dach grünt. Genau unter dem Spitzdach wächst ein Bäumchen schräg nach vorn heraus, blattlos, aber mit Zweigen wie die Zeiger einer Sonnenuhr.

Nur wenige Schritte weiter kommt eine Kapelle – mit dicken Mauern und grüner Efeu-Kappe, und innen so klein, dass nur ein oder zwei Menschen Raum finden könnten. Weitere Feldsteingebäude lehnen sich aneinander wie müde Gestalten.

Wir sind Altar an sich. Zoroastrisch, christlich, muslimisch ... all diese Begriffe sagen uns nichts. In diesem Sinne bleiben wir für immer – Himmel, Erde, Wasser ... Und Feuer werden wir sein.

Das Tor zum zweiten Teil des Klosters, auf der anderen Seite des Weges, ist verschlossen. Völlig bedenkenlos klettert mein Begleiter mir voraus über das halbhohe Gittertor. Und merkwürdig: Wie er es mir so zutraut, funktioniert es auch. Ich muss nur immer den Stoff des Rockes beim Übersteigen neu sortieren. Und natürlich darf mein lokaler Führer mir dabei keine Hilfe sein.

Auf dem Rückweg, diesmal über die Straße, bedarf es, warum auch immer, nicht länger des bisherigen Abstands, und der Mann beginnt mit mir in Zeichensprache zu verhandeln. Er signalisiert mir das Bezahlen und zeigt dabei zehn Finger zugleich. Ich diskutiere nicht – ich bin hier fremd –, sondern gebe ihm die ersten fünf Manat, später, auf seinen Nachdruck hin, auch die zweiten.

»Ist alles in Ordnung?«, fragt *Djadja*, als ich zurück zum Parkplatz komme. »Haben Sie alles gefunden?« Das habe ich. Ich sitze schon im Wagen, als Telman dem lokalen Führer fünf Manat zureicht. Der Mann nimmt das Geld und steckt es ein. Als Telman allerdings erfährt, wie viel ich bezahlen sollte und bezahlt habe, gerät er außer sich. Er wettert und schimpft. »Aserbaidschan«, höre ich ihn immer wieder sagen. »Aserbaidschan.« *Djadja* wettert wie ein Löwe, bis der lokale Führer mir die zehn Manat wieder zurückgegeben hat.

Qakh

Nach meinem Aufstieg zum Kloster-Tempel Lekit, bei dieser sommerlichen Hitze über das staubtrockene Gelände, habe ich jetzt vor allem eines – Durst. Kaum habe ich meine Not ausgesprochen, taucht wie im Märchen am Straßenrand ein Brunnen auf. Unter dem fließenden Wasser erfrische ich mein Gesicht, wasche meine verstaubten Füße und trinke aus dem Becher, der für jedermann hier hängt.

»Und jetzt noch einen Tee!«, bitte ich weiter. Djadja Telman lächelt wissend und sorgt weiterhin gut für den Gast. Im Zentrum des Städtchens Qakh, in einem schattigen Parkstück, befindet sich eine Chaykhana. *Chay* – das ist der *Tee*.

Hier sitzen die Männer, trinken ihren Tee oder ruhen sich einfach nur in der Mittagshitze aus. Dass ich als Frau mit Telman mit hinzukomme, ist völlig in Ordnung. Mit jedem Glas Tee normalisiert sich mein Flüssigkeitshaushalt mehr.

Nächste Station in Qakh ist das Historische Museum. Im Museum wird alles Mögliche präsentiert, was mit der Region und seiner Geschichte verbunden ist. Gleich im Eingangsbereich steht da im Modell die dreistöckige Basilika aus Qum. Und im nächsten Raum erfahre ich von *Surhüllü* – einer kulinarischen Spezialität, die es in Qakh, Lekit, Zaqatala gibt, laut Museumsführerin aber nicht in Scheki. Ich betrachte die künstlich modellierte Speise und vergleiche diese mit mehrfach vergrößerten griechischen Reisnudeln. Für gewöhnlich gibt es dazu Brühe mit Lammfleisch. Nachher in Ilisu werde ich Surhüllü probieren können.

In der Mitte des Raumes steht eine Vitrine mit einem Koran, bei dem die Hälfte des Einbandes fehlt.

Und an der langen Wand dahinter sind Fotos angebracht. Es sind um die fünfzig Aufnahmen von jungen Männern, die in Bergkarabach gefallen sind.

Bald darauf, auf dem Weg nach Ilisu, kommen wir am Ortsausgang von Qakh an der georgisch-orthodoxen Kirche des Heiligen Georg vorbei. Es ist eine Kirche aus dem 17. Jahrhundert, restauriert vor zwanzig Jahren. Vier junge Mädchen sitzen auf einer Bank und singen polyfon. Es ist merkwürdig für mich, in Aserbaidschan zu sein und mit diesem mehrstimmigen Gesang plötzlich an Georgien erinnert zu werden.

Hinter den vier Mädchen erhebt sich ein beeindruckender Naturaltar. Der Wuchs eines Baumes ist derart in sich verschlungen, dass dabei so etwas wie ein eigener Altarraum entstanden ist. Das christliche Kreuz steht dabei. Und direkt neben dem Altar befindet sich das Grab von Michael Guloschwili, der als heilig gilt.

Ilisu

Ilisu beginnt mit der alten Ulu-Körpü-Brücke, die organisch auf das Felsgestein gesetzt und über den Kurmuk geschlagen ist. *Ulu* bedeutet, wie ich von Ashurey erfahre, so viel wie *tugendhaft, großartig, unerreichbar.*

Das Bergdorf Ilisu liegt südlich des Großen Kaukasus. Telman kommt offensichtlich gern und oft hierher. Er springt fast aus dem Wagen, kaum dass wir den Parkplatz vor dem Wasserfall erreicht haben. »Warten Sie hier!«, sagt er und geht dann zügig auf *seine Leute* zu. Männer sitzen rund um einen Samowar. In Ilisu bewegt sich Telman wie in einem Zuhause.

Noch stehe ich unschlüssig da, schaue hinauf in die Berge des Ilisu-Naturreservats, da kommt von dort oben, begleitet von einer Staubwolke, ein geländegängiger Wagen heruntergefahren. Kaum hat er den Parkplatz erreicht, fährt im Gegenzug ein kleiner Bus denselben Weg hinauf. Telman selbst kann mich nicht fahren. Das ist das Revier der anderen. Aber er versichert mir: »Ich kümmere mich. Hier kenne ich jeden. Warten Sie!«

Eine Viertelstunde später fährt ein dunkelgrüner Armee-Mannschaftswagen vor, und zwei arabische Männer, der eine jung, der andere etwas älter, steigen gemeinsam mit drei voll verschleierten Frauen, zwei davon jung, die dritte etwas älter, hinten auf die Ladefläche des Transporters auf.

Auch Telman kommt zurück. Er winkt mich heran, denn er hat einen Platz für mich in diesem Militärfahrzeug organisiert, direkt vorn im Fahrerhaus. Mich beeindruckt die Größe des Ganzen. Allein das Vorderrad reicht mir bis zur Schulter. Mit einem Zwischenschritt auf die Radachse komme ich problemlos nach oben.

Die schaukelnde Fahrt durch die Landschaft beginnt. Unterwegs erfahre ich, dass ich hier in einem *Gaz 66* sitze, der – gut gepflegt und frisch geputzt – bereits dreißig Jahre alt ist. An die zehn Minuten fahren wir, bis der Fahrer stoppt und aussteigt. Ich warte auf die Weiterfahrt, denn draußen kann ich nichts Besonderes entdecken. Dann allerdings sehe ich, dass die arabischen Touristen hinüber zu einem an die dreißig Meter hohen Felsen gehen, von dem Wasser in die Tiefe fällt.

Noch immer sitze ich in der Höhe, im *Gaz 66*, entschließe mich letztlich aber doch zum Ausstieg und öffne ohne jedes Problem die Tür. Besagte Radachse erreiche ich im ersten Schritt gut. Nur mit dem nötigen, nächsten Schritt in die Tiefe komme ich nicht zurecht. Ich trete ins Leere, falle nach hinten und – dem Fahrer, der offensichtlich alles verfolgt hat, direkt in die Arme. Für mich ist sofort klar: Auf der Rückfahrt sitze ich mit im Mannschaftsbereich.

Am Wasserfall Ilisu zu sein, gestaltet sich für mich als ein Warten. Der Felsen beeindruckt mich mehr als der Wasserfall. Als ich allerdings eine Luftspiegelung im abfließenden Wasser bemerke, verfangen sich meine Sinne im Spiel der Farben, vom Blau zum Gelb und wieder zurück.

Noch nie in meinem Leben war ich arabischen Frauen so nah wie auf der anschließenden Fahrt zurück ins Tal. Die Blicke aus ihren Augen kommen durch die Vollkommenheit ihrer Verschleierung wie durch ein schmales Fenster und werden in ihrer Intensität noch verstärkt. Gut möglich, es sind zurück bloß fünf Minuten, die der Wagen braucht. Aber diese Zeit reicht mir, um in den Augen dieser Frauen so viel Schalk und Freude zu sehen, vor allem bei der Älteren, die jedes Mal aufs Neue lacht, wenn wir kraftvoll durchgerüttelt werden. »Sie reisen allein?«, fragt sie mich auf Englisch. Ich nicke. In Aserbaidschan sind viele arabische Touristen unterwegs. Und von aserbaidschanischer Seite höre ich dazu immer wieder: »Sie kommen gern hierher. Hier fühlen sie sich frei.«

Plötzlich höre ich meinen Namen. Der Tag ist lang gewesen, voller Eindrücke, und vielleicht war alles ein bisschen viel. Dann aber schaue ich doch in die Richtung, aus der die Stimme kam, und ich sehe einen Wagen, der uns entgegenkommt und aus dessen Fenster sich Ashurey beugt und ruft und winkt.

»Meine Gäste, zwei Herren, sie wollten einfach nicht reden«, erzählt Ashurey später. »Ich habe Scherze gemacht, Späße. Aber sie haben nicht gelacht. Also habe ich mich ausgeruht und weiter keine Scherze gemacht. Aber wie ich so aus dem Fenster schaue, sehe ich einen Militärwagen. Und auf diesem Auto entdecke ich ein Gesicht, das mir bekannt vorkommt. Alle anderen Frauen sind schwarz verhüllt. Ich frage mich: *Was ist da los?* Und dann begreife ich: *Das bist ja du!* Ich habe dich gerufen, du hast dich umgedreht und auch etwas gerufen. Aber durch den Wind konnte ich es nicht verstehen. Ich fragte mich nur immer: *Was macht Constanze da?* – Ja, das fragte ich mich schon.«

Zurück im Quartier

Am Abend bin ich wieder in meinem Quartier, um die letzte Nacht im Gästehaus in Scheki zu verbringen. Eine russische

Touristengruppe ist angereist, und Vater und Mutter haben zu tun. Nicat bittet mich, unabhängig von allem Trubel, ihm einige deutsche Vokabeln beizubringen.

»Was heißt auf Deutsch *Danke*? Was heißt *Hallo*? *Auf Wiedersehen*?« Nicat lernt schnell. Aber noch bevor ich ihm die deutschen Vokabeln: *Wie geht es dir?* und *Bitte* beibringe, wird mir klar, dass sich umgekehrt auch mir eine gute Gelegenheit bietet. Der Sohn lässt sich nicht bitten. So erfahre ich im bestem Lehrer-Schüler-Hin-und-Her, dass *Wie geht es dir? – Nedschäsan* heißt, *ana* die Mutter ist, *ata* der Vater und *it* – das ist der Hund.

Der Abschied von Scheki ist etwas ungemütlich. Zuerst weiß ich gar nicht, was eigentlich mit mir geschieht. Vor allem bedaure ich, Seran nicht noch einmal getroffen zu haben. Ich muss ihm absagen wegen eines Unwohlseins. Das scheint ihn nicht zu wundern. Er wünscht mir gute Besserung.

Seit ich am Morgen aufgestanden bin, fühle ich mich schwach. Mir ist schwindelig und übel zugleich. Ich muss mich hinlegen. Schlafen aber kann ich nicht. Also liege ich und schaue vor mich hin. Drei Stunden später beginnt sich mein Zustand zu stabilisieren. Am Nachmittag, als es mir schon wieder richtig gut geht, erwischt es den Vater: Plötzlich wird er blass, greift nach einem Stuhl und sagt: »Das sind die Magnetstürme.« Und kurz bevor er sich zurückzieht, sagt er noch: »Die gibt es hier oft.« Später frage ich Ashurey, ob sie etwas von diesen Magnetstürmen weiß. Aber nicht einmal Sabina vom Tourismusinformationszentrum in Scheki weiß etwas. Zugleich war meine Erfahrung ganz real. Und als ich letztlich noch einmal bei Nicat nachfrage, diesmal auf Englisch, versichert er mir: »Magnetstürme gibt es oft bei uns in Scheki. Es gibt sie in ganz Aserbaidschan.«

Tag

12

Morbide und mystisch

Zaqatala

In Zaqatala gibt es nichts Besonderes«, sagt Ashurey. Und sie muss es wissen: Sie stammt aus Zaqatala. Aber dann treffe ich in Baku die Kunsthistorikerin Mehbara Abbasova – eine junge, kluge, weltgewandte Frau, die aus Gändschä stammt und heute in Baku an der *Azerbaijan State University of Culture and Arts* unterrichtet. Und von Mehbara erfahre ich: »Es gibt bei uns im Norden eine Stadt namens Zaqatala. Und dort wohnen die modernsten Menschen von ganz Aserbaidschan.« Ich muss nur an Ashurey denken und glaube Mehbara sofort.

Ankunft in Zaqatala

Zaqatala liegt am Fluss Tala. In der Stadt leben etwas mehr als 20.000 Einwohner. Der gesamte Bezirk ist gelegen im Süden des Großen Kaukasus. Es herrscht gemäßigtes Bergklima.

Der junge Portier hinter der Hotelrezeption ist eine Aushilfe und wird gerade eingearbeitet: Ich habe gebucht; ich muss mich anmelden und ich brauche einen Schlüssel. Aber wo ein Problem ist, und hier sind es gleich drei, gibt es auch immer eine Lösung. In diesem Falle erscheint *die Lösung* in Gestalt einer blonden Zimmerfrau, so um die vierzig, die die ganze Zeit in unserer Nähe bleibt und Schritt für Schritt wie nebenher den jungen Portier einweist – bis ich meinen Schlüssel in der Hand halte. Sie spricht Russisch, der Hilfsportier eine andere Sprache.

»Ich habe gehört, in Zaqatala wohnen die modernsten Menschen Aserbaidschans«, spreche ich die Zimmerfrau nun direkt an, worauf diese regelrecht euphorisch reagiert: »Zaqatala ist ein kleines Paris. Hier leben ungefähr zwanzig verschiedene Nationalitäten zusammen. Und wir verstehen uns: Aserbaidschaner, Ukrainer, Russen, Belorussen, Georgier, Lesginen, Awaren, Baliaken, Tsakkur, Laks, Tsahuri, Jengiloi ...«

Von meinem Hotel aus bis zum *Zaqatala Tourism Information Center* brauche ich zu Fuß, direkt an der neuen Moschee vorbei, knapp dreißig Minuten. Das Tourismusinformationszentrum befindet sich in der Aliyev-Straße, unmittelbar am Park, in einem dieser einstöckigen, roten Backsteinhäuser, Häuser in der Art, wie sie fast durchgängig das Stadtbild bestimmen. Und überhaupt ist hier alles sorgfältig angelegt – mit schmalen Bürgersteigen, gesäumt von Bäumen und Büschen.

Die Tür zum Tourismuszentrum steht offen. Ich betrete den Flur und sehe im Raum linker Hand hinter dem Schreibtisch einen ungewöhnlich großen Mann mit vollem, schwarzem Haar sitzen. Kaum sieht er mich, lächelt er offen, steht auf, kommt auf mich zu und reicht mir die Hand: »Wie kann ich helfen?«

Ramin Askarov Aydin ist der Direktor; er liebt seine Stadt und überhaupt den Bezirk Zaqatala und vertritt beides gern. »Schon zu Sowjetzeiten ist Zaqatala Erholungsgebiet gewesen. Schauen Sie nur!«, sagt er und dreht mir den Bildschirm seines Laptops zu. Wir schauen uns einen kleinen Film an, mit dem versucht wird, innerhalb von drei Minuten dem Zuschauer die Zaqatala-Region vorzustellen und nahezulegen. In diesem Sinne wird der Zuschauer durch üppige Wälder geführt, vorbei an Flüssen und Wasserfällen. Der Film ist bereits gelaufen, da schwärmt Ramin mit eigenen Worten weiter von Zaqatala, von den Bergen, der sauberen Bergluft, den Flüssen. Auch von Schwefel- und Mineralwasserquellen erfahre ich. Zudem ist der Zaqatala-Bezirk eine Nussregion – Haselnuss, Walnuss, Kastanie. Und es wird Tee angebaut, Obst, Gemüse, Blumen, Getreide, Wein, Tabak ... Seit 2017 wird zudem Rosenöl produziert.

Eine junge Mitarbeiterin betritt den Raum. Auch mit ihr spricht Ramin als der Chef in dieser freundlichen, ja geschwisterlichen Art. Bald darauf steht ein Glas Tee vor mir, dazu eine Schale mit Konfekt, und Ramin beginnt auf meine Frage hin von sich zu erzählen: »Ich habe in Moskau studiert. Keiner dort hätte geglaubt, dass ich aus Aserbaidschan komme. Weil sie alle dachten: Aus Aserbaidschan kommen mehr so kleine Menschen, vielleicht sogar mit Schnauzbärtchen. – Mein Großvater ist inzwischen neunzig Jahre alt. Er hat sich sehr für unser Land interessiert, hat es bereist und vierzig Bücher geschrieben – über die Abscheron-Halbinsel, über Scheki ...«

Ich frage Ramin nach seiner Nationalität. Da schweigt er. Sofort bin ich in Sorge, einen Fauxpas begangen zu haben, und entschuldige mich. Das aber scheint nichts zu ändern. Bis er sagt: »Ich selbst bin reinen Blutes Aserbaidschaner. Aber viele, die in Zaqatala leben, sind *Menschen der Freundschaft*, der Freundschaft zwischen den verschiedenen Völkern. Da gibt es Ahnen tatarischer, georgischer, lesginischer Abstammung ... Nicht wenige Menschen in Zaqatala sind Nachfahren mehrerer Nationalitäten. Und was sind sie dann? Sie sind alles in einem.«

Er schaut auf seine Armbanduhr: »Entschuldigen Sie bitte. Ich wusste nicht, dass Sie kommen. Ein Tag ist natürlich wenig. Aber ...«, sagt er, steht vom Schreibtisch auf und bittet mich vor das Haus, um mir von dort aus alles Weitere zu zeigen: »Alles ist nah. Hier ist der Dede-Korkut-Park, dort sehen Sie die Kuppel der albanischen Kirche. Dahinter liegt die Zaqatala-Festung.«

Der Dada-Gorgud-Park

Dada, gesprochen: *Dädä*, im Deutschen bereits eingeführt als *Dede*, ist die alte Bezeichnung für *Vater*. Und mit den Dede-Korkut-Geschichten lande ich erst einmal geradewegs in Dresden.

... und zwar ist Dede Korkut ein weiser Mann. Er ist ein Magier, ein Schamane. Mit der Laute zieht er umher und singt seine Lieder. Er führt ein geheimnisvolles Leben. Als er stirbt, wird er an vier verschiedenen Stellen begraben. Wann er genau gelebt hat, weiß keiner. Aber dass er über dreihundert Jahre alt geworden ist, gilt als sicher.

Vater Korkut ist der Held von zwölf Geschichten. Diese Geschichten wurden in mehreren Ländern erzählt, auch in Aserbaidschan. Später entstand ein Buch, von dem es auf der ganzen Welt heute nur noch ein einziges vollständiges Exemplar gibt. Und dieses Exemplar befindet sich an einem fernen Ort ... (14)

Tatsächlich befindet sich dieses weltweit einzige Exemplar in der Staats- und Universitätsbibliothek Dresden. Die Geschichten selbst entstammen Überlieferungen aus der Erzähltradition der Oghusen bzw. Turkmenen. Und wenn auch umstritten ist, ob er, der Sätze gesagt haben soll wie: *Egal wie tief der Schnee ist – im Sommer schmilzt er*, überhaupt gelebt hat, so lebt er doch als literarischer Held und ist als dieser auch Teil des immateriellen UNESCO-Weltkulturerbes geworden.

Der kleine Park des Dada-Gorgud-Komplexes ist liebevoll angelegt, mit Bänken, Wegen und Blumenbeeten. Und obwohl es ein Mittwoch ist, sind die Kinder sonntäglich gekleidet. Auf ihren Rollern und Fahrrädern kommt immer mal wieder eines von ihnen an mir vorbei. Es fällt viel Sonne auf diese Anlage. Und als ich an einer der Bänke vorübergehe, auf der zwei junge Frauen sitzen, eine von ihnen mit einem einjährigen Kind auf dem Schoß, will dieses Kind gerade zu weinen beginnen. Im Vorübergehen winke ich ihm zu.

»Schau, schau, mein Kleiner«, höre ich noch. »Befreunde dich mit ihr!«

Und so, mit einer gewissen Festtagsstimmung erfüllt, gehe ich direkt auf den *Vater* zu: Der bärtige Dede Korkut trägt ein fließendes Gewand und sitzt raumeinnehmend auf einem Felsen. Seine Laute hält er in der rechten Hand, während er sich selbst mit der linken auf ein aufgeschlagenes Buch stützt. Ruhig und würdig schaut er mich an.

Albanische Kirche

Die Kuppel der albanischen Kirche aus dem 5. Jahrhundert ist grasbewachsen und offen. 1851 wurde Zaqatala russisch und damit die albanische Kirche christlich-orthodox. Noch bis in die 1950er-Jahre war sie aktiv.

Über eine schmale Gasse betrete ich in den Kirchhof, in dessen Zentrum eine Platane steht, die mich in ihrer Größe und der Üppigkeit des Laubwerks an die beiden Platanen vor dem Khan-Palast in Scheki erinnert. Eine schwarz gekleidete Frau fegt mit einem Reisigbesen den Hof. Als sie meinen zögernden Blick auf die Kirchruine bemerkt, ermuntert sie mich: »Gehen Sie nur! Von dieser Seite aus kommen Sie am besten hinein.«

Zwei halbwüchsige, zarte Mädchen mit langem, blauschwarzem Haar bewegen sich im gegenüberliegenden Bereich der Ruine. Eines dieser Mädchen sitzt im Fenster, das andere fotografiert. Unter ihren verzauberten-verzaubernden Blicken wandelt sich alles; und es wird mystisch, was mir zunächst morbid erschien. So schaue ich nun, erahne den Altar, auch den Raum für die Gläubigen. Und als ich hinauf in die offene Kuppel blicke, muss ich nur die Augen ein wenig zusammenkneifen, und schon schimmert alles blau.

Das Naturreservat Zaqatala

Das Zaqatala-Reservat war 1930 eines der ersten Naturreservate in Transkaukasien überhaupt. An die Laubwälder schließen sich subalpine Wiesen an, später Almwiesen. Felsen, Flüsse und Wasserfälle bestimmen das Landschaftsbild. Mehr als neunhundert Pflanzenarten sind erfasst, darunter auch dreißig Meter hohe und an die 250 Jahre alte Erdnussbäume. Hinzu kommen Tiere aller Art – Braunbären, Luchse, dagestanische Bergziegen, Gämsen ...

Das Zaqatala-Naturreservat ist begehbar, aber nur mit Sondergenehmigung. Gern möchte ich wenigstens das Museum besuchen. Auf dem Weg dorthin durchquere ich den weiträumigen Heydar-Aliyev-Park. Ich mag diesen Park, denn überall ist es schattig. Ich komme an Springbrunnen vorbei, an Restaurants im Freien, an Teestuben, an Karussells und Schaukeln, sogar an einem verrosteten Riesenrad ... Dieser Park existiert seit 1947.

Hinter dem Park steht das Tor zum Museum offen, und ich betrete einen Hof mit hochstämmigen Bäumen. Eine rundliche, herzliche Frau in einem hellgrünen, knapp über den Knien endenden Kleid kommt auf mich zu.

Im Museum binden vor allem drei Schaukästen meine Aufmerksamkeit. Der erste Schaukasten zeigt Fauna und Flora des Reservates im Sommer, der zweite zeigt ein winterliches Bild und der dritte ein sommerliches Bild am See. Alles wirkt schon nicht mehr ganz neu, ist aber ausgesprochen liebevoll gestaltet.

»Das hat ein Ehepaar gestaltet, innerhalb von vier Jahren. Sie kamen 1957 aus Kasachstan«, erzählt die Museumsmitarbeiterin. »Die Frau war eine russische Künstlerin, und Wilhelm, ihr Mann, ein Deutschstämmiger, war Spezialist für Tierpräparation. Wir wissen nicht, was aus ihnen geworden ist und ob ihre Tochter vielleicht noch lebt.«

Nach einer kleinen, andächtigen Pause wechselt sie zurück in ihre heitere Anfangsstimmung und schließt meinen Aufenthalt in diesem kleinen Museum passend ab: »Zaqatala ist wirklich sehr modern. Wir Frauen tragen kurze Röcke. Sehen Sie? Bei uns ist das normal.«

Direkt zwischen dem Tourismusinformationszentrum und dem Dada-Gorgud-Park gibt es im Freien einen Imbiss, bei dem sowohl Kutab in allen Varianten angeboten wird als auch Hamburger. Ich probiere Kutab, gefüllt mit Hackfleisch, und trinke passend zum Ambiente eine Cola. Dieser Imbiss ist, nicht zuletzt aufgrund seines speziellen Angebotes, auch Anziehungspunkt für Paare mit Kindern. – Ein junges Paar mit einem kleinen Jungen setzt sich direkt in mein Blickfeld. Der Kellner, auch er ein junger Mann, kommt an ihren Tisch. Während der Bestellung lassen die beiden Männer einander nicht aus den Augen. Zur selben Zeit hält die junge Frau – sie trägt ein schönes hellblaues Kopftuch aus einem seidigen Stoff – ihren Blick gesenkt – hin zu dem kleinen Jungen, der neben ihr sitzt. Als ihr Mann sie etwas fragt, antwortet sie, schaut aber nur ganz kurz zu ihm auf und ausschließlich zu ihm. Danach senkt sie sofort wieder ihren Blick. Der Blick des Kellners indes bleibt die ganze Zeit auf den jungen Vater gerichtet. Kaum ist die Bestellung klar, geht er hinein in die Küche.

Tag 13

Teuflisch und himmlisch

Wer zur Festung Zaqatala möchte, nimmt entweder die 116 Stufen der Galaduzu-Treppe oder aber er geht über die mit Feldsteinen befestigte Straße, die seitlich des Hügels langsam bergan führt. Ich wähle die Straße, weil sie einen Charakter besitzt, passend zum Alter der Festung. Oben angekommen, lasse ich das Tor hinter mir und laufe über das menschenleere Gelände, über breite Wege und vorbei an gelb getünchten flachen Gebäuden, allesamt mit weinrotem Sockel.

Da tritt aus einem der Gebäude ein untersetzter Herr, der jedes Alter zwischen vierzig und sechzig haben könnte, und kommt zügig auf mich zu. Schon von Weitem ruft er fröhlich: »How are you?« In der Nähe strahlt er mich mit seinen großen Kinderaugen an und sagt in gebrochenem Deutsch: »Herzlich willkommen!« Schnell stellt sich heraus: Der deutsche Wortschatz ist beschränkt. Wir wechseln in die russische Sprache.

Ich erkläre mein Anliegen, und sofort tritt er einen kleinen Schritt zurück, als wollte er mich erst einmal in voller Größe begutachten, dann breitet er seine Arme aus, verbeugt sich theatralisch und ruft so laut, dass es widerhallt: »Eine Schriftstellerin!« Seine fröhliche Übertreibung liebe ich sofort. Und schnell steigt er für mich zum Shakespeare'schen Narren auf, der komisch wirkt, aber weise ist. Denn wissend und klug ist dieser Herr allemal.

Kaum beginnt er mit dem Rundgang, wirkt er urplötzlich gesammelt und ernst: »1828 wurde zwischen den Persern und den Russen der Frieden von Turkmenchay geschlossen und Zaqatala Teil des russischen Zarenreiches. Damals war hier Wald. Zwei Jahre nach dem Frieden von Turkmenchay begann man mit dem Bau der Festung, einer Festung der zaristischen Armee Russlands. Das gesamte Gelände umfasst elf Hektar und besitzt drei Eingangstore – für die Offiziere, für die Soldaten und für Transporte aller Art. So entstand diese militärische Stadt. Beachten Sie den trigonalen Grundriss. Acht Jahre lang wurde gebaut – die Häuser für die Offiziere, die Baracken für die Soldaten, eine Finanzverwaltung, ein Bad, ein Militärlazarett, eine Kirche ... Die Wohnbedingungen, vor allem für die Soldaten, waren hart: Fünfzig bis sechzig Personen teilten sich einen Raum von gerade mal zweiunddreißig Quadratmetern. Zu Spitzenzeiten lebten hier 8000 Soldaten.«

An dieser Stelle seiner Ausführungen hält mein Festungsführer kurz inne, vielleicht um dadurch das Folgende besonders hervorzuheben: »Zaqatala war strategisch wichtig: Die Festung und auch die Stadt liegen in unmittelbarer Nähe zu Georgien und zu Dagestan. Immer wieder flammten Kämpfe auf«, das betont er wie ein Kind und schaut mich plötzlich mit seinen großen Augen direkt an. »Immer und immer wird gekämpft, verfolgt, getötet.« Offenbar wird alles, was er erzählt, mit dem Erzählen für ihn plastisch.

Ich kenne das. Und ich muss an die Worte meines längst verstorbenen Vaters denken, den die Frage nach der Notwendigkeit von Kriegen umtrieb und der immer wieder zu mir sagte: »Krieg muss verhindert werden. Denn hat ein Krieg erst einmal begonnen, gibt es auf keiner Seite Unschuldige mehr.« Gerade als mein Vater als junger Mann seine Wehrpflicht ableistete, konkret beim Nachrichtentrupp, brach der Zweite Weltkrieg aus und endete für ihn erst zehn Jahre später, nach der sowjetischen Kriegsgefangenschaft. In der Zeit dazwischen rollte er Kabeltrommeln aus, empfing er die Nachrichten der Offiziere und gab sie weiter, sah er, was er sah, und hörte er, was er hörte. Und nach diesem Krieg gab er auch eben erwähnte Nachricht an mich und meine beiden Brüder weiter.

Mein Blick schweift über das weite Militärgelände. Direkt hinter den Festungsmauern befindet sich eine kleine Siedlung mit vierstöckigen, modern anmutenden Wohnhäusern. Auf halber Höhe ist zwischen den Gebäuden weiße Wäsche aufgehängt. Und auf die vorderste Fassade ist eine große, weiße Taube gemalt. *Friedenstaube*, denke ich. *Heiliger Geist*.

Im Jahr 1905 rebellierten in Russland die Matrosen des Panzerkreuzers Potemkin. Und dieser Herr, der mich führt, verweist mich auf ein Gemäuer: »Das war das Gefängnis. Hier hat man die Matrosen eingesperrt. Einer von ihnen kam aus der Ukraine. Er floh und versteckte sich zuerst in der albanischen Kirche. Aber dann wurde er gefasst und erschossen. Im Heydar-Aliyev-Park können Sie sein Bildnis sehen und seinen Namen lesen – Stepan Demeschko. Waren Sie schon im Heydar-Aliyev-Park?«

Schließlich erreichen wir einen weiten, freien, letztlich von Festungsmauern gesäumten Platz. Ich erfahre: Während des *Großen Terrors,* während der *Stalinschen Säuberungen* in den Jahren 1930 bis 1940 war die Festung ein Gefangenenlager. Und auf diesem weiten Platz wurden Hunderte von Menschen erschossen. Wie viel es wirklich gewesen sind, weiß auch mein Festungsführer nicht.

»Ja«, sagt er nachdenklich und schweigt einen Moment, bevor er weiterspricht: »Nachts sind dann aus Zaqatala die Muslime gekommen, haben die Toten geholt und sie nach muslimischer Art bestattet.«

Auch ich schweige, bevor ich meinen – ja, gerade fühlt es sich so an – *Bruder* bitte, mich für einen Augenblick an diesem Ort allein zu lassen. Er versteht es sofort, verneigt sich vor dem Feld und zieht sich zurück.

Bitte, seht uns verkörpert in den Vögeln, dabei nicht allein in der Nachtigall. Seht uns auch in einem Sperling, in einem Geier, selbst in einem Zierfinken ...

Auf dem Festungsgelände gibt es schlussendlich noch eine Galerie mit zeitgenössischer Kunst. An sich fühle ich mich mit Eindrücken abgesättigt. Doch ich möchte nicht unhöflich sein. Nesimi und Nizami erkenne ich auf ihren Bildnissen sofort. Aber da ist auch das Porträt eines Mannes, der mir noch fremd ist. »Das ist Hadschi Zeynalabdin Taghiyev. Er lebte in Baku und wurde mit dem Erdöl sehr reich. Er half den Armen. Er war ein Philanthrop.« Hadschi Zeynalabdin Taghiyev stammte aus armen Verhältnissen und versuchte sich zur Zeit des Erdölbooms als Unternehmer. Es war ein Glücksspiel, und er hatte Glück: 1877 wurde auf seinem Areal eine Ölquelle entdeckt, die ihn zu einem der reichsten Männer des Russischen Reiches machte.

Mein Interesse öffnet weitere Türen. So werden mir letztendlich auch noch Bilder aus dem Depot gezeigt. Da ist zunächst ein großes Foto mit dem jüngeren Heydar Aliyev, daneben ein gemaltes Porträt des Sohnes Ilham. Eine Galeriemitarbeiterin kommt und stellt ein nächstes Bild davor. Es ist ein Gemälde, auf dem eine aserbaidschanische Flagge abgebildet ist, außerdem eine blutrote Wiese, auf der, schattenrissartig, eine junge Frau und ein junger Mann stehen, der Mann mit einem Gewehr in der Hand. Ich lese: *20. Yanvar 1990*.

Mein Begleiter, Bruder, Festungsführer steht, mit einem gewissen Abstand, direkt neben mir. Wir schauen gemeinsam, ich vielleicht inzwischen ein wenig schon mit seinen Augen, und umgekehrt: er vielleicht auch schon ein wenig mit den meinen.

Zwei weitere Bilder kommen hinzu, und auf beiden sind rote Nelken verstreut: Hier kniet ein in sich gebeugter Mann an einem Grab und bedeckt seine Augen mit beiden Händen, und dort steht eine grauhaarige Frau an einem schwarzen Marmorstein und hält ein weißes Tuch in der Hand.

Diesmal sieht mein Begleiter zweifellos mehr auf den Bildern, als ich sehen kann. Die Bilder sind gekoppelt an eigene Erinnerungen. Ein heftiges Schütteln durchfährt ihn, er wendet sich ab und bedeckt nun seinerseits mit Händen seine Augen. »Sie haben getötet«, sagt er, nachdem er aus dem, was ihn geschüttelt hat, wiederaufgetaucht ist. »Unsere Frauen und Kinder haben sie getötet. Sie haben sogar Kinder ...« Ich kann dazu nichts sagen, und ich sage auch nichts. Ich höre ihm zu.

Unter dem Datum 26. Februar 1992 finde ich später bei Wikipedia: *Das Massaker von Chodschali ereignete sich während des Bergkarabachkonfliktes. (...) Im Zuge des bewaffneten Konfliktes zwischen Armenien und Aserbaidschan um die Region Bergkarabach, in der sich diese Stadt befindet, wurden über hundert – nach aserbaidschanischen Angaben mehrere Hundert – aserbaidschanische Zivilisten von armenischen und russischen Einheiten getötet.*

Bei Wikipedia folgen dann Aussagen der verschiedenen Seiten – der aserbaidschanischen, der russischen, der armenischen ... Mir fehlt ohnehin jeglicher Zugang zu Zahlen. Und es ist nicht Haltung, sondern Anlage, dass ich jeden dieser Toten einzeln sehe, ganz gleich auf welcher Seite. Was für Schicksale ...

Und als sei es für heute genug, schüttelt mein Begleiter jetzt seine Arme und Beine kräftig aus und damit das ab, was offenbar unsichtbar an ihnen gehaftet hat. Noch im Abschütteln verlässt er das Depot und tritt hinaus ins Freie, vor die Galerie, hinaus in die einst militärische Stadt. Wir stehen, schauen, atmen.

Als ich kurz darauf das Gelände durch das einstige Tor der Offiziere verlasse, meine ich, einen Blick auf meinem Rücken zu spüren. Als ich mich umdrehe, sehe ich meinen Bruder, wie er mir zuwinkt und lacht. Fröhlich winke ich zurück.

Tag

14

Weiß und rot

Die Krise um Bergkarabach ist seit Anfang des 20. Jahrhunderts latent und bricht in der Zeit von Glasnost und Perestroika als Konflikt zwischen Armenien und Aserbaidschan in vollem Maße aus. Allein im Laufe des ersten Konfliktjahres mussten 1988 auf beiden Seiten Tausende von Zivilisten fliehen.

Mit den Unabhängigkeitsbewegungen der sowjetischen Teilrepubliken gewinnt der Konflikt an Schärfe. Noch versucht man in Moskau, die Führung zu behalten, sodass am 25. September 1989 das sowjetische Innenministerium die Aufgaben der zivilen Behörden in Bergkarabach übernimmt. Ab dem 5. Oktober desselben Jahres kontrolliert die Sowjetarmee die Transportwege zwischen Armenien und Aserbaidschan. Nach wie vor existiert die UdSSR als Staat und wird bis zum 26. Dezember 1991 als solcher auch agieren.

Als ich den Ereignissen im Nachhinein zu folgen versuche, erfahre ich, dass am 9. Januar 1990 durch den Obersten Sowjet der Armenischen SSR beschlossen wird, die Region Bergkarabach in den armenischen Staatshaushalt mit einzubeziehen und die dortige Bevölkerung an den armenischen Wahlen teilnehmen zu lassen. Völkerrechtlich bleibt das autonome Gebiet allerdings zugehörig zur Aserbaidschanischen SSR. Daraufhin kommt es nun wiederum in Aserbaidschan zu Demonstrationen der Volksfront-Partei; die Absetzung der aserbaidschanischen kommunistischen Funktionäre wird gefordert sowie die Unabhängigkeit Aserbaidschans von der Sowjetunion. Die Situation gerät langsam außer Kontrolle. Am 13. Januar kommt es in Baku zu anti-armenischen Pogromen. In der Folge der Ereignisse insgesamt wird seitens der Sowjetregierung am 15. Januar in Aserbaidschan der Ausnahmezustand ausgerufen.

Am 19. Januar ist der Platz vor dem Regierungsgebäude – heute der Freiheitsplatz – voller Menschen. Es ist kalt. Männer, Frauen und ihre Kinder haben sich versammelt und hören den Rednern zu, die vom Balkon des Regierungsgebäudes zu ihnen sprechen. Vom Himmel aus gesehen webt sich die Menschenmenge zueinander, ineinander, miteinander – zu einem einzigen, lebendigen Teppich. Ein Hubschrauber kreist. Immer mehr Menschen kommen dazu. Schließlich marschieren am späten Abend Soldaten der Sowjetarmee in Baku ein, 26.000 Soldaten, dazu Truppen des Inneren und der Marine. Die Straßenkämpfe dauern die ganze Nacht an; Barrikaden werden durchbrochen und an anderer Stelle neu errichtet …

Einmal komme ich in einem Café in Baku mit einem deutschen Geschäftsmann ins Gespräch. Er war 2012 erstmals in Baku und seitdem immer mal wieder. Wenn er, ich nenne ihn jetzt Wolfgang, heutzutage im Hotel des Drei-Flammen-Hochhauses nächtigt, geht er oft von hier aus hinüber zum Märtyrer-Monument, wo er die schier endlose Reihe der schwarzen Marmorplatten abschreitet, von denen ihn die Gesichter der jungen Toten anschauen. Auf diesem Weg erreicht Wolfgang die ewige Flamme, an der er für gewöhnlich innehält, bevor er den weiten Ausblick genießt, den man von hier oben aus auf die Stadt und auf das Meer hat. Wolfgang schätzt das alles sehr.

»Sie halten viel aus«, versichert er mir. »Ich weiß es von einem aserbaidschanischen Kollegen, einem sehr gut ausgebildeten, feinen Mann. Aber irgendwann gehen sie auf die Straße. Und so stolz, wie sie sind, bleiben sie, wenn die Panzer kommen, einfach stehen. Das ist auch die größte Befürchtung für die Zukunft, dass dann, wenn es dem Volk irgendwann wieder schlecht geht, es abermals passiert und die Leute einfach stehen bleiben und sich überrollen lassen. Mein Kollege hat das in eigene Worte gefasst. Er meinte: *Wir sind eben so*.«

Und dann herrscht Dunkelheit. Es ist die Nacht vom 19. Januar zum 20. Januar, als sich die Panzer nähern. Zuerst kommt Bewegung in diesen *Teppich*, letztlich gibt es ihn nicht mehr. Die Menschen sind auseinandergetrieben worden und auseinandergelaufen. Und einige sind tatsächlich einfach stehen geblieben, als läge es an ihnen, die Panzer aufzuhalten. Andere laufen noch durch die Nacht. Polizeiwagen mit blinkenden Blaulichtern bilden eine Sperre.

Wer immer da mit der Kamera unterwegs ist, ist mittendrin und zugleich zwischen den Fronten. Er filmt eine Blutlache. Er filmt einen Panzer, auf dem es brennt. Er filmt eine Frau, um deren Kopf ein Verband angelegt wird. Und so, wie diese Kamera beim Filmen schwankt, ist auch das gesamte System endgültig ins Schwanken geraten.

Später patrouillieren Panzer durch menschenleere Straßen. Und die Stunde, in der die Masse der Opfer sichtbar wird, naht. Die Toten werden aufgereiht. Und am 22. Januar werden sie zu Grabe getragen, es wird gebetet, geschrien, geweint. Aufs Neue bildet sich dieser dicht gewebte Teppich. Er zieht sich durch die halbe Stadt, bis hin zur Märtyrer-Allee. Die Toten werden aufgebahrt getragen, übersät mit Blumen – mit weißen und mit roten Nelken.

Bis heute haben in der Märtyrer-Allee um die 15.000 Menschen ihre letzte Ruhestätte gefunden – die Toten des 20. Januar sowie die Gefallenen von Bergkarabach.

»Es ist schon dramatisch«, meinte auch Heiner, »wenn du am Kaspischen Meer entlangläufst und diese vielen Reihen von Toten siehst, in Baku und fast in jeder Stadt. Und dasselbe in Grün hast du natürlich in Armenien auch. Die meisten sind 1991 und 1992 gefallen. Sie alle waren fünf oder sechs Jahre jünger als ich. Ob sie das nun wollten oder nicht, sie waren Patrioten und haben für ihr Land gekämpft. Auf beiden Seiten waren das unheimlich viele Leute. Dort hat eine ganze Generation ihr Leben verloren. Und das hat natürlich diese Gesellschaften stark geprägt, wenn da die ganzen Söhne weg sind. Ja, das ist schlimm.«

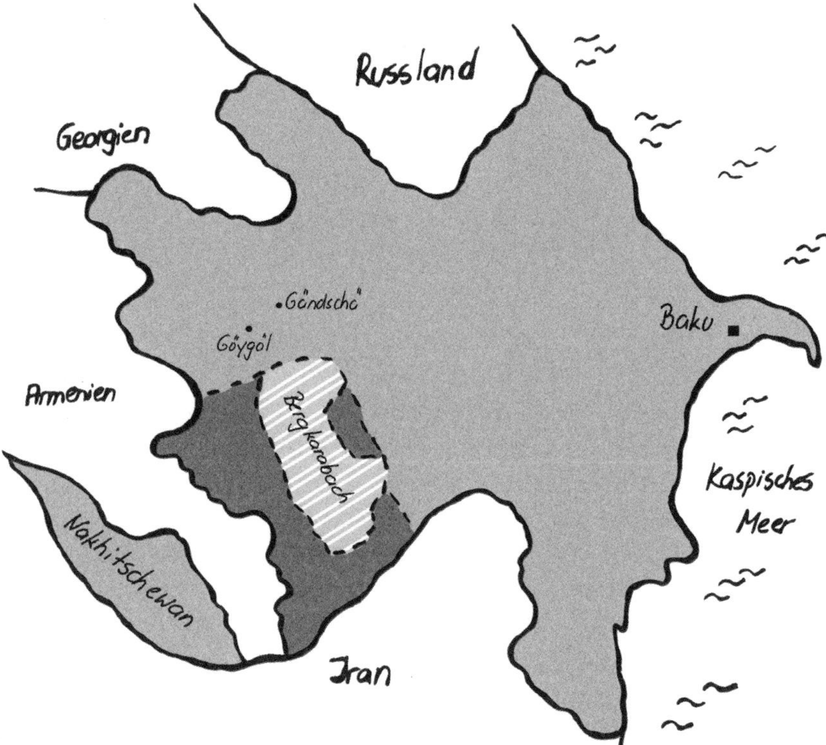

Russland
Georgien
Göygöl
Gändschä
Baku
Armenien
Bergkarabach
Nakhitschewan
Kaspisches
Meer
Iran

Tag 15 Unsicher und sicher

Die zweitgrößte Stadt Aserbaidschans liegt im Nordwesten des Landes, am Fuß des Kleinen Kaukasus und heißt Gändschä. Auch in Gändschä bin ich mehrmals gewesen. Mein erster Ausflug findet Mitte April statt, und ein Blick in den Kalender erinnert mich: Es ist Gründonnerstag. Heute versammelte Jesus die zwölf Apostel zum letzten Abendmahl ...

Die Schatzkammer

Der überlieferte persische Name der Stadt Gändschä bedeutet so viel wie *Schatzkammer*. Das klingt geheimnisvoll und schön. Auch das Erstlingswerk des großen Dichters Nizami, der ja aus Gändschä stammt, heißt: *Die Schatzkammer der Geheimnisse*.

Die Obstbäume blühen weiß und rosa, trotzdem ist es heute noch einmal kalt. Der Himmel ist bedeckt; es nieselt. Mein Quartiervater, zudem Taxifahrer, holt mich vom Busbahnhof ab. »Unsere Stadt ist sehr schön und sehr alt«, erzählt er unterwegs. Wir verständigen uns auf Russisch und kommen erst an Plattenbauten, später fast nur noch an Häusern aus roten Ziegelsteinen vorbei. Im Stadtzentrum steht allerdings mittendrin zwischen all diesem Rot die Philharmonie als ein mehrstöckiger Palast, mit sandfarbiger Fassade und grünen Dachaufbauten sowie einem großen, barock wirkenden Springbrunnen davor.

Wir überqueren eine weiße Brücke mit riesigen, herrschaftlich wirkenden Straßenleuchten. Mit dieser Überquerung des Flusses Gändschä verlassen wir den älteren, den westlichen Teil der Stadt. Dort müssten sich an sich, auch wenn ich beides nach dem Schatzkammer-Prinzip jetzt noch nicht gesehen habe, neben der Philharmonie auch Moschee und Befestigungsanlagen befinden.

Wir fahren bereits durch den Stadtteil östlich der Brücke, von dem ich rein gar nichts weiß, höre nur Nizami poetisch flüstern: *Schatzkammer der Geheimnisse.*

Schließlich biegen wir auf eine Straße ein, die mehr Baustelle ist als Weg. Und hier befindet sich das Quartier. Der Weg ist aufgerissen, große Rohre liegen frei, und der Wagen rutscht über die feuchte rote Erde. Angekommen, läuft mein *Vater* eilig voraus zum Quartier und öffnet mir die Tür zum Extrahaus. Er und seine Frau wohnen weiter hinten im Garten, in einem eigenen Häuschen.

Kälte strahlt von den Wänden ab. Im ersten Moment nehme ich das noch gar nicht so wahr. Ohnehin lenkt der Vater im Extrahaus mein Augenmerk vor allem auf den großen Fernsehapparat. Während ich ihm klarzumachen versuche, dass ich gar kein Fernsehen schauen möchte, spüre ich – trotz Winterjacke – diese Kälte im Raum allmählich doch: »Es ist kalt hier«, meine ich. –

»Ja«, sagt er. »Wir haben eine Gasheizung. Aber die Leitung wird gerade neu verlegt. Gehen Sie in der Stadt spazieren! Es muss bald wieder warm werden. Spätestens 18 Uhr, wurde uns gesagt. Und«, weist er mich freundlich ein, »wenn Sie Tee kochen wollen, dann haben wir hier unsere offene Sommerküche. Alles funktioniert elektrisch. Fühlen Sie sich wie zu Hause.«

Bald darauf durchstreife ich die Stadt. Dabei komme ich in Richtung Brücke und Philharmonie an unzähligen Backsteinhäusern vorbei, an der Agraruniversität sowie an einer ehemaligen Kirche, in der heute das Puppentheater untergebracht ist.

Als ich die Brücke erreicht habe, geht für einen Moment sogar der Himmel auf. Aber schon auf der anderen Seite des Flusses ist derselbe wolkenverhangen wie zuvor, und es nieselt.

Vor einem Hotel aus Sowjetzeiten kommt mir ein etwa zehnjähriger Junge entgegen, bleibt plötzlich vor mir stehen und schaut mich fragend, bittend, eindringlich an. Ich halte seinem Blick stand und bin mir, als ich weitergehe, sicher: Von irgendwoher kenne ich diesen Blick ...

Im Weitergehen erreiche ich das Denkmal einer Frau. Graziös sitzt die Frau auf ihrem Sockel, dabei aufrecht, die Beine seitlich unter einem langen Rock gelagert. Auch sie hat einen bestimmten Blick. Es ist der Blick einer Königin: Ihr Blick bittet um nichts.

Ich lese den Namen, der dazugehört: *Mehseti Gändschävi. Gändschävi?* Genau wie Nizami stammt also auch sie aus Gändschä. Später lese ich in *Falter & Flamme*, einer Anthologie mit aserbaidschanischer Dichtung, dass Mehseti eine Dichterin aus dem 11. Jahrhundert ist. Und ich lese, berührt, ohne zu verstehen: *Doch meine Familie allein, das ist mein Gedicht. / Ob ein Glauben wär, der diese Ehe schließt?* (15)

Wenn ich all das, was ich über Mehseti Gändschävi lese, auch glauben darf, und nicht auch das schon Legende ist, dann hat sie – gelebt, gesungen, komponiert, Schach gespielt, war bei den Sufis. Sie soll gut ausgebildet gewesen sein und im Palast des Sultans verkehrt haben. War sie eine Art Scheherazade? Wobei: Verheiratet war sie offenbar nie. Als ich einige Schritte um die Plastik herumgehe, verändert sich ihr Wesen. Von der anderen Seite aus gesehen wirkt Mehseti eher als Amazone, stark, kämpferisch, sicher. Und was wäre, würde sie sich jetzt von ihrem Denkmal erheben?

Ich lasse sie sich also *erheben*. Und während Mehseti nun durch die Fußgängerzone schreitet, bewahrt sie ihren strengen Blick. Ich schließe mich ihr an.

Auf unserer gemeinsamen Wegstrecke kommen wir als Erstes an einem Mugham-Trio vorbei. Wie ihr Spiel sind auch die drei, die da spielen, verewigt als Denkmal. Mehseti und ich passieren in der Folge Banken, Spielcasinos, Mobilfunkläden, auch diese aufgehoben in schönen alten Backsteinhäusern. Nur ab und an kommt uns ein Mensch entgegen – in dieser Zwischenstunde, bei dieser Frühlingskälte. Kaum wird mir die Imagination allerdings als solche bewusst, endet sie auch schon. Mehseti löst sich auf und wandelt sich in jenen Stoff, aus dem die Vergangenheit besteht. In der Folge bin ich allein unterwegs. Kaum aber bin ich allein, fühle ich mich beobachtet, gemustert, beäugt.

Die Suppe

Ich bin auf der Suche nach dem Stadtzentrum, schaue mich um, versuche mich durchzufragen. Und um es vorwegzunehmen: Entsprechend dem Gändschä-Schatzkammer-Prinzip kann ich es einfach nicht finden und damit weder Moschee noch Befestigungsanlage.

»Wo ist das Zentrum?«, frage ich zuerst eine ältere Frau, dann einen älteren Mann, Menschen aus der Generation, die Russisch spricht: »Was ist interessant in Gändschä?« Und als hätten sie ihre Antworten im Vorfeld miteinander abgestimmt, höre ich, wen immer ich frage: »Das Zentrum ist ganz nah.« Und: »In Gändschä gibt es nichts Interessantes.«

Langsam wird es Abend, und ich beschließe, meine Suche nach dem Stadtzentrum aufzugeben, irgendwo noch eine Kleinigkeit zu essen und mich dann, zumindest für den Rest des Tages, zurückzuziehen.

Auf dem Weg zum Quartier komme ich im östlichen Teil der Stadt an einem Restaurant vorbei, in dem vor allem Kinder und Jugendliche sitzen. Es heißt *Mohito*. Hier bestelle ich mir Tee und Suppe und bin froh, dass mir so nach und nach wieder warm wird, zuerst außen, innen dann auch. Die jungen Männer, die bedienen, sind freundlich und respektvoll. Und das Essen ist gut.

Natürlich hätte ich meinen ersten Besuch in Gändschä vorher durchplanen können, die Historie der Stadt im Vorfeld studieren, mir eine Liste der Sehenswürdigkeiten zusammenstellen und mir letzten Endes einfach einen Taxifahrer nehmen, um diese Liste dann abzufahren. Natürlich hätte ich das alles tun können. Aber ich schätze nun mal Geschichten viel mehr als das Geplante. Und so bekomme ich jetzt auch das, was ich will – meine Geschichte ...

Die Kälte

Zurückgekehrt in das Quartier, sitze ich zwischen den kalten Wänden und trinke einen Tee nach dem anderen. Für den Moment geht es mir gut. Inzwischen wird es 19 Uhr, und von Heizungswärme ist nichts zu spüren. An sich wäre immer noch Zeit, das Quartier zu wechseln. Ich denke nicht daran.

Die Frau des Hauses kommt heim und begrüßt mich in herrischem Ton. Eingehüllt in meine Winterjacke und schon in einer gewissen Winterstarre, erzähle ich ihr dennoch freimütig – von mir, meinen Reisen durch den Kaukasus. Sie winkt kurz ab und versichert: »Wir Aserbaidschaner, wir sind wirklich gute Menschen.« Unvermittelt meint sie: »Es ist noch hell. Man könnte im Park spazieren gehen.« Ich nehme ihre entschiedenen Worte als Einladung: »Ja, sogar sehr gern!« Daraufhin sagt die Frau des Hauses nichts, schaut mich nur schweigend an, fast so wie der Junge am Sowjethotel, entschuldigt sich schließlich, bevor sie aufsteht und den Raum verlässt. Irgendetwas ist seltsam in diesem Haus.

Später schaut sie noch einmal zu mir, um mir eine gute Nacht zu wünschen. Sie klingt müde. Als sie die Tür hinter sich schließt, sehe ich, wie sie den elektrischen Kocher aus der offenen Sommerküche nimmt und nach hinten bringt, in ihr Haus. Bis heute bin ich mir sicher: Sie sind nicht so, sondern so geworden. Und in diesem Geworden-Sein sitze ich nun, in eine Decke eingewickelt, mittendrin. Ich sitze auf dem Sofa vor dem dunklen Fernseher und trinke das letzte Glas Tee etwas schneller, damit es noch ein bisschen wärmt. Draußen ist es mittlerweile dunkel, und selbst das Zimmerthermometer zeigt nur noch wenig über Null. Ich beginne, mich mental zu präparieren: *Manchmal wirkt in der Fremde das Fremde zu stark. Spätestens dann musst du dich einrichten. Du musst versuchen, dich wie zu Hause fühlen. Du musst. Sonst wird es schwer für dich.*

Mein Blick fällt auf Doppelbett. Ein Doppelbett bedeutet auch zwei Federbetten. Also ziehe ich mich zurück, das Notebook dabei, um mir – bedürftig nach Aufmunterung und Ablenkung – die sowjetische Kult-Komödie von 1969 *Der Brillantenarm* anzuschauen. Es ist eine Komödie, gedreht in der Altstadt von Baku, wo es noch heute ein Café mit diesem Namen gibt.

Der Chef eines Schwarzmeer-Syndikats will Juwelen in die Sowjetunion schmuggeln lassen, und zwar durch einen Kurier, konkret – in dessen Gipsverband. Die Verwicklungen im Film ergeben sich rasch, und vor allem aus dem Umstand heraus, dass man zwar weiß, dass dieser Kurier kommen wird, aber keiner sein Aussehen kennt.

Und es funktioniert: Mit der sommerlichen Szenerie und den slapstickartigen Ereignissen und Dialogen wechsle ich auf Zeit aus der realen Wirklichkeit in die Wirklichkeit des Films.

Die Möbel

Kurz vor Mitternacht bin ich müde und aufgewärmt genug. Kaum aber lösche ich das Licht, um zu schlafen, bin ich hellwach und mir sicher: *Hier ist jemand, hier bin ich nicht allein!* Etwas knackt. Das kommt von den Möbeln an der Wand, dem kleinen und dem großen Schrank. Sie *erzählen.* Ich schalte das Licht wieder ein, und sie hören auf zu erzählen. Ich stehe auf, gehe zu den beiden Schränken und prüfe. Aber beide sind leer.

Dreimal geht das so, es wiederholt sich und immer mit demselben Ergebnis: In der Dunkelheit beginnen die Möbel zu erzählen.

Schließlich bleibe ich im Bett sitzen und verbringe die Nacht bei Licht. Die Heizung funktioniert immer noch nicht. Inzwischen friere ich wieder und bin mir sicher, krank zu werden. Aber auch später, als die Heizkörper langsam warm werden, bleibe ich innerlich kalt. Das verstehe ich nicht. Ich warte auf den nächsten Morgen. Für mich ist es beschlossene Sache: Nach dem Frühstück reise ich ab.

Der Sturm

Es ist merkwürdig, und auch das verstehe ich bis heute nicht: Denn kaum fährt am nächsten Morgen der Bus los, geht es mir wieder gut. Vielleicht ist das mit den sprechenden Möbeln ja pure Einbildung gewesen. Vorbei an Salzseen fahren wir, später an Kiefernwäldern und weiten, grünen Ebenen. Trotzdem werde ich das Gefühl nicht los, dass auch mit Gändschä selbst irgendetwas ist. Ich beschließe, mich endlich mit der Stadtgeschichte zu beschäftigen. Der Bus fährt – vorbei an Häusern, Gärten, Dörfern. Die Obstbäume blühen. So geht das über drei Stunden, bis auf der Abscheron-Halbinsel ein heftiger Sturm einsetzt. Der Bus schwankt wie ein Schiff auf hoher See. Links von der Straße weht Wüstensand auf. Draußen biegt und bäumt sich alles. Dagegen liegt rechts der Straße das Kaspische Meer absolut ruhig. Es ist, als würden sich zwei Welten voneinander scheiden.

»FÜR MICH IST DIE REISE BESCHLOSSENE SACHE. ICH WERDE ALLES MIT EIGENEN AUGEN SEHEN.«

EINE
BILDSTRECKE

»Samira ist sehr gläubig«, erzählt Ashurey. »Ich bin es nicht. Wir akzeptieren uns. Deshalb können wir Freundinnen sein.«

Blick auf Baku: Kaum vorzustellen, dass dies noch vor zweihundert Jahren eine Stadt in der Wüste gewesen sein soll.

So erreichen wir den Grünen Wasserfall in Lekit, ein Naturschauspiel.

Die Kuppel der albanischen Kirche in Zaqatala
aus dem 5. Jahrhundert ist grasbewachsen und offen.

Göygöl. Ich bitte Aschik Adil, für mich zu singen.

Natürlich, natürlich, gern.

Gändschä. Die Weite zwischen Nizami-Museum, Denkmal und Memorial gibt mir trotz der Palmen das Gefühl, auf einem anderen Planeten gelandet zu sein.

Die Juma-Moschee in Schamakhi überstand neun der elf Erdbeben unbeschadet, musste aber nach 1856 und 1902 neu aufgebaut werden.

»KEINE SORGE, DENN AUCH DU KOMMST VON UNS. DAS WASSER NIMMT ES MIT. WEINE, SO VIEL DU NUR KANNST. UND DANN SINGE, SO LAUT DU KANNST. LASS UNS DIE KÖPFE SENKEN. LASS UNS MITEINANDER STILL SEIN UND BETEN. LASS UNS LEBEN, DENN WIR SIND AM LEBEN. ES IST WEDER DEINE NOCH MEINE SCHULD. UND DAS IST DAS GEBET.«

Constanze
John

Ob ich nun mit Bus oder Marschrutka unterwegs bin:

Unterwegs gibt es immer eine Pause.

Schlammvulkane im Nationalpark Gobustan.
Ein Phänomen, das an Bruchlinien der Erdkruste auftritt.

Der Kupferschmied Vahid in Lahidsch träumt manchmal Muster: »Wenn ich arbeite, stelle ich mir schon bei der Arbeit vor, wem es vielleicht gefallen könnte.«

Brot wird im *Tendir* gebacken, einem großen zylindrischen, oben enger werdenden Brunnen aus Ton.

Khinaliq ist das höchstgelegene Bergdorf Aserbaidschans.
Heute führt dorthin eine befestigte Straße.

»Der Gast gehört zur Familie«, sagt Rustam.
»Wir fühlen uns unseren Gästen so nah wie Mutter oder Bruder.«

Der Khan-Palast in Scheki: Schon während der Fahrt
zum Palast beginnt Seran zu erzählen. Er erinnert sich gern.

Tag 16

Geschützt und geschätzt

Gegründet 859 von den Arabern, wird Gändschä über die Jahrhunderte hin umkämpft, von Mongolen, Persern, Osmanen, bis zur Eroberung durch russische Truppen Anfang des 19. Jahrhunderts. Im Zuge dessen heißt Gändschä Elisabetpol.

Einige Zeitsprünge weiter wird Gändschä die erste Hauptstadt der am 28. Mai 1918 in Tbilissi gegründeten Demokratischen Republik Aserbaidschan. Später wird Baku Hauptstadt dieser einen Republik, die mit dem Einmarsch der Roten Armee im April 1920 schon endet. Aserbaidschan wird Sowjetrepublik.

Mitte der 1930er-Jahre erfolgt die Umbenennung Gändschäs in *Kirowabad*. Mit dem erneuten Ausbruch des Bergkarabach-Konfliktes kommt es im November 1988 in der Stadt zu einem Pogrom an der armenischen Minderheit.

Sema, eine der jungen Frauen, die ich auf meiner Reise kennenlerne, wurde 1989 in Gändschä geboren. Heute lebt sie in Baku. Und von ihrer Kindheit weiß sie zu erzählen: »Ich bin eine Aserbaidschanerin aus Gändschä. Die Jahre meiner Kindheit waren schwer. Tote lagen auf den Straßen. Es gab kaum zu essen. Um uns Kinder hatte man große Angst: Wir mussten in der Wohnung bleiben. Wir durften nicht in den Kindergarten, aus Sorge, dass uns etwas passiert. Ich kenne keine anderen Kinderzeiten. Ich kann nicht vergleichen. Aber ich bin so froh, so dankbar dafür, wie es heute in unserem Land ist: Ich kann auf die Straße gehen, sogar nachts, ohne die Angst, überfallen zu werden.«

Im Mai ist es fast schon heiß, und ich reise zum zweiten Mal nach Gändschä, diesmal mit dem Zug. Und das, obwohl ich in einem veralteten Reiseführer gelesen hatte, dass die Zugfahrt acht Stunden dauern und durch *langweilige Gegend* führen würde. Ich gehe trotzdem zum Bahnhof, bezahle zehn Manat für das Ticket, umgerechnet fünf Euro, steige anschließend in einen nagelneuen Zug, der über eine erneuerte Bahnstrecke fährt und bereits vier Stunden später Gändschä erreichen wird.

Und die *langweilige Landschaft*? Nach dem Feld der Erdölfördertürme glitzert in der Ferne das Wasser des Kaspischen Meeres samt Bohrinsel. Es folgen die Plattenbauten aus Sowjetzeiten, anschließend Dörfer mit Häuschen, die rot, blau und dunkelgrün gedeckt sind, bis sich, immer weiter entlang des Kaspischen Meeres, wie gehabt, das Areal der Villen, Palmen und übermannshohen Abgrenzungsmauern zieht. Weiter *draußen* dann aber und mit wachsender Entfernung zu Baku wird es ländlich. Dort erstrecken sich grüne Weiden mit Schafherden und immer größere Felder. Ich kann Tabak erkennen, Getreide, Apfelbäume und – das verwundert mich zunächst, da in Aserbaidschan kaum Alkohol getrunken wird – schließlich auch Wein.

Im Cinema Boutique Hotel

In Gändschä miete ich mich diesmal bewusst in einem Hotel ein, im *Cinema Boutique Hotel*. Es liegt unmittelbar an der Fußgängerzone, zugleich unweit der weißen Brücke, die die Gändschä überquert. Dieses kleine Hotel wurde irgendwann in den letzten zehn Jahren eröffnet. Und ich bin mir sicher: Da hat noch keiner der Schränke etwas zum Erzählen. Das Café, das unmittelbar dazugehört und wo ich auch frühstücken werde, heißt *Kolorit* und ist, wie das *Mohito*, ein beliebter Treffpunkt für junge Leute.

Trotz der Mai-Hitze ist der Himmel zugezogen, und wieder nieselt es. Nach wie vor scheint Gändschä nach dem Schatzkammer-Prinzip, zumindest für mich, versperrt und verschlossen zu sein. Sicher gibt es auch hier ein Tourismusinformationszentrum. Ich spreche Passanten an, werde aber nicht fündig. Erneut schlendere ich durch die Stadt, sehe auf der anderen Seite der Straße wieder die Philharmonie stehen, kann aber leider kein Zentrum entdecken. Schließlich gebe ich auf und spreche den erstbesten Taxifahrer an. Ich möchte zum Nizami-Memorial, das außerhalb der Stadt liegt und das ohnehin nur mit dem Taxi zu erreichen ist. Mit der Wahl eines Taxifahrers beginnt sich Gändschä als Schatzkammer für mich zu öffnen.

Nizami

Wenn Mehseti (11./ 12. Jahrhundert) die große Tochter der Stadt ist, dann ist Nizami (12./ 13. Jahrhundert) ihr großer Sohn. Nizami wurde in Gändschä geboren und ist hier auch gestorben. Der Poet schrieb in persischer Sprache und wurde nicht zuletzt durch seine großen Versepen berühmt, unter anderem *Leila und Madschnun*.

Nizami galt als Günstling des herrschenden Seldschukenfürsten. Über sein Leben ist wenig bekannt. Wobei als relativ sicher gilt, dass er recht früh seinen Vater verloren hatte, von einem

Onkel mütterlicherseits aufgezogen wurde und – abgesehen von der Literatur – ebenso in der Mathematik bewandert war, in der Astronomie, Philosophie, Medizin, Musik, Rechtsprechung ... Seine Schüler gaben ihm den Beinamen *Hakim – Weiser, Arzt*.

Inzwischen haben wir die Stadt in Richtung des Nizami-Memorials verlassen. Wir kommen an einem großen Aluminiumwerk vorbei, das seit 2009 stillgelegt ist, jetzt aber wieder in Betrieb gehen soll. Und während wir so fahren, habe ich mit *Leila und Madschnun* auch gleich Eric Claptons Rock-Song passend im Ohr, *Leila: Leila, du hast mich auf die Knie gezwungen / Leila, ich flehe dich an ...*

Leila und Madschnun ist *die* berühmte orientalische Liebesgeschichte aus dem 7. Jahrhundert, die in unzähligen Formen, Sprachen und Versionen adaptiert worden ist. Ihr Ursprung ist arabisch. In Rudolf Gelpkes Übertragung aus dem Persischen, in Form einer Erzählung, ist da von Qais, dem Liebenden, zu lesen: *Er streifte im Gebirge umher und sang dazu seine Gaselen. Und seltsam! War Madschnun auch verrückt, so waren es doch nicht seine Verse. (...)* (16)

Angekommen, gibt mir die Weite des Platzes zwischen Nizami-Museum, Denkmal und Memorial trotz der Palmen das Gefühl, auf einem anderen Planeten gelandet zu sein. Das Memorial, dem Museum genau gegenüber, ist aus dunklem, englischrotem Marmor gesetzt und wirkt wie eine schlichte Raumkapsel. Hier befindet sich in der inneren Tiefe die in Weiß gehaltene Grabstätte, Weiß als die Farbe der Trauer. An das Memorial schließt sich ein Figurenpark an, mit einzelnen Gestalten aus Nizamis Versepen, natürlich auch mit *Leila und Madschnun*.

Die Schatzkammer der Geheimnisse ist Nizamis erstes großes Werk. Auf dem Weg zurück nach Gändschä blättere ich in den Kopien, die ich mir auf meine Reise mitgenommen habe. Allein mit dem Verstand zu verstehen ist da wenig, schließlich ist die verwendete Metaphorik reich und tief, zudem in einem uns unbekannten Kanon.

Im Kapitel *Die Seinsdinge* lese ich, dass Nizami Gott auch als eine Art Puppenspieler sieht, vielleicht im Schattentheater, verborgen hinter einem Vorhang, auf dem die Puppen befestigt sind. Und der Vertraute dieses Puppenspielers sei – *das Auge des Herzens.* (17)

Zurück im Cinema Boutique Hotel erreicht mich eine Nachricht von Mehbara, der jungen Kunsthistorikerin, die aus Gändschä stammt: »Kennen Sie schon Murad? Sie sollten sich kennenlernen. Murad hat einen *Art Garden* in Gändschä angelegt.«

Tag

17

Gemauert und begrünt

I*ch weiß nicht, woran du glaubst. Ich weiß nicht einmal, was ich selbst glaube. Aber ich möchte glauben, dass das Universum nicht grausam ist. Wenn wir hinter die Kulissen des Lebens schauen, werden wir wahrscheinlich alles finden, was wir verloren haben.* (18)

Das schreibt Aysel Abbasova, die aus Gändschä kommt, vierundzwanzig Jahre alt ist und die ich heute kennenlernen werde. Denn heute wird sich die Stadt weiter für mich öffnen. Und ich werde erfahren, dass jeder, den ich in Gändschä bisher nach dem *Zentrum* fragte, mir durchaus nichts Falsches gesagt hat. Denn dieses Zentrum ist immer *nah* gewesen. Ich hätte von dieser Fußgängerzone aus, durch die ich erstmals mit Mehseti ging, nur ein einziges Mal die Unterführung hinüber zur Philharmonie nehmen müssen und schon hätte ich die ersten *Schätze* der Stadt auch gesehen – die Schah-Abbas-Moschee, das Hammam und, einige Straßenzüge weiter, die Aleksander-Newski-Kirche. Was die ganze Zeit aber als Kulissen des heutigen Lebens zwischen mir und alledem gestanden hat, war und ist die *Gändschä Mall*, ein modernes, überdimensioniertes Einkaufszentrum.

Murads Garten

Murad Nabiyev, ein Mann von Mitte dreißig, geboren in Gändschä, wuchs in Großbritannien auf und wohnt heute in London und Gändschä zugleich. Den Weg zu seinem *Art Garden* beschreibt er kurz und gut. Auch dieser Ort befindet sich unweit des Zentrums, genauer gesagt: links davon, wird aber durch kein Einkaufszentrum verstellt.

Kaum betrete ich Murads Garten, spüre ich von allen Seiten Blicke; aber kein einziger dieser Blicke verunsichert mich. Ich spüre Offenheit, eine schöne Neugierde sowie Freude auf Neues. Zwei junge Frauen sitzen auf einer Gartenbank, erzählen und lächeln, als sie mich kommen sehen. Ein großer, kahlköpfiger und bärtiger Mann, auch er noch keine vierzig, kommt direkt auf mich zu, lächelt, reicht mir die Hand und sagt auf Englisch: »Willkommen. Möchten Sie etwas trinken?« Er verweist auf die Luke in der Hauswand, die Durchreiche zur Bar.

Murad, zunächst im Bildschirm seines Laptops vertieft, wechselt, kaum dass er mich bemerkt hat, von der virtuellen in die reale Welt, steht auf, kommt auf mich zu. Von denen, die hier in der Runde sitzen, bin ich deutlich die Älteste. Aber das scheint keine Rolle zu spielen. Murads Blick ist wach, klar und fröhlich. Und sein dunkles, halblanges Haar trägt auch er im Nacken – nach Schamanenart – gebunden.

Zuerst zeigt er mir das Haus, das wiederum Zentrum des *Art Garden* ist. Vor sechs Monaten hat er mit seinen Freunden begonnen, es auszubauen und zu gestalten. Nun ist es fertig, soweit so ein Projekt jemals fertig werden kann. Es bleibt in Bewegung. Denn das Gesamtprojekt *Art Garden* ist kosmopolitisch angelegt und wirkt auf mich, kulturell gesehen und auch von der Einrichtung her, sowohl orientalisch als auch europäisch. »Unsere Räume stehen offen«, sagt Murad.

Viel Zeit hat er heute nicht, denn am Nachmittag findet im Haus ein Wettbewerb für Kurzgeschichten statt. Wenigstens einen Teil des Stadtzentrums aber möchte er mir als dem Gast zeigen. Wir ziehen los. Murad schlendert und erzählt, als hätte er zwar nur diesen einen Moment Zeit für mich, in diesem einen Moment aber alle Zeit der Welt.

Dieser eine Moment Zeit

... *Was machte sie hier? Tatsächlich suchte sie nach der Antwort, konnte aber keine Antwort finden. Deshalb wünschte sie sich manchmal, sie könnte etwas tun, das außerhalb ihrer Vorstellungskraft lag: Sie wollte die Lichtgeschwindigkeit passieren und die Realitäten aller Aspekte des Universums sehen.* (18)

»Wie bist du darauf gekommen, hier in Gändschä einen Kunst-Garten anzulegen?«

Und Murad erzählt: »Ich bin in Gändschä geboren. Die ersten Jahre meines Lebens habe ich hier verbracht. Damals war es sehr schwer in Aserbaidschan. Und als meine Eltern die Möglichkeit hatten, mit uns Kindern nach Großbritannien zu gehen, nach London, haben sie diese Chance genutzt. Vor wenigen Jahren bin ich zurückgekommen. Zuerst lebte ich in Baku und sah, wie vieles sich entwickelt hatte. Und ich sah, wie auch bei uns jetzt alternative Projekte möglich werden. In Baku gibt es eine ganze Reihe von Leuten, die etwas kreieren. – Ja, ein wenig Kunst mache ich auch. Vor allem aber bin ich so etwas wie ein Projektmanager. Und als solcher wollte ich langsam etwas Eigenes auf die Beine stellen. In Baku wäre das für mich zu teuer gewesen. Da sagte ich mir:

Du bist in Gändschä geboren. Warum gehst du nicht einfach nach Gändschä und baust dort etwas auf? Dort kennst du die Leute ... Und so habe ich vor sechs Monaten diese Räume hier angemietet. Im *Art Garden* treffen wir uns, helfen wir uns, machen wir Musik, tanzen ... Es gibt Kurse in Kunst oder in Englisch. Und alles ist kostenlos.«

So erreichen wir einen der neueren *Schätze* dieser Stadt – ein Haus, ganz aus Flaschen gebaut. Das Flaschenhaus wirkt skurril. Während der Grundstock desselben noch klassisch aus roten Backsteinen gesetzt ist, besteht alles andere aus Flaschen. Ich kann kyrillische Schriftzeichen erkennen. Und auch an roten Sowjetsternen fehlt es nicht.

»Ja«, erzählt Murad, während wir weitergehen. »Einmal, noch ganz am Anfang, saß ich im *Art Garden,* und zwar in diesem Zimmer mit dem großen, blauen Mandala an der Wand. Nach den ersten Renovierungsarbeiten fühlte ich mich plötzlich so müde. Ich saß also da und schaute aus dem Fenster – hinüber auf die rote Ziegelsteinmauer und erinnerte mich an die Hände, die in früheren Zeiten diese Mauer gebaut hatten, eine Mauer, die noch heute existiert. Und erst in diesem Moment bemerkte ich den mächtigen Granatapfelbaum hinter der Mauer. Die Granatäpfel hingen an den Zweigen, direkt über die Mauer hinweg. Ich ging hinaus in den Garten und habe mir einen dieser Granatäpfel gepflückt. Das alles gab mir neue Energie, genau *die* Energie, die ich in diesem Augenblick gebraucht hatte.«

Inzwischen haben wir den Khan Bagy Park erreicht. Dieser Park ist Kleinod und Mysterium zugleich. Denn kaum betreten wir den Park, gelegen an einer mehrspurigen, dicht befahrenen Hauptverkehrsstraße, wird es still und sind inmitten der alten, hohen Bäume nur noch die Vögel zu hören. Sofort sind wir in einer anderen Welt.

Zur Entstehung dieses Parks gibt es mehrere Geschichten. Und es bleibt unklar, wer nun tatsächlich für diese Sammlung auserlesener Bäume gesorgt hat – Jawad Khan oder der damalige russische Statthalter Woronzow oder ...?

Im Park gibt es nicht nur Bänke, Wasserbassins, eine Freiluftbühne, sondern auch einen Plastikflaschen-Sammelbehälter, in Form einer Riesenflasche, hergestellt aus metallischem Gitterwerk: »Auch das ist eine Aktion von uns. Wir müssen unbedingt etwas für den Umweltschutz tun und beginnen mit der Mülltrennung. Du siehst es ja selbst: Die Leute machen mit.« Tatsächlich ist der Gitterbehälter schon fast bis zur Hälfte mit Plastikflaschen gefüllt.

Im Park gibt es auch eine Chaykhana. Im Vorübergehen berichtet Murad jetzt von einer, wie er es nennt, *kleinen Revolution*. »Weil«, meint er und lächelt, »der Park ist ja für alle da – für Männer wie für Frauen und Kinder. Zuerst saßen in diesem Teehaus nur die Männer. Also gingen wir vom Art Garden immer mal, so als gemischte Gruppe, hinein und tranken Tee. Heutzutage sehe ich manchmal schon einzelne Frauen dort sitzen, und zwar Frauen, die nicht von uns sind. – So, Constanze. Und jetzt geht es über einen geheimen Weg. Mein Vater hat ihn mir gezeigt.«

Murad geht voraus. Wir überqueren ein Stück Brachland, biegen in eine schmale Gasse ein und erreichen einen grünen Hof. Sowohl links als auch rechts dieses Hofes befindet sich jeweils eine uralte, gut besuchte Chaykhana. Durch die Scheiben ist zu sehen, wie die Männer beieinandersitzen und Tee trinken. Alles wirkt friedlich und gewachsen, sodass ich das Gefühl habe: »Hier braucht man vielleicht keine Revolution.« Murad stimmt sofort zu: »Genau. Jeder Mensch braucht seinen Raum.«

Als wir am Ende des geheimen Weges einen Mauerdurchbruch erreichen, begegnen wir einer kleinen, untersetzten Frau. Sie kommt von der anderen Seite der Mauer, bleibt überrascht vor uns stehen und fragt Murad auf Russisch: »Ist das deine Frau?« Murad verneint freundlich.

»Ist das deine Mutter?« Murad verneint wieder und erzählt ihr etwas, nun auf Aserbaidschanisch, was ich aber nicht verstehe. Schließlich schaut sie uns beide wieder so an und meint:

»Darf ich euch zu mir nach Hause einladen?« Ich nehme sie wortlos in den Arm: Ich weiß, dass wir die Zeit dazu gar nicht haben, da der Kurzgeschichtenwettbewerb im *Art Garden* bereits in einer Stunde beginnt. Und ich habe beschlossen, mit dabei zu sein.

Der Kurzgeschichtenwettbewerb

Zurück im Tagungsraum, kommt zielstrebig ein junger Mann auf mich zu und erzählt, dass auch er schreibt. »Wunderbar«, sage ich. »Ein Kollege. Haben Sie schon veröffentlicht?« – »Nein, nur in Aserbaidschan.« – »Aber dann haben Sie doch veröffentlicht.« – »Ich habe jetzt keine Zeit«, beendet er abrupt das Gespräch. »Ich muss noch meine Geschichte für den Wettbewerb beenden.« Ich wünsche ihm Glück und suche mir einen Platz in der letzten Reihe. Alles wird auf Aserbaidschanisch sein.

Neben mir, auf dem kleinen Tisch in der Ecke, liegt ein Buch. Es ist von Stefan Zweig: *Die Schachnovelle*. Und schaue ich über Tisch und Buch hinweg, sehe ich hinter der Ziegelsteinmauer diesen Granatapfelbaum.

Rasch füllt sich der Raum. Immer mehr Stühle werden herangeholt. Das Zepter des Wettbewerbs liegt bei einem jungen Mann und einem jungen Mädchen. Beide wirken wie Studenten, stehen vorn am Podium und eröffnen schließlich den Abend. Sie sind es, die auch das Vorlesen der eingereichten Kurzgeschichten übernehmen; zuweilen lesen der Autor bzw. die Autorin selbst. Im Raum baut sich schnell eine wache, interessierte Atmosphäre auf. Der junge Mann von vorhin hat es noch geschafft, seine Geschichte fertigzustellen. Gerade als er sie vorliest, betritt jemand von hinten den Raum und setzt sich neben mich.

Das nun ist Aysel Abbasova. Ohne jede Scheu beugt sich die junge Frau vor zu mir, um interessiert zu fragen: »Wer sind Sie? Woher kommen Sie? Und warum sind Sie hier?« Auch Aysel hat zum Wettbewerb eingereicht. Als sie an der Reihe ist, geht sie nach vorn, in hellgrauer Bluse, schwarzer Hose, weißen Schuhen, und liest. Ihre Stimme klingt jung und weise zugleich. Inhaltlich verstehe ich nichts, aber der Ton gefällt mir. Und Aysel gewinnt.

Gern möchte ich mehr von ihr erfahren: Wer ist sie? Was treibt sie an?

Zurück im Khan Bagy Park

Aysel mag den Khan Bagy Park sehr und ich inzwischen ja auch. Nachdem wir auf einer der Bänke zur Ruhe gekommen sind, beginnt Aysel auf meine Nachfragen hin zu erzählen: »Ja, ich lebe in Gändschä. Und ich bin verliebt in das Schreiben. Heute habe ich sogar zweimal gewonnen – diesen Wettbewerb und dann, dass wir jetzt hier zusammensitzen und uns miteinander bekannt machen. Die meisten von meinen Geschichten handeln von Menschen, die ich im Leben wirklich einmal gesehen oder getroffen habe. Ich lasse mich von ihnen inspirieren. – Meine Wettbewerbsgeschichte spielt in Baku und handelt von einer alten Frau, die Bus fährt. Auch ich fahre in diesem Bus, gemeinsam mit meiner Kollegin. Der Bus ist voll, und wir müssen stehen. Die alte Frau steht in der Nähe der Tür. Sie weint lautlos. Als ihr jemand einen Sitzplatz freimacht, setzt sie sich und weint immer weiter. Also fragen wir: *Warum weinen Sie?* Und sie antwortet: *Mein Herz tut mir weh*. Und sie erzählt von dem Viertel, in dem sie aussteigen muss. Die Leute sagen: *Aber dort sind wir schon gewesen!* Jetzt bekommt die alte Frau Panik, geht zum Fahrer und ruft: *Halten Sie an! Ich muss aussteigen!* Der Bus stoppt, sie steigt aus. Draußen schaut sie sich um. Sie weiß nicht, wo sie gerade ist. Sie hat die Kontrolle verloren. Der Bus fährt weiter und wir mit. Es ging alles so schnell, dass keiner von uns mit ausgestiegen ist, um ihr zu helfen. Ich wollte aussteigen, aber da ich mit meiner Kollegin unterwegs war, musste ich mich erst mit ihr besprechen. Meine Kollegin meinte sofort: *Wenn du zu ihr zurückgehst, komme ich mit.* – Ja, ich möchte Schriftstellerin werden.«

»Aber vielleicht bist du das schon?«, gebe ich zu bedenken. Aysel schaut mich überrascht von der Seite an. Sie sieht, wie ernst ich es meine, und sagt leise: »Vielleicht.« Dieses, ihr *Vielleicht* klingt noch lange in mir nach, auch als ich später weiter in ihren Texten lese:

Sie war müde von falschen Vorstellungen. Sie musste die Wahrheit finden und wusste nicht, wonach sie suchen sollte. Aber sie musste sie immer noch finden, die Wahrheit. Das war alles, was sie wusste. Sie hob den Kopf und sah das hellgelbe Licht.

»Wenigstens du betrügst mich nicht.«

Und ich sagte zu meinem Glaubenslicht: »Eines Tages …« (18)

Später werde ich Ashurey von Aysel und der Tiefe ihrer Texte erzählen. Ashurey beeindruckt das wenig. Sie meint: »Bei uns gibt es viele solcher jungen Leute. Sie haben alte Seelen. Wir lernen hier sehr früh, das Leben zu analysieren. Und wir lieben Märchen. Ich denke, es hat auch damit zu tun, dass bei uns vor langer Zeit die Araber herrschten. Die Araber lieben Märchen. Und nun ist diese Liebe auch in unseren Genen.«

Tag

18

Erloschen und stark

Gülbani

Mein Zentrum von Gändschä ist Murads Garten. Auch Gülbani Aliyeva, Kunstlehrerin in einem der umliegenden Dörfer, trifft sich hier mit einer Freundin. Kaum sieht sie mich, bittet sie mich an ihren Tisch.

»Ich mag Ausländer«, sagt sie. »Und im *Art Garden* bleibt sowieso keiner allein.«

Gülbani wurde im September 1993 geboren, während der gesellschaftlichen Umwälzungen, mitten hinein in die schwere Zeit; genau wie Sema und Murad.

Ashurey verwendet ja für ihre Generation immer wieder den Begriff der *verlorenen Generation*. Wobei mir, als einer Außenstehenden, gerade diese Generation, auch mit Mehbara und Ulviya, als ausgesprochen stark und hoffnungsbringend erscheint.

Gülbani trägt ihr blondes Haar leicht gekräuselt, und mit ihren großen Augen schaut sie unternehmungslustig wie ein Kind hinaus in die Welt. Sie malt. Eines ihrer Bilder zeigt tatsächlich ein Kind, das in einer klaren Sternennacht auf einer weiten Wiese steht, im Hintergrund ein ruhender Vulkan. Dieses Kind hält einen großen, weißen Planeten in seinen Händen, wie einen Ball. Es umarmt ihn und lehnt seinen Kopf bei ihm an – liebevoll, vertrauensvoll. Die Wiese selbst liegt voller Sterne und Planeten in allen möglichen Farben; der große, weiße Planet ist einer von vielen anderen.

»Meine Großmutter ist Deutsche«, offenbart mir Gülbani sofort. »Als Kind hat sie sogar noch ein bisschen Deutsch gesprochen; heute aber nicht mehr, alles ist vergessen. – Bitte, besuchen Sie uns. Bis jetzt hat meine Großmutter nur eine einzige Deutsche gekannt – und das war ihre Mutter. Ich denke, sie wird sich freuen, jetzt *noch* eine Deutsche kennenzulernen. Passt es heute Abend?«

Der erste Ausflug nach Helenendorf

Wir verabreden uns für sechs Uhr am Abend, denn dann werde ich aus Göygöl, dem einstigen Helenendorf, zurück sein. Murad hat die Fahrt dorthin schon organisiert. Gerade stehen wir am Wagen, und er sagt zu mir: »In Göygöl rufen Sie dann den Direktor des Museums an. Der Fahrer hat die Telefonnummer und weiß Bescheid.«

Mein Fahrer ist ein stiller, schlanker älterer Mensch. Obwohl er sehr förmlich wirkt, trägt er keinen Anzug, unter der schwarzen Strickjacke aber ein schneeweißes Hemd.

Die Autofahrt über dreizehn Kilometer dauert keine zwanzig Minuten. Die Strecke ist ausgebaut. Auch in Göygöl selbst sind die breiten Straßen neu asphaltiert, die Häuser renoviert samt ihrer großen Holzterrassen und -balkons.

Kaum angekommen in Göygöl, ruft der Fahrer den Museumsdirektor an. Inzwischen lese ich auf einer Informationstafel, angebracht an dem Haus, an dem wir parken: *Ashik Shemshir*. Sofort bin ich hellwach. Denn ich weiß von den fahrenden Sängern, die je nach Region verschieden genannt werden – Ashik, Ashugh, Aschuge – und hier, in den Ländern des Kaukasus, Sänger und gleichermaßen Poeten sind, Philosophen, ja teilweise sogar noch Schamanen.

Nach dem Russisch-Persischen Krieg wurden mit dem Frieden von Gulistan 1813 die Khanate nördlich des Flusses Aras russische Provinz. Das betraf auch das Khanat Gändschä. In der Folge dessen war man interessiert daran, in diesen vornehmlich muslimisch bewohnten Regionen nun auch Christen anzusiedeln. Der russische Zar Alexander I., Sohn der württembergischen Prinzessin Sophie Dorothee, wusste wiederum um die Situation seiner württembergischen Landsleute nach Missernten, Hunger, Armut, Verteuerung sowie nach religiösen Unruhen. Also machte Zar Alexander I. den Deutschen konkrete Angebote im Falle einer Auswanderung bzw. Ansiedlung. Und dies waren zuallererst vererbbarer Landbesitz, Religions-, Staatssteuer- und Militärfreiheit. Die ersten Schwaben machten sich 1816 auf ihren jahrelangen, entbehrungsreichen Weg, beginnend in Booten, den sogenannten Ulmer Schachteln, mit denen sie über die Flüsse quer durch Europa bis nach Odessa kamen; von dort aus ging es weiter auf dem Landweg, nördlich am Schwarzen Meer vorbei.

Ganze drei Jahre später erreichten die Ersten den Kaukasus und eine Gruppe von ihnen wiederum Aserbaidschan, wo ihnen im Gouvernement Elisabetpol ein Ort unweit vom späteren Gändschä zur Ansiedlung zugewiesen wurde. Hundertfünfzig schwäbische Familien gründeten 1819 schließlich Helenendorf als die erste deutsche Ansiedlung in ganz Aserbaidschan. Weitere Siedlungen kamen dazu. Aber Helenendorf, später umbenannt in

Elenino, dann Chanlar und heute Göygöl, sollte immer die größte der deutschen Siedlungen in Aserbaidschan bleiben.

Der Anfang war schwer. Die Siedler waren erschöpft vom entbehrungsreichen Weg und die klimatischen Verhältnisse vor Ort ungewohnt. Aber die Schwaben hatten sich für diesen Weg entschieden. Diszipliniert und vorausschauend bauten sie ihre Häuser und legten Gärten und Felder an. Aber schon zehn Jahre später – im Zuge des nächsten Russisch-Persischen Krieges, der völligen Zerstörung Helenendorfs am 28. Juli 1826 sowie durch Pest und Cholera – wurde die Situation für die Siedler katastrophal. Und all das in Zeiten ohne Strom, ohne Wasserleitung und natürlich ohne Telefon.

Strom, Wasserleitung und Telefon gab es in Helenendorf erst am Anfang des 20. Jahrhunderts, was wiederum für aserbaidschanische Verhältnisse sehr früh war. Während die deutschen Siedler die schweren Zeiten überstanden, bewahrten sie zugleich die Muster heimischer Administration mit Dorfschulzen, Gemeinderat, Dorfgericht sowie Gemeindeversammlung. (19)

Fikrät und Viktor

Ein älterer Herr kommt auf uns zu. Er ist sonntäglich gekleidet – in blaugrauem Anzug, mit blau gestreiftem Schlips und weißem Hemd. Wie mein Fahrer trägt auch er auf dem Kopf eine Schiebermütze, nur ist die seine weiß. Wir machen uns miteinander bekannt: »Fikrät«, sagt er und reicht mir in europäischer Mannesart die Hand. Später erfahre ich, dass Fikrät Ismayilov Architekt ist und acht Jahre lang auch in Deutschland gearbeitet hat.

»Und Sie sind der Direktor des Museums von Göygöl?« Fikrät lacht wohlwollend auf, sichtlich erfreut, bevor er verrät: »Es gibt noch gar kein richtiges Museum, abgesehen von der Ausstellung in der Kirche. Aber vielleicht kommt ein Museum in das Haus von Viktor Klein, dem letzten deutschen Einwohner Göygöls. Viktor war mein Freund. Und hier ist sein Haus.«

Viktor Klein (1935–2007) wurde geboren als Sohn von Lilli und Pawel. Da Viktors Vater polnischer Herkunft war, ein Arzt, entging der Sohn 1941 der Deportation und konnte in Helenendorf bleiben.

»Möchten Sie dieses Haus einmal von innen sehen?« In Fikräts dunklen Augen funkelt der Schalk. Daraufhin frage ich, gespielt ernst: »Vielleicht kennen Sie ja jemanden, der den Schlüssel hat?« Fikrät lacht zufrieden, holt wortlos einen großen altertümlichen Schlüssel aus der Tasche und öffnet uns die Tür. Mein Fahrer kommt immer mit. Er gehört dazu.

Hier hat Viktor Klein also gewohnt. Wir gehen durch das Wohnzimmer, das Schlafzimmer, die Küche, auch Keller und Speicher werden gezeigt. Alles ist schon für das zukünftige Museum mit Inventarnummern versehen, sogar die Turnerringe.

In den meisten Häusern der Deutschen gab es ein Klavier, ein Harmonium oder eine Zither. Später sehe ich in einem dokumentarischen Kurzfilm, kommentiert in russischer Sprache, Viktor Klein an seinem Klavier sitzen, darauf spielen und dazu, dies wiederum in deutscher Sprache, *O Tannenbaum* singen. (20)

Am Schluss unseres Rundganges bewundern wir noch den alten Morseapparat im Vorraum. Danach wird alles sorgfältig verschlossen – die Fenster und auch die Tür.

Die evangelische Kirche St. Johannis fungiert seit zehn Jahren als Museum und Konzertsaal. Noch bis 1937 blieb die Kirche als solche – selbst zu Sowjetzeiten – aktiv. Dann wurde der Pfarrer verhaftet, die Kirchenglocken wurden abgenommen, der Altar zerstört, die Orgel demontiert. Fortan diente die Kirche als Turnhalle und während des Zweiten Weltkrieges als Hospital.

Ich schaue auf die Uhr, schließlich bin ich mit einem Taxi unterwegs. Erst mit der Zeit werde ich begreifen, dass in

Aserbaidschan ein guter Taxifahrer immer Teil der Geschichte wird. Und kaum ist er Teil der Geschichte geworden, Arbeit und Leben werden eins, läuft auch sein *Taxameter* anders. Zugleich beginne ich langsam, mit Blick auf die Uhr, an Gülbanis deutsche Großmutter zu denken, an unsere abendliche Verabredung. Einerseits möchte ich sie nicht warten lassen, andererseits Fikrät als Freund der Deutschen nicht enttäuschen. Und schon morgen fahre ich nach Baku zurück.

Also signalisiere ich vorsichtig: »Ich muss dann bald los.« Fikrät lächelt vielsagend und lädt mich *nur noch* auf einen *kleinen Kaffee* bei sich zu Hause ein. Ich weiß: Das kann ich nicht abschlagen, und das möchte ich auch nicht. Dieses *Käffchen* entwickelt sich in der Folge zu einer ausführlichen Führung durch Haus und Garten, dabei ist der Garten nicht allein schön, mit seinen gepflegten Beeten und schattigen Plätzen, sondern auch groß, und das Haus hat wirklich viele Zimmer, von denen Fikrät jedes ausführlich gewürdigt wissen möchte. Fikräts Frau sieht es lächelnd mit an und sagt, als ich schließlich die Küche erreiche: »Jeden Tag ist er zu Viktor gegangen, jeden Tag. Immer hat er ihn gefragt: *Brauchst du noch etwas?* So viel wie für Viktor hat Fikrät für keinen anderen Menschen getan. *Zuerst muss ich zu Viktor*, hat er immer gesagt, wenn er von der Arbeit kam.«

Zunehmend fühle ich mich zwischen den Stühlen; ich kenne mich einfach in der hiesigen Kultur noch nicht aus. Fikrät sieht mir meine Unsicherheit an und sagt: »Für Helenendorf brauchen Sie Zeit. Schnell hierhin, schnell dahin und schnell wieder weg. So leben Sie in Europa. Bleiben Sie doch wenigstens eine Nacht.« Er hat recht.

Als wir uns schließlich auf den Rückweg nach Gändschä begeben, kommt Fikrät mit. Aber kurz vor dem Ortsausgang Göygöl, biegt der Fahrer nach links auf den Friedhof ab. Auf der einen Seite des Friedhofs liegen die Verstorbenen der Aserbaidschaner und auf der anderen die der Deutschen. Im

Angesicht der Verstorbenen gebe ich endlich auf. Fikrät kann das natürlich nicht wissen, und so initiiert er mich streng: »Das hier müssen Sie noch sehen. Sie müssen. Und um es sich anzusehen, brauchen Sie noch einmal Zeit.«

Der Friedhof der Deutschen ist umzäunt. Am Tor zieht Fikrät demonstrativ einen kleinen Schlüssel aus der Tasche und sagt, jetzt schon wieder der Alte: »Es gibt nur einen einzigen Schlüssel. Und den besitze ich. Die Deutschen haben mir diesen Schlüssel anvertraut. Und nun hüte ich ihn. Alles, was die Deutschen hiergelassen haben, das hüte ich.«

Dann öffnet er das Tor, und wir kommen auf direktem Weg zum Denkmal der Kriegsgefangenen des Zweiten Weltkrieges, Kriegsgefangenenlager Chanlar II, 1944–1947. Dahinter, auf dem alten Helenendorfer Friedhof, stehen einige der halb verwitterten Grabsteine krumm und schief. Am äußersten Rand des Areals gibt es hingegen eine einzelne, auffällig neue Grabstelle. Es ist ein Grab – eingefasst mit hellgrauem Marmor und besetzt mit einem großen Stein und christlichem Kreuz. Es ist das Grab von Viktor Klein.

Fikrät geht voraus. Und als auch der Fahrer und ich die Grabstelle erreichen, steht Fikrät schon schweigend da, mit gesenktem Kopf; und seine Hand ruht auf dem Stein wie auf einer Schulter. Fikrät schaut wie ins Nichts. Als er jetzt zu sprechen beginnt, spricht er leise vor sich hin, ohne jede Pause und Betonung. Obwohl er Russisch spricht, verstehe ich – ähnlich wie beim schamanischen Raunen – so gut wie kein einziges Wort. Schließlich taucht er wieder auf aus seiner Versenkung und erklärt: »Das Grab ist genauso, wie Viktor es haben wollte. Und so habe ich es auch gemacht.« Wir halten inne. Wir schweigen.

Als wir uns später an der Hauptstraße voneinander verabschieden, sagt Fikrät mit belegter Stimme: »Ich werde Sie nie vergessen. Vielleicht werden Sie mich ja vergessen. Aber ich Sie – nie.«

Der Fahrer hört es und lächelt respektvoll.

Umso heftiger berührt mich, dass der hochbetagte Fikrät von hier aus nun zu Fuß nach Hause gehen möchte, knapp zwei Kilometer.

»Wir fahren Sie«, entscheide ich.

»Wir fahren Sie!«, entscheidet auch der Fahrer.

Fikrät aber hat längst selbst entschieden: »Ich laufe. Ich möchte nicht, dass Sie sich wegen mir noch mehr verspäten.« Zum Abschied küssen wir uns auf die Wangen und legen jeweils die Hand aufs Herz.

Gülbanis deutsche Großmutter

Ich verspäte mich um gerade mal eine halbe Stunde. Ich muss in eine Zeitschleuse geraten sein, anders ist das nicht zu erklären. Und bei Gülbanis Familie angekommen, brauche ich auch gar nichts erklären. Keiner fragt nach. Es ist, als käme ich genau richtig.

Die Familie wohnt im Zentrum von Gändschä, mit Blick auf die Aleksander-Newski-Kirche, in einem Alt-Neubau aus dem Jahr 1963. Gülbani weiß es genau. Dabei wohnen sie selbst erst seit Mitte der 1990er-Jahre im Haus. Ihre Wohnung befindet sich in der fünften und damit obersten Etage. Einen Fahrstuhl gibt es nicht.

Als ich schließlich die Wohnung betrete, hat sich die Familie schon im größten Raum, im Wohnzimmer, versammelt und sitzt rund um den ovalen Tisch aus dunklem, lasiertem Holz – Gülbani, ihre Eltern Ilaha und Turqay, der Bruder und dessen Verlobte, dazu die Frau von Gülbanis Onkel, wiederum deren Tochter, und vor allem – Amalya, die deutsche Großmutter.

Nur an der Stirnseite des Tisches ist noch ein Platz frei. Kaum habe ich meinen Platz eingenommen, schaue ich in die Runde. Da sind Freude und Offenheit, *bunte Sterne* und *farbige Planeten*, genau wie in Gülbanis Bild. Ich trage Verantwortung. Während ich das Notizbuch aus der Tasche ziehe, fällt mein Blick auch auf die weiße Zimmerdecke über uns, an der zwei raumgreifende hellblaue Buta-Ornamente aufgebracht sind – zueinander ins Verhältnis gesetzt wie Jin und Jang.

Vor allem Gülbani und ihr Bruder erzählen von dem, was sie wissen; die anderen hören zu; auch Amalya hört zu und schiebt mir immer mal wieder eines der Schälchen zu – mal das mit dem Konfekt, mal das mit den Trockenfrüchten. Meinerseits versuche ich, alles Gesagte aufzunehmen und so gut als möglich auch faktisch zu verstehen. Aber wie in zwei Stunden ein ganzes Leben erfassen? Ab und an notiere ich etwas. Manchmal gehen die Geschichten allerdings, so wie jeder Einzelne sie erzählt, weit auseinander, und manchmal bin ich mir nicht sicher, ob ich es richtig verstanden habe. Schließlich sprechen wir allesamt in Fremdsprachen miteinander – ein bisschen Russisch, ein bisschen Englisch, kein bisschen Aserbaidschanisch und auch kein Deutsch. Die Großmutter lächelt nicht, wirkt aber erfüllt und wach. Und während wir zunächst vor allem Russisch miteinander gesprochen haben, unterbricht uns Amalya schließlich und bittet uns um die englische Sprache, die sie selbst eigentlich gar nicht versteht. Gülbani erklärt es mir: »Englisch und Deutsch sind sich sehr ähnlich.«

Großmutter Amalya wurde 1941 geboren, mitten im Krieg. Ihre Eltern – Manya, eine Deutsche, und Ali, ein Aserbaidschaner – flohen mit dem Kind von Wolgograd bzw. Stalingrad in Richtung Aserbaidschan: Sie hatten von Helenendorf erfahren und davon, dass dort auch nach der großen Deportation von 1941 noch immer einige Deutsche leben. Das waren vor allem Frauen mit kaukasischen oder russischen Ehemännern, oder, wie bei Viktor Klein, mit nicht deutschen Vorfahren.

Amalya ist also Gülbanis Großmutter, der Großvater hieß Razim.

»Bevor Großvater Razim starb«, erzählt Gülbani und hält jetzt ihr Kinderbild in der Hand, »wurde ich geboren. Das war am 25. September 1993. Und sie haben mir erzählt, dass Großvater mich, als er mich zum ersten Mal sah, sehr, sehr lange angeschaut habe. Und nach vierzig Tagen ist er dann gestorben.«

Gülbanis Urgroßvater wiederum, Amalyas Vater, Ali, war ein Aserbaidschaner aus dem Iran. Einmal, gerade als er in seiner Heimat war, wurde die iranisch-aserbaidschanische Grenze geschlossen und er kam nicht zurück zu seiner Familie.

Gülbanis Bruder zeigt mir auf seinem Smartphone eine dokumentarische Sequenz, in der Menschen eine Grenze stürmen, Pfosten aus der Erde reißen, schreien und gleichzeitig weinen. Es ist der 31. Dezember 1989 am Übergang Astara, an der Grenze zwischen Iran und Aserbaidschan. Und sie konnten etwas erreichen. Denn von diesem Zeitpunkt an war die Grenze bei Astara wieder durchlässig, zunächst inoffiziell, später auch offiziell.

Als ich das Fotoalbum der Familie öffne und beginne, darin zu blättern, schauen mich von fast allen Bildern Menschen mit ernsten Gesichtern an. Natürlich entsprach es der damaligen Zeit, beim Fotografieren nicht zu lächeln. Insbesondere der Blick der Urgroßmutter ist müde, fast erloschen, ähnlich dem Blick von Großmutter Amalya heute und hier. Und beide tragen ihr Haar in derselben Weise – in der Mitte sorgfältig gescheitelt und dann streng nach hinten zum Haarknoten gefasst.

Kurz bevor ich mich verabschiede, frage ich Gülbanis Großmutter, ob ich noch ein Foto von ihr machen darf. Amalya nickt entschieden, als warte sie schon die ganze Zeit darauf. Sie schaut mich lange, offen, zugleich unverwandt an. Und wie wir uns so anschauen, trinke ich ein wenig von ihrer Trauer. Anschließend mache ich das Bild.

Tag 19

Geregelt und verheiratet

Wenn Ashurey als Aserbaidschanerin über Helenendorf spricht, dann klingt das so: »Die Deutschen, egal, wohin sie gehen, machen ihr eigenes Leben schön. Sie haben so einen Ruf: Die Deutschen kommen her und sie putzen und sie bringen Regeln. Alles wird geregelt. Und jeder befolgt diese Regeln. Und sie leben in Wohlstand. Die Deutschen haben einen guten Ruf in Aserbaidschan.«

Mit der Ansiedlung in Helenendorf kamen die Handwerker – Schmiede, Schneider, Schuhmacher … Es wurde Tabak angebaut, Maulbeerbäume und, zunächst in bescheidenem Umfang, auch Wein. Schließlich lebten sie in einer muslimischen Region, und der Wein war vor allem für den Eigenbedarf gedacht.

»Bis die dann auf den Trichter kamen«, erzählte Heiner, »dass sie mit diesem Wein auch Geld verdienen könnten. Und sie verkauften den Wein direkt an die russische Armee. Das Geschäft florierte. Und sie überlegten weiter: *Wein? Die trinken doch bestimmt auch Bier und Kognak!* So kam eins zum anderen. Die haben dort ja auch ein Kupferbergwerk aufgebaut, bei Helenendorf. Und dieser Wein, den sie hergestellt haben, der wird bis heute produziert. Allerdings nicht mehr von den Deutschen, sondern von der Kolchose Iwanowka.«

Zunächst wurden eher lokale Rebsorten angebaut wie Saperawi, Lokani oder auch Tawkweri; später, mit den Unternehmensgründungen von Vohrer und Hummel, kamen Cabernet, Muskat oder auch Merlot dazu. Mit Wagenbau und Winzerei kam es Mitte des 19. Jahrhunderts zum ersten wirtschaftlichen Aufschwung im Siedlungsgebiet der Deutschen, und zum zweiten Aufschwung kam es Ende des 19. Jahrhunderts mit der Produktion von Wein, Kognak, Wodka, Bier, später auch Champagner. Sowohl bei der Firma Vohrer als auch bei der Firma Hummel ging es dabei um die Produktion von sage und schreibe mehreren Millionen Litern alkoholischer Getränke. Das Netz von Zweigstellen reichte bis nach Polen und Russland.

Anfang des 20. Jahrhunderts entstand in puncto Weinherstellung die erste genossenschaftliche Vereinigung: *Pomoschtsch*, zu Deutsch: *Hilfe* – sowie etwas später für Produktion und Verkauf die *Concordia-Genossenschaft.* In der Sowjetzeit, beginnend in den 1920er-Jahren, wurden sämtliche Betriebe verstaatlicht und in Sowchosen umgewandelt. Die *Concordia* ging erst relativ spät, nämlich 1935, gezwungenermaßen in das staatliche Weinkontor *Azvin* ein.

Der zweite Ausflug nach Helenendorf

Mein erster Besuch in Helenendorf war zweifellos zu kurz. Aber auch beim zweiten Besuch, jetzt, sieben Wochen später, inzwischen ist es Mitte August, bleibe ich nicht über Nacht, sondern fahre am Abend mit Gülbani zurück nach Gändschä, wo ich diesmal umsorgter Gast ihrer Familie bin. Gülbani ist heute meine Begleiterin.

Fikrät weiß nicht, dass ich komme. Ich trage ein Kuvert bei mir mit Fotos von unserem ersten Treffen. Diese Fotos könnten Titel tragen wie: *Fikrät und der stille Taxifahrer*; oder auch: *Fikrät löscht das Licht in Viktors Haus.* Ich gebe Gülbani die Telefonnummer und bitte sie, Fikrät anzurufen. Sofort ist er am Apparat und eine halbe Stunde später an der Kirche.

Wir begrüßen uns. Aber fast scheint es so, als ob er mich nicht erkennt. Ich überreiche ihm mein *Padarok*, mein Geschenk. Er schaut lange, fast irritiert, auf die Bilder, bis er schließlich schmunzelnd meint: »Das bin ja ich.«

Als wir gemeinsam die Kirche betreten, die momentan als Museum fungiert, sind dort auch zwei junge Österreicherinnen. Sofort stellt Fikrät den Kontakt her, um die beiden gleich unumwunden zu befragen, mit mir als Dolmetscherin, ob sie denn schon verheiratet seien. Als er hört, dass eine von ihnen es noch nicht ist, holt er sofort den jungen Polizisten, der in der Kirche seinen Dienst tut, fasst ihn großväterlich beim Handgelenk und macht die beiden potenziellen Brautleute miteinander bekannt. Wir scherzen, wir lachen, das Leben ist einfach, und so ist es schön.

Aber später, als wir draußen wieder vor der Kirchentür stehen, als die beiden Österreicherinnen schon davon sind und der junge Polizist drinnen wieder ganz regulär seinem Dienst nachgehen kann, wird Fikrät ernst. Er schaut mir direkt in die Augen, zögert, bevor er schließlich sagt: »Ich glaube, wir sehen uns heute zum letzten Mal. Schade, aber mein Herz möchte nicht mehr.« Wir küssen uns auf die Wangen, fassen einander fest bei den Händen. Dann geht Fikrät, ohne sich noch einmal umzudrehen; vielleicht geht er für immer, jedenfalls *wie* für immer, so geht er davon.

Beklommen schaue ich ihm nach, dann werden wir abgelenkt. Denn Gülbani bekommt einen Anruf von Turqay, ihrem Vater.

Ihr Vater hat ein Auto organisiert: Die ganze Familie fährt zum Göygölsee. Alle haben sich freigenommen, allein um mir den See zu zeigen. So gibt es im Handumdrehen das, was man sich nicht alle Tage leisten kann, nämlich einen Familienausflug.

Im Imbiss

Bis dahin bleibt uns noch Zeit. Gülbani und ich, wir betreten einen Imbiss, um Kebab in Lawasch zu essen. Ein junger Mann führt den kleinen Laden. Wir müssen nicht lange warten und genießen das Essen dann still, jede für sich.

Wie Gülbani vor sich hinschaut, wirkt sie erschöpft. »Bist du müde?«, frage ich. Und sofort ist sie wieder wach: »Nein, nur meine Augen waren spazieren«, versichert sie mir und lacht. Während wir weiter essen, lausche ich noch immer dem schönen Klang dieser Wendung nach: *Augen, die spazieren gehen* ... Das erinnert mich im Deutschen an unseren *Blick, der wandert.*

Der junge Mann vom Imbiss fragt, ob es uns schmeckt. Wir kauen und nicken dabei. Ich weiß nicht, wo Gülbani gedanklich gerade ist; ich bin jedenfalls immer noch bei den Wortwendungen und erinnere mich an das, was auch Ashurey erzählt hat: »Wenn du sagst: *Meine Augen trinken kein Wasser von ihm*, dann bedeutet das: *Er gefällt mir nicht*. Und *Vorhänge vor den Augen zu haben* bzw. *zu hängen*, bedeutet, dass ich eine Nachricht verschleiere, weil ich sie nicht preisgeben möchte.«

Nach dem Essen ist Gülbani wieder ganz da. Ihre Augen *wandern* nicht länger und wirken alles andere als *verschleiert*. Und so nimmt sie sich eine der Papierservietten und malt in die Mitte derselben einen schwarzen Punkt. Kaum ist sie fertig damit, schaut sie mich, ganz die Kunstlehrerin, mit ihren großen Augen an: »Als ich noch in der Schule war, hat unser Lehrer ein weißes Blatt Papier genommen und dort in die Mitte genauso einen schwarzen Punkt gemalt. Dann hat er uns gefragt, was wir sehen. Alle sagten:

Wir sehen einen schwarzen Punkt. Ich aber sagte: *Und ich sehe hier einen ehrlichen, einen guten Menschen. Und dieser Punkt symbolisiert den einzigen Fehler, den er trotzdem hat.* Das habe ich zu meinem Lehrer gesagt.«

Als wir den Imbiss verlassen, winkt Gülbani dem jungen Verkäufer zum Abschied noch geschwisterlich zu. Mich erinnert diese freie Geste sofort an die Atmosphäre, die in Murads Garten herrscht.

Und noch immer bleibt Zeit bis zum Treffpunkt mit Gülbanis Familie. So spazieren wir durch eine der Seitenstraßen von Göygöl. Dabei kommen wir an einem Haus vorbei, vor dem ein mit breiten Seidenbändern geschmücktes Auto steht. Vor dem Haus warten Männer. Und vom Hof her kommt Musik. Eine Hochzeit wird gefeiert.

Hochzeit

An der Haustür prangt ein großes Herz, bestückt mit roten und auch einigen weißen Schleifen. Das Rot symbolisiert lebenserhaltende Kraft. Dieses Herz ist das Zeichen dafür, dass hier gefeiert wird. Auch nach dem Fest bleibt es für einige Tage an der Tür – zur Information, im Sinne von: *Schaut her! Etwas Schönes ist passiert!*

Die Musik im Hof spielt lange. Alle müssen Geduld haben – die Männer und auch wir. Dann aber scheint Bewegung in das Ganze zu kommen: Die Musik nähert sich uns und mit ihr das Brautpaar, gefolgt von der Familie und den Gästen. Es ist ein schönes Paar. Ich schätze die beiden auf an die dreißig. Die Braut trägt ein langes, weißglänzendes Kleid, dazu eine passende Schleppe und – das ist wichtig – um die Hüfte einen schmalen roten Gürtel. Dieser Gürtel gilt als Zeichen: Die junge Frau heiratet zum ersten Mal.

Als die Braut in den Wagen steigt, hilft ihr eine Freundin dabei, die vielen Meter an Stoff wohlbehalten mit ins Auto hineinzubringen. Der Bräutigam wartet geduldig und hält den Brautstrauß in der Hand. Die Musikanten sind zu hören, zu sehen aber nicht. Zumindest können wir sie zwischen den vielen Menschen nicht entdecken. Die Musikanten spielen ohne Unterbrechung. Allein die Trommel höre ich als Trommel heraus. Und ein anderes Instrument klingt fast wie ein Dudelsack. Die Musikanten spielen immer weiter, auch als das Brautpaar schon davongefahren ist.

Rund ums Heiraten gibt es in Aserbaidschan jede Menge Bräuche. Einige der jüngeren Leute mögen diese Bräuche nicht mehr so. Aber für die älteren sind sie immer noch wichtig.

Also: Wenn sich zwei junge Leute lieben, dann beginnen die Zeremonien. Zuerst lädt die Mutter des Bräutigams alle Frauen beider Familien zum Kennenlernen ein. Dabei einigen sich die Frauen im folgenden Sinn: *Unsere jungen Leute haben sich irgendwo gesehen. Sie lieben sich und sollen die Erlaubnis bekommen, sich nun öffentlich zu treffen. Ja, wir möchten in der Zukunft Verwandte sein.*

Natürlich hat sich das Paar auch vorher schon öffentlich getroffen. Aber so wird es offiziell. Das ist die *Ja-Wort-Zeremonie.*

Fünf Tage später treffen sich auch die Männer beider Familien. Anschließend wird die Verlobung vorbereitet. Die Verlobung gleicht fast einer Hochzeit. Sie ist nur ein bisschen kleiner. Es gibt Musik, es wird getanzt, es wird sehr viel gegessen. Bei der Verlobung feiern erstmals Männer und Frauen zusammen.

Die Verlobung wird im Haus oder Hof der Brautfamilie gefeiert. Und entsprechend der Tradition nimmt die Familie des Bräutigams mit mindestens fünfunddreißig Familienmitgliedern daran teil. Zur Verlobung werden auch die Ringe getauscht. Und es wird alles für die Hochzeit besprochen.

Mindestens nach zwei, drei Monaten, höchstens aber nach zwei Jahren, wird schließlich die Hochzeit gefeiert. Bis dahin müssen zu jedem *Bayram*, also zu jedem Fest – Novruz-Fest oder Opferfest oder Geburtstag – die Mutter des Bräutigams und auch die Verwandten des Bräutigams zur Braut gehen und ihr Geschenke bringen, Süßigkeiten zum Beispiel, schöne Kleidung ...

Unmittelbar vor der Hochzeit feiern die jungen Leute zuerst einmal für sich. Die jungen Frauen feiern Khinayakhi bzw., wie sie heute verkürzt sagen: die *Henna-Party*. Das ist eine Zeremonie nur für Frauen, die etwa eine Woche vor der Hochzeit stattfindet, manchmal erst drei Tage vorher. Die jungen Frauen kommen zusammen und malen einander mit Henna schöne Muster auf die Handrücken, Blümchen, den ersten Buchstaben des Mannes, den sie lieben ... Und sie singen und tanzen. Das ist zwar nicht überall üblich, an vielen Orten aber schon.

Für den Bräutigam und seine Freunde gibt es *Dschiger akhschami*. Das bedeutet in der Übersetzung *Junggesellennacht*. Es wird gegessen, getrunken, getanzt, Musik wird gespielt. Manchmal werden auch Aschiks eingeladen oder es wird Mugham-Musik gespielt.

Bey Hammami findet dann direkt am Tag der Hochzeit statt. Zu *Bey Hammami* gehen die jungen Männer in den Hammam, es wird gegessen und getrunken. Manche trinken auch Bier. Alle haben auf jeden Fall dort ihren Spaß. Auch der Friseur kommt dazu, und der Bräutigam wird vorbereitet für die Hochzeit. Nach dem Hammam wird unbedingt Tee getrunken – Tee mit Thymian.

Im Vorfeld der Hochzeit hat sich die Familie des Bräutigams darum zu kümmern, wo das junge Paar leben wird. Und wenn die Braut dann sagt: »Ich möchte dies und jenes!«, dann kauft die Familie des Bräutigams das Gewünschte. Um die Möbel und alles für den Haushalt, Betten, Waschmaschine und Ähnliches kümmert sich wiederum die Familie der Braut. Beide Seiten haben also im Vorfeld der Hochzeit bestimmte Pflichten.

Bei der Hochzeit feiern mindestens hundert Menschen, normalerweise sind es aber fünfhundert oder sechshundert Menschen. Dafür gibt es extra Hochzeitspaläste, in Baku und überall in der Region.

Zur Hochzeit schenkt man immer Geld. Wenn die Gäste kein Geld schenken würden, könnte man eine so große Hochzeit gar nicht feiern. Die engen Verwandten bringen dreihundert oder zweihundert Manat mit, circa hundertfünfzig oder eben hundert Euro. Je weiter man verwandtschaftlich entfernt ist, umso weniger gibt man.

Der Göygölsee

»Meine Familie! Da sind sie!«, ruft Gülbani und ist voller Freude. Ein weißer Kleinbus kommt. Und außer der Großmutter sind alle wieder mit dabei. Ein Freund von Gülbanis Vater sitzt am Steuer. Je höher der Kleinbus über die Serpentinen nach oben steigt, umso lichter wird es. Die sanft-runden, bewaldeten Gipfel der Berge schieben sich ineinander, versetzt wie die Wellen eines Meeres.

Der Göygölsee liegt in einem der zehn Nationalparks Aserbaidschans, im Göygöl-Nationalpark, und ist Schutzraum für diese subalpine Zone im Kleinen Kaukasus.

Vom Parkplatz aus strömen wir mit den anderen Besuchern in diese eine Richtung, in welcher der See liegen muss. Schließlich erreichen wir das Ufer. Und ich sehe Blau, und ich sehe Grün. Meine ich nun, dass das Grün der Landschaft überwiegt, schiebt sich sofort das Blau des Wassers in den Vordergrund. Gebe ich wiederum diesem Blau den Raum, schiebt sich – von Schilf, Uferwiese und Bäumen – das Grün dazwischen.

Auf dem Rückweg zum Auto begegnen wir noch einem Jungen. Er hockt am Ufer und malt den See – ganz in Gelb. Ja, genauso einer ist das, dieser Göygöl – mal zeigt er sich in Blau, mal in Grün und manch einem ganz in Gelb.

Tag 20

Arm und verliebt

U*nd zwar ist da Aschik Kerib als ein guter, aber armer Mensch, ein Spielmann. Er liebt die Tochter eines reichen Mannes, und sie liebt ihn. Aber der Vater möchte die Tochter mit einem Reichen verheiraten. Und das wird er auch, falls es Aschik Kerib nicht gelingen sollte, spätestens nach sieben Jahren als reicher Mann zurückzukehren: Und also zieht Aschik Kerib in die Welt ...*

Aschiks sind Barden, Spielmänner, Minnesänger ... Sie ziehen umher und spielen auf der Saz, der Langhalslaute, oder auf einem anderen Instrument. Sie spielen, improvisieren, dichten, erzählen, philosophieren ... Es heißt, dass ihre Tradition den Ursprung im schamanistischen Glauben der Turkvölker hat.

Entsprechend mystisch ist auch das Ende der soeben anerzählten Geschichte des russischen Schriftstellers Michail Lermontow:

Aschik Kerib vergisst die Zeit. Erst im letzten Moment erinnert er sich an seine Mission. Ihm bleibt nur noch das Beten: »Oh, mächtiger Allah!« Sofort erscheint ein Mann auf einem weißen Pferd und ist bereit, ihm jeden Wunsch zu erfüllen ... (21)

Der in Tbilissi geborene armenische Regisseur Sergej Paradschanow, der davon ausgeht, dass es an sich unmöglich ist, Lermontows Erzählung in die Sprache des Films zu übersetzen, geht nach Aserbaidschan, um gemeinsam mit dem georgischen Schauspieler und Regisseur Dodo Abaschidze einen Film nach ebendieser Erzählung zu drehen. Er widmet seinen Film (1988) dem russischen Regisseur Andrej Tarkowskij sowie: *Den Kindern der Welt.* Der Film selbst zeigt die aserbaidschanische Folklore in Farbe und Musik. Drehorte waren unter anderem der Khan-Palast in Scheki sowie der Schirvanschah-Palast in Baku.

Im Jahr 2009 wird die aserbaidschanische Aschik-Kunst mit auf die repräsentative UNESCO-Liste des immateriellen Kulturerbes der Menschheit gesetzt.

»Towuz ist ein Aschik-Zentrum«, weiß die junge Kunsthistorikerin Mehbara, »auch Qazakh. Aschiks müsste es an sich aber auch in Göygöl geben.« Und in Göygöl ergibt sich für mich dann tatsächlich erstmals die Möglichkeit, einem Aschik leibhaftig zu begegnen: Ich hatte mich bei Fikrät erkundigt. Sofort nannte er mir den Aschik Adil und zeigte mir, wo dieser wohnt.

Als ich an der Tür klingle und Adil nach einiger Zeit öffnet, ist die Erwähnung von Fikrät ein so vorzüglicher Ausweis, dass es keiner weiteren Versicherungen bedarf, um gleich hinüber ins Büro zu gehen, miteinander Tee zu trinken und in den Liederbüchern des Aschiks zu blättern.

»Wir lebten in der Nähe von Jerewan«, beginnt Adil von seinem Weg zu erzählen. »Aber 1988 mussten wir fliehen, die ganze Familie. Mein Vater starb mit sechzig Jahren. Er und auch mein Großvater waren bereits Aschiks. Beide nannten sich Aschik Musa. Mein Vater war zugleich mein Lehrer. Alle meine Gedichte hat er begutachtet. Auch mein jüngerer Bruder ist Aschik. Er lebt in Russland. Wir alle sind Aschiks. Unser Ensemble hat acht Mitglieder. Wir spielen oft zu Hochzeiten. Und wir spielen die folgenden Instrumente: Saz; Zurna – Zurna ist eine Flöte; Balaban – das ist ein Blasinstrument mit Doppelrohrblatt; Gitarre; Nagara – also eine Trommel; Synthesizer; hinzu kommt der Gesang.«

»Ist der Aschik einfach nur ein Sänger? Was macht ihn so besonders?«

Aschik Adil fasst sich. Und war alles Vorherige noch so etwas wie Vorgeplänkel, kommt er jetzt zum eigentlichen Punkt: »Der Aschik singt *für* etwas. *Aschik* heißt auf Arabisch – *verliebt*. Und er singt für die Liebe. Er singt für den Vater. Er singt für die Kinder. Und auch für die Heimat singt er.« Aschik Adil hält inne, nickt kurz und atmet durch. So. Nun ist wohl das Tiefste ausgesprochen. Er wartet ein bisschen ab, wie es in mir nachklingt. Dann fragt er: »Was wollen Sie noch wissen?«

Ich erinnere mich an die großen Sängerwettstreite im Kaukasus, von denen auch der Schriftsteller, Komponist und Esoteriker Gurdieff in seinem Buch *Begegnungen mit bemerkenswerten Menschen* im Detail berichtet hat: »Gibt es auch heute noch solche Sängerwettstreite?«

»Schon. Wir treten bei großen Wettbewerben auf – in der Türkei, in Usbekistan, Tadschikistan, Kirgistan, Iran, Kasachstan ... Diese Wettbewerbe dauern ganze zwei Tage. Dort spielen wir einzeln, und wir singen einzeln. Unsere Stimme wird geprüft und auch unser Spiel. Die Türken spielen immer im Sitzen. Wir aber können nicht sitzen, wenn wir spielen. Wir spielen im Stehen. Im Jahr 2010 gab es ein großes Aschik-Festival bei uns in Aserbaidschan, in Baku. Und es kamen Aschiks aus Nachitschewan, Dagestan und aus verschiedenen Teilen der Türkei.«

»Die Texte zu Ihren Liedern schreiben Sie selbst?«

»Selbstverständlich. Das gehört zu einem Aschik. Zu einem Aschik gehört immer beides – Saz und Söz, also Söz – *das Wort*. Und die Gedichte *kommen* einfach, einfach so oder im Schlaf oder wenn man etwas sieht. Zum Beispiel sieht man eine Blume oder etwas anderes Schönes in der Natur oder eine bestimmte Person. Dann kommen die Gedichte, dann *können* sie kommen.«

»Glauben Sie an eine Heilkraft der Aschik-Musik?«

Aschik Adil antwortet kommentarlos mit einer Geschichte:

... und zwar ist da ein König in Dagestan. Dieser König kann nicht mehr schlafen. Und es wird keiner gefunden, der ihm helfen kann. Eines Tages trifft er einen Aschik. Das ist ein besonderer Aschik, ein weißer Aschik, und er besitzt eine Phosphorhaut. Der König lädt ihn in sein Haus ein und bittet ihn zu spielen. Der weiße Aschik nimmt die Einladung an und spielt für den König. Er spielt so lange, bis der König eingeschlafen ist. Der Aschik spielt jeden Abend für ihn. Und von nun an kann der König wieder schlafen. Bevor er weiterzieht, bleibt der weiße Aschik sieben Jahre.

Aschik Adil nimmt eines seiner Bücher aus dem Regal und schlägt es auf. Es ist das Buch, in dem die Reihe seiner Ahnen aufgeführt wird. Sein eigener Name steht auch dabei – ganz unten, am vorläufigen Ende. Daneben ist ein Foto abgedruckt, ein Schwarz-Weiß-Foto, auf dem allein sein Vater zu sehen ist, Aschik Musa, mit schwarzem Oberlippenbart und der Papakh, dem kaukasischen Pelz- oder Wollhut, auf dem Kopf.

Ich bitte nun Aschik Adil, für mich zu singen. Einerseits erscheint mir diese Bitte vermessen, zugleich aber liegt sie so nahe, dass ich gar nicht erst darüber nachgedacht habe. »Aber ich muss mich umziehen«, zeigt er sich sofort bereit. »Dazu müssen wir in die Wohnung hinüber gehen.« *Natürlich, natürlich, gern.*

Die Wohnung befindet sich im selben Haus wie das Büro, nur ist der Eingang ein anderer. Ich warte im Flur, bis Aschik Adil sich umgekleidet hat. In mir ist so viel Freude, Vorfreude natürlich auch: Ich habe von Aschiks gelesen, habe sie im Film gesehen und sie musizieren und singen gehört. Aschik Adil folgt einer sehr alten Tradition.

Und dann kommt er zurück – Kasack und Hose taubenblau, mit breitem Gürtel. Die schwarzen Stiefel, die er trägt, reichen bis hinauf zum Knie. Und auf seinem Kopf sitzt jetzt eine Papakh. Mit der vollständigen Kleidung des Aschik wird auch die Form gewahrt. Kaum hält Aschik Adil seine Saz in der Hand, strahlt er, als wäre er erst jetzt vollkommen und ganz. Zum Auftritt gehen wir in eines der Zimmer. Einzelne Betten stehen an den Wänden. Das kümmert uns nicht. Solange Aschik Adil nicht singt, solange er nur spielt, wiegt er sich, fast schon tänzerisch, in der Musik. Aber als er dann singt, stoppt alle äußere Bewegung und seine Stimme wird das Zentrum. Und während ich anschließend nach den passenden Worten suche, nach Worten des Dankes und der Freude, erzählt mir Aschik Adil noch von Bül Bül:

... Er singt, der Vogel, die Nachtigall. Ich höre, wie er im Hof irgendwo im Geäst sitzt und singt. Sobald es soweit ist und ich Bül Bül höre, macht mich das froh. Der kleine Vogel singt jeden Tag, ganz gleich, wie sein Befinden ist. Denn wenn er singt, wird er froh, ist er froh. Fortan mache ich es wie er: Ich singe, spiele und – werde froh.

Irgendwann auf meiner Busfahrt zurück nach Baku frage ich mich: Wenn beides heilsam ist, wenn sowohl Mugham-Musiker als auch Aschiks bei den Hochzeiten auftreten, was unterscheidet dann eigentlich ihre Musik? Als ich nachlese, erfahre ich, dass der Aschik eher zur ländlichen Kultur gehört und der Mugham-Sänger eher zur städtischen. Zugleich gibt es in ihren musikalischen Formen viele Gemeinsamkeiten, Gemeinsamkeiten auch in der Art des Gesangs ... (22)

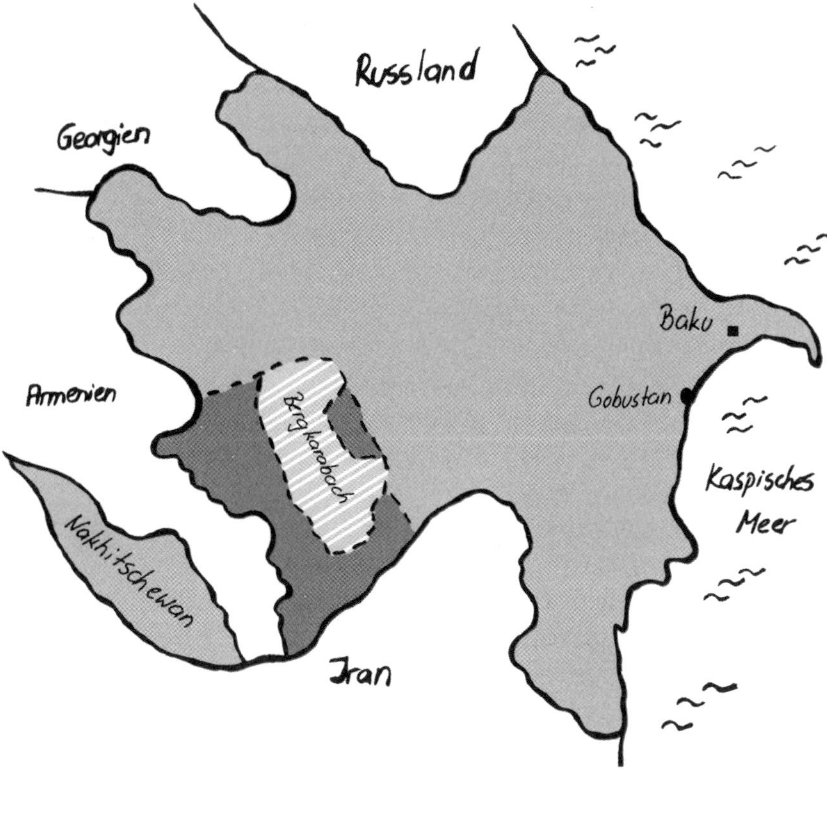
Russland
Georgien
Armenien
Bergkarabach
Nakhitschewan
Iran
Baku
Gobustan
Kaspisches
Meer

Tag 21 Hochwertig und fein

Unbezahlbar

Wann der nächste Bus von Gändschä zurück nach Baku fährt, weiß ich nicht. Aber ich habe weiter keine Termine, nur diese Geschichte, in der ich noch dazu selbst eine Rolle spiele; aber diese Geschichte zählt auf keine Pünktlichkeit, denn davon hängt sie nicht ab. Ich verlasse mich auf meinen Fahrer. Es ist wieder der, der mich auch anfangs zum Nizami-Memorial gefahren hat. Und da ich ihn heute zum zweiten Mal gerufen habe, besiegelt das einen fast familiären Bund.

Also: Mit dem Bus nach Baku möchte sie ...

Angekommen am Busbahnhof, fragt sich der Fahrer rasch durch, bis klar wird: Dieser Bus, der da vorn gerade das Gelände verlässt, ist der nach Baku. Wie einer, der seinem Pferd die

Sporen gibt, startet mein Fahrer jetzt durch, brettert über den Platz, stellt sich quer vor den Bus und stoppt ihn. Ich rechne mit Aufregung beim Busfahrer. Doch nichts dergleichen geschieht. Denn noch ist ein Platz im Bus frei. Die Männer verstauen in aller Ruhe mein Gepäck. Ich bezahle meinen Teil, wobei der größere Teil dieser kleinen Geschichte sowieso unbezahlbar ist.

Finanzen

Die Busfahrt Gändschä – Baku kostet neun Manat, keine fünf Euro, und dauert, die reguläre Pause unterwegs mit eingerechnet, knapp vier Stunden. Ich döse vor mich hin. Es ist heiß. Aber die Klimaanlage – anders als in Telmans Taxi ist es eine *richtige* – funktioniert. Vieles geht mir durch den Kopf; Bilder kommen, die nun in die verschiedenen Schubkästen unter der Rubrik *Erinnerungen* einsortiert werden. Gedanklich bin ich noch einmal bei der Szene, als ich heute Morgen beim Frühstück mit Gülbani zusammensitze und sie mich genauso direkt wie Aschik Adil fragt: »Und was möchtest du noch wissen?« Ich nutze die Gelegenheit und frage sie, die junge Lehrerin für Kunst, nach der Schulbildung im Land.

»Schulbildung kostet in Aserbaidschan nichts. Man kann sogar zu Hause lernen, aber dann muss man sich die Bücher selbst kaufen und bekommt kein Examen. Eigentlich ist es bei uns normal, bis zur 9. Klasse zur Schule zu gehen und dann ans Technikum oder ans College zu wechseln. Oder man geht bis zur 11. Klasse zur Schule und wechselt anschließend auf die Universität. Normalerweise kostet das Studium etwas. Aber ab einer Leistung von siebenhundert Punkten ist auch das Studium frei; ansonsten bezahlt man gestaffelt, je nach Punktzahl. Auf der Universität gibt es Austauschprogramme mit ausländischen Universitäten, die man nutzen kann. Und nicht nur die Studenten, auch die Lehrkräfte nutzen jede Möglichkeit, um sich im Ausland weiterzubilden.«

Erstmals frage ich Gülbani auch nach ihrem Gehalt. »Also ich bin Lehrerin für Kunst. Für jede Unterrichtsstunde, die ich gebe, erhalte ich zwanzig Manat, also zehn Euro.« – »Und wie viele Stunden gibst du in der Woche?« – »Ich unterrichte vier Tage in der Woche insgesamt neun Stunden. Andere Lehrer erhalten mehr für eine Stunde. Es gibt aber ein Minimum pro Monat, und das sind hundert Manat.« – »Das ist nicht viel«, finde ich. – »Ja«, stimmt sie zu, »aber ich lebe ja noch bei meinen Eltern.«

Später erfahre ich von anderer Seite, dass der monatliche Mindestlohn in Aserbaidschan 170 Manat beträgt. Und dass ein einfacher Hilfsarbeiter auf dem Bau beispielsweise in etwa 250 Manat verdient, auf der anderen Seite ein Manager aber auch schnell einmal mehrere Tausend.

»Und wie sieht es mit der Rente aus?« – »Rente bekommen Männer ab dem 65. Lebensjahr, Frauen ab dem 62. Lebensjahr, und zwar mindestens zweihundert Manat; bald sollen es mindestens 250 sein.« – »Ist es bei den Frauen wichtig, wie viele Kinder sie geboren haben?« – »Nein, das spielt bei der Höhe der Rente keine Rolle. Bei den Männern ist aber der Militärdienst wichtig. Mein Vater bekommt noch achtzig Manat mehr, weil er zehn Jahre in Bergkarabach gewesen ist. Er gilt als Kriegsveteran. Wer im Krieg einen Arm oder ein Auge verloren hat, bekommt pro Monat zusätzlich fünfhundert Manat. Zum Glück ist mein Vater aber gesund.«

Die drei Schwestern

Zurück in Baku erwartet mich Ashurey bereits. Ihre kleine Wohnung befindet sich in der Nähe des Busbahnhofes, in einem Hochhaus in der 17. Etage. Von jetzt an – »Wir sind doch

Freundinnen!« – wohne ich bei ihr, sobald ich in Baku bin. Sie hat für mich mein aserbaidschanisches Lieblingsessen gekocht: *die drei Schwestern*. Das sind Tomate, Aubergine und Paprika, gefüllt mit Hackfleisch. »Aber erst einmal gibt es eine Linsensuppe. Und der grüne Tee steht schon bereit.« Wir feiern unser Wiedersehen. Für einen Moment schmerzt mein Herz. Vor lauter Freude macht es einen Sprung.

Jugendstil in Baku

Nach dem Essen habe ich eine Verabredung im Stadtzentrum, diesmal nicht in der Altstadt, sondern in der Gründerzeitstadt, in dem Teil Bakus, der während des Erdölbooms entstanden ist. Ich bin mit Heike Maria Johenning verabredet. Als vielseitige Autorin und Übersetzerin ist sie nicht allein im französischsprachigen Raum unterwegs, sondern vor allem auch im Bereich der ehemaligen Sowjetunion. Und auf der Liste ihrer Bücher, die sie daraus resultierend vorweisen kann, steht ganz oben ihr *Architekturführer Baku*. Heike Maria ist eine Frau, die für Baku regelrecht brennt und die einem überhaupt positiv und beherzt gegenübertritt.

»Ich bin ja Wessi«, sagt sie und lacht. »Und ich wollte eine Sprache lernen, die keiner kann. Im Westen war Russisch ungewohnt. Das war alles noch hinter dem großen Vorhang. Aber ich wollte unbedingt diese Sprache lernen, weil ich irgendwie was dahinter vermutete. Tatsächlich habe ich Russisch dann erst in München an der Uni gelernt ... 2012 gab es in Berlin diese Ausstellung *Fly to Baku*. Und ich sah Fotos von einzelnen Gebäuden dieser Stadt ... Ich komme ja aus der Kunstgeschichte, hatte schon einige Architekturbücher aus dem Russischen übersetzt und dachte: *Bitte, das gibt's doch gar nicht! Wieso kennst du diese Stadt noch nicht?* – Das erste Mal in Baku war ich dann 2014 mit der Familie, für drei Wochen.«

Wir treffen uns am verkehrsgünstig gelegenen Nizami-Denkmal, in der Nähe des Literaturmuseums. Kurz darauf sitzen wir in einem französischen Restaurant, gegenüber dem *Hard Rock Café* im *Paul*. Heike hat ihr Tablet hervorgeholt und beginnt in ihrer begeisterten und begeisternden Art zu erzählen – vom Jugendstil in Baku: »Ich hatte mich schon mit dem Jugendstil in Petersburg beschäftigt, mit diesen über tausend Gebäuden. Es ist ein Phänomen und in Westeuropa nahezu unbekannt, dass sich dieser Stil so weit in Richtung Osten bewegt hat, sogar runter bis ans Kaspische Meer. Das hat mich verwundert: Wie kam der jetzt dahin? – Wie er nach Petersburg kam, das kann man sich noch vorstellen, und auch nach Kiew. Aber dann runter bis an den quasi östlichsten Außenposten von Europa? Das fand ich faszinierend. Und ich habe angefangen, mich damit zu beschäftigen.«

»Ja, und wie ist der Jugendstil nun hierhergekommen?«

Heike lacht: »Die Pointe gleich zuerst! – Ja, über Russland ist er hergekommen. Denn das alles gehörte zu dieser Zeit tatsächlich noch zu Russland. Also: Die russischen Architekten haben sich inspirieren lassen. Man darf nicht vergessen: Es gab schon Eisenbahnen, es gab Zeitungen, Zeitschriften, es gab Fotos ... Und die Russen waren ja immer sehr stark auf Prestige aus, auf Zeitgeistarchitektur usw. Sie holten sich Architekten aus dem Westen oder auch aus Polen. Polen hatte immer schon richtig gute Architekten. Und die ließen sie dann für sich bauen, in verschiedenen Stilen. Es gibt im Jugendstil auch noch verschiedene Unterstile. Und so kam über Russland die Inspiration weiter bis nach Baku, weil diese reich gewordenen Ölbarone tolle Häuser haben wollten und wussten, dass es diesen Stil gibt.«

Mit Blick auf eines von Heikes Fotos merke ich an: »Und das hier ist die St. Petersburger Bank, in der Taghiyev-Straße.«

»Ganz genau. Wir haben die Kanneluren, die an dem Gebäude heruntergehen; wir haben die Girlanden, oben diese Verzierung. Und wir haben hier auch noch diesen Kreis. Das ist ein Wagner-Kranz, von Otto Wagner, der den Jugendstil in Wien mitbegründet hat. Und wir haben oben die Halbkuppel und die großen Gesimse, die quasi das Gebäude vertikal unterteilt haben. Die Petersburger Bank ist ein wirklich schönes Beispiel für den Wiener Jugendstil.«

Mit einem Mal kommt es uns beiden merkwürdig vor, uns alles das auf einem Tablet anzuschauen, was wir draußen doch viel besser betrachten könnten. Wir lachen über uns selbst, trinken noch in aller Ruhe unseren Tee, um dann zur Nizami-Straße 95 zu spazieren und damit zum Opern- und Balletthaus Baku.

Das Opern- und Balletthaus ist in seiner Eigenart gar nicht zu übersehen. Wir stehen davor und schauen. Und während ich dieses stattliche, ja majestätische Gebäude erst einmal in seiner Gesamtheit zu erfassen versuche, weist mich Heike bereits auf die Einzelheiten hin: »Hier, beim Opern- und Balletthaus, kommt noch die gusseiserne Ornamentik mit dazu. Die war in Baku total ungewohnt. Und das war natürlich sehr aufwendig. Das war ja Handarbeit. Alles, überhaupt der ganze Jugendstil, war nur möglich durch Mäzenatentum bzw. durch die reichen Ölbarone.«

Das Opern- und Balletthaus ließ der Ölunternehmer und Philanthrop Hadschi Zeynalabdin Taghiyev errichten. Sein Bildnis habe ich bereits in der kleinen Galerie in der Festung Zaqatala gesehen. Und durch den Freund eines Freundes erfahre ich die folgende Geschichte:

… und zwar kommt im Jahr 1910 eine berühmte russische Opernsängerin nach Baku. Bei einem großen Abendessen mit ihr sind die reichsten Männer des Landes mit dabei – Mayilov und Taghiyev. Als Mayilov die Sängerin höflich fragt: »Wann werden Sie das nächste Mal Baku besuchen?«, antwortet die Sängerin knapp: »Niemals! Eine Stadt ohne Opernhaus zu besuchen, macht für mich keinen Sinn.« Eilig verspricht ihr Mayilov, dass es binnen eines Jahres auch in Baku ein Opern-

haus geben werde. Taghiyev, der mit am Tisch sitzt, begrüßt diese Idee, meint aber: »Ein solcher Bau in so kurzer Zeit ist ein Ding der Unmöglichkeit.« Also schließen die beiden Millionäre eine Wette ab. Mayilov gewinnt, denn das Opern- und Balletthaus kann innerhalb von zehn Monaten errichtet werden. Und Taghiyev zahlt. Ihm als Liebhaber der Oper ist es eine Ehre.

Das Opern- und Balletthaus Baku wurde im Jugendstil errichtet. Und zu den Aufführungen an diesem erhabenen Ort gehörte auch Üzeyir Hajibeylis Mugham-Oper *Leila und Madschnun*.

Mit Blick nach oben schwärmt Heike Maria Johenning inzwischen weiter: »Hier, diese polygonalen Turmaufbauten. Das muss man sich mal vorstellen. Zu der Zeit, als das gebaut wurde, marschierten hier ja noch Kamele durch die Stadt. Von dieser Szene gibt es Fotos. Unvorstellbar. Aber das war so. Und das ist auch das, was mich bis heute fasziniert an Baku – diese Welten, die sich so ineinanderschieben. Ich meine: Heute sind ja keine Kamele mehr da, aber man fühlt doch eine Menge von diesen Geschichten.«

Das Mukhtarow-Haus

Wir folgen dem Lauf der Nizami-Straße, bis diese die Murtusa-Mukhtarow-Straße kreuzt, wobei Haus Nummer sechs unser Ziel ist: »Das hier ist nun kein Jugendstil, aber eben von Ploszko. Und Józef Ploszko war ein polnischer Architekt, der in dieser Zeit in Baku sehr viel gebaut hat. Er ließ sich von einem Ölmagnaten inspirieren, der mit seiner Frau unterwegs war und dessen Frau dann gesagt hat: *Also so ein Schloss wie das hier, das möchte ich in Baku auch haben.* Und der Ölmagnat ging zu Ploszko. Und jetzt steht hier dieses völlig europäische Gebäude.«

... und zwar ist da ein reicher Ölmagnat. Er verliebt sich in Wladikawkas in die ossetische Adlige Lisa-Khanum Taganowa. Und obwohl er ein reicher Mann ist, wollen die Eltern ihm ihre Tochter Lisa nicht geben. Erst nachdem

er eine große Moschee am Ufer des Flusses Terek hat bauen lassen, willigen sie ein. (23)

Das kinderlose Paar widmet sich philanthropischen Projekten. Und so lässt Aga Murtuza Mukhtarow 1912 für seine Frau ein Haus errichten, an sich einen Palast, in französischer Gotik. In diesem Haus organisiert Lisa Mukhtarowa ein Internat für arme und verwaiste Mädchen. Hinzu kommt bald darauf der Sitz der ersten Philanthropischen Gesellschaft für muslimische Frauen. Diese Gesellschaft setzt sich unter anderem dafür ein, dass eine ganze Reihe von Mädchen finanziell ausreichend ausgestattet wird, um in St. Petersburg oder in Moskau studieren zu können.

... und zwar ist es das Jahr 1920, genauer gesagt: der 3. März, und die Rote Armee marschiert in Baku ein. Das Dienstpersonal versteckt Lisa-Khanum im Keller. Von dort kann sie fliehen. Zuerst flieht sie aus dem Haus, dann aus dem Land. Mukhtarow aber bleibt und verteidigt das Haus gegen die Angreifer. Die Vertreter der Roten Armee haben mittlerweile die Tür seines Hauses aufgebrochen und dringen nun in dasselbe ein, sogar mit Pferden. Mukhtarow hält ein Gewehr in der Hand. Und während er das Haus verteidigt, tötet er einige von ihnen. Mit der letzten Kugel tötet er sich selbst.

Heike und ich schlendern weiter. Inzwischen haben wir das Kaspische Meer erreicht und gehen die Uferpromenade entlang. Ab und an halten wir inne, um aufs Meer zu schauen. Am Ufer sitzen Menschen. Andere spazieren, genau wie wir.

»Baku ist ein Teppich«, meint Heike schließlich. »Ja, das ist das Bild, das ich im Kopf habe, wenn ich an Baku denke: dass diese ganze Stadt eine Teppichtextur hat wie ein ganz fein gewebter Teppich, mit vielen Facetten, mit der Altstadt als einem klar definierten Zentrum, in dem der islamische Baustil dominiert. Um die Altstadt legt sich ein konzentrischer Kreis aus individuellen Gründerzeit- und Jugendstilbauten. Die uniforme Bordüre bilden die sowjetischen Hochhäuser und Stalin-Empirebauten. Und dann noch diese Fransen dran. Ich habe immer das Gefühl, ich bin hier auf einem fliegenden Teppich unterwegs. Und da Teppiche extrem hochwertige Produkte sind, ist all das auch Luxus. Das alles ist Handarbeit. Und so fein ineinander gewebt. So fein ...«

Tag 22

Verbunden und offen

A*llah* – das war der erste Teil des Familiennamens. Und *ver* – das heißt auf Aserbaidschanisch: *geben*. Damit hießen meine Vorfahren väterlicherseits: *Von Gott gegeben.* Ist das nicht ein schöner Name? Und mit der Endung *jan* wussten alle, dass sie Armenier waren. Mein Vater hieß Allahverdjan. Seine Verwandtschaft nannte sich dann schon Allahverdow.

Ich weiß nicht, wie unsere Familie zu diesem Namen gekommen ist. Damals, in diesen Zeiten, sagte man, man habe in der Türkei gelebt und sei von Türken gerettet worden ... Diese türkischen Armenier sprachen einen eigenen Dialekt. Zugleich meinten wir zu wissen, dass wir keine türkischen Armenier sind.

Ich bin nicht getauft. Sagen wir: Ich bin agnostisch. Aber ich liebe es, Kirchen zu besuchen, weil ich diese Kunst so bewundere. Wenn ich die Möglichkeit habe, stelle ich immer zwei Kerzen auf – eine Kerze für die Verstorbenen und eine Kerze dafür, dass alles gut wird.

Wir wohnten damals, in den 1960er-Jahren, in Baku auf dem *Lenin-Prospekt, Prospekt Lenina*. *Prospekt* sagt es schon: Das war die prächtigste Straße der Stadt. Dort verlief auch die Straßenbahnlinie. Und zum Zentralbahnhof war es nicht weit. Hier wohnten wir in einem Eckhaus, in einer dreistöckigen Villa, gemeinsam mit anderen Familien. Früher hatte dort ein reicher Mann gewohnt.

Meine Mutter arbeitete als Helferin in einem Kindergarten. Und mein Vater war Stuckateur; er arbeitete viel mit Marmor. Dazu kam noch mein jüngerer Bruder und unsere armenische Großmutter. Und wenn wir feierten, dann gab es Kaviar. Das Meer, das war für mich der Boulevard, die Hotels und natürlich unser Stör. Und es hieß: *Ja, bei uns im Kaspischen Meer, da schwimmen die Störe ... Der beste Kaviar ...* Aber dieser Kaviar, den wir zu Hause gegessen haben, der hatte nun nicht so die hervorragende Qualität. *Kaviar von höchster Qualität,* wie es auch auf der Dose stand, habe ich erst später kennengelernt, als mein Vater uns gelegentlich aus Moskau davon mitbrachte. Die damaligen Preise für den Kaviar sind mit den heutigen nicht zu vergleichen. Zu Festlichkeiten gehörte es aber einfach dazu, dass Kaviar auf dem Tisch stand, der schwarze Kaviar, der bezahlbare, *Ikra*, und nicht der rote.

Es gab mehrere Kellerwohnungen. Auch in den Kellern wohnten Familien. Und alle außer uns benutzten draußen im Hof das orientalische Klo. Wir hingegen wohnten im 1. Stock, also im Erdgeschoss, und hatten unsere eigene Toilette auf dem Balkon, eine Toilette mit Spülung. Und wir hatten eine verglaste Veranda, von der man hinaus auf den Balkon trat. Küche, Veranda und Balkon samt Toilette teilten wir uns mit der Nachbarin.

Das Zentrum des Hauses bildete für alle, die dort wohnten, der alte Innenhof. Unser Hof war ein Mikrokosmos für sich. Die meisten Bewohner waren Armenier. Es gab Russen. Und es gab eine Familie, wo der Mann Grieche war. Eine aserbaidschanische

Familie gab es auch. Dennoch: Vom aserbaidschanischen Dasein habe ich in diesem Hof, ehrlich gesagt, kaum etwas mitbekommen.

Genauso in der Schule: Wir, die wir aus diesem Mikrokosmos kamen, haben damals zum Beispiel die aserbaidschanische Volksmusik belächelt. Diese Aschiks, diese Volkssänger – das war bei uns jungen Leuten so etwas von verpönt. Also: *Um Gottes willen!* – Das war eben unser russischer Größenwahn. Wir sagten uns: *Wir können Russisch, wir brauchen keine anderen Sprachen.* Ab der 5. Klasse hatten wir Aserbaidschanisch-Unterricht. Aber unsere *Müällim* – unsere *Lehrerin* – war sehr gutmütig, und wir lernten nicht so viel in ihrem Unterricht. Zwar hatte ich meine Vier, also mein *Gut*, aber außer *jakhsche* und *tschokh jakhsche* – also *gut* und *sehr gut* – konnte ich kaum Aserbaidschanisch.

Von der Veranda aus kam man direkt ins Zimmer meiner Eltern. Dort war ein großer Tisch, auf dem später der Fernseher stand. Meine Eltern schliefen in einem schmalen Metallbett. Da hat man damals noch gesagt: *wie bei den Soldaten*. Es gab auch einen alten Ofen, der mit Gas beheizt wurde. Aber es wurde bei uns immer nur lauwarm. Badewanne und Bad hatten wir nicht, sondern eine große Kupferschüssel, in der wir als Kinder gebadet wurden. Sonst sind wir in die *Banja* gegangen, ins russische Badehaus.

Mein Bruder ist vier Jahre jünger. Er schlief bei meinen Eltern im Zimmer. Und ich schlief bei meiner Oma. Die Räume hatten hohe Decken, und es gab große Fenster; alles war schön hell, viel größer und heller als später im Wohnblock.

Ich besuchte die 65. Schule, später die 242. Schule. Das waren russischsprachige Schulen. In Baku gab es außerdem noch Nationalschulen, in denen auf Aserbaidschanisch gelehrt wurde. Und eine armenische Schule gab es auch.

Einmal im Jahr kam der Fotograf; da standen wir dann alle – als Klasse 5A im Mai 1970, wie hier auf diesem Foto. Siehst du? Auch wenn wir im Orient gelebt haben: Wir durften kurze Kleider und Miniröcke tragen, weil das eben gerade die Mode war. Kopftücher gab es nicht. In der Sowjetunion, denke ich, waren die Kopftücher gleich zu Anfang mit der Revolution verschwunden.

Valentina Iwanowna war meine Lieblingslehrerin. Unser Kontakt ist auch nach der Schulzeit nicht abgebrochen. Und noch heute denke ich in großer Liebe an sie.

Das ist Tanja. Sie war Armenierin. Und hier ist Irina. Ihr Familienname war ukrainisch. Ja, und wo ist Emma? Die sehe ich jetzt nicht. Und Nadja. Ich glaube, sie war Molokanin. In der 8. Klasse hatten wir uns noch alle so amüsiert, dass Nadjas Bauch immer größer wurde. Und sie hat gesagt, das kommt, weil sie zu viel Kartoffeln gegessen hätte. Aber dann kam heraus, dass sie schwanger war. Sie ist weg von der Schule und hat das Kind zur Welt gebracht. Noch heute leben Molokanen in Aserbaidschan. Das mit Nadja war schon außergewöhnlich. Auch weil wir ja als Jungfrauen in die Ehe gehen sollten.

Bei uns gab es das nicht, dass man sagen konnte, man sei verliebt oder was. Aber da war der Mischa. Der war zwar nicht besonders hübsch, aber er hatte was. Und Wasja war der Hübscheste bei uns in der Klasse. Bloß war er so eigenbrötlerisch. Er wollte Offizier werden.

An unserer Schule hatten wir ganz viele Nationalitäten ... Aserbaidschaner, Lesginen, Juden ... Und wenn man gesagt hat: *Naja, man ist zu einem Viertel das und zur Hälfte das,* dann hatte das überhaupt keinen Beigeschmack. Das war absolut egal, weil wir alle miteinander Russisch gesprochen haben. Und wir alle hatten auch nichts mit der Religion am Hut. Zu meiner Zeit wurde in Baku weniger Aserbaidschanisch gesprochen, sondern es war immer sehr international, also *multikulti,* und wir sprachen Russisch. Auch zu Hause haben wir nur Russisch gesprochen.

Ja, und diese Pionierlager. Die Pionierlager befanden sich in den Vororten von Baku, am Kaspischen Meer. Jeden Abend hatten wir Kino, Freiluftkino. Und jeden Abend Tanz. Und wenn es nicht stürmte, sind wir so gut wie jeden Tag zum Strand gegangen, um zu baden. Nein, ich habe nie gesehen, dass das Kaspische Meer brennt. Ich habe nur gesehen, dass da etwas schwimmt. Vor allem auch dort, wo wir badeten. Je nachdem wie die Wellen waren, sagte man manchmal: *Hier schwimmt schon ganz schön was!* Und wenn man im Pionierlager zum Meer gelaufen ist, hörte man überall diese *neftjanije vishki*, diese kleinen Erdölfördertürme – *Wumm, wumm.* Das alles gehörte zu uns, wie der leichte Geruch nach Öl, der in der Luft lag, wie auch die Steppe. Meine Mutter ist ja, anders als ich, in Baku nie heimisch geworden, weil – bei uns in Baku hat es den ganzen Sommer nicht geregnet. Und der Wind peitschte, und es gab diese Stürme mit dem heißen Sand ... Ich aber habe Baku wirklich geliebt.

Am Wochenende haben uns die Eltern besucht. Und sie nutzten ihre Besuche bei uns, um auch selbst baden zu gehen. – Wir haben es geliebt, dieses Leben. Wir haben Theateraufführungen veranstaltet und Lieder gesungen. Und es gab Buchweizengrütze. Nur etwas gab es, dass ich nicht so geliebt habe: Die Übernachtung im Zelt. Ich hasse es bis heute.

Als wir nun in diese neue Wohnung kamen, im Randgebiet von Baku, in diese Betonplatte, sagte meine Mutter nur: *Wie in einem Kuhstall!* Platzmäßig war es eine Verbesserung. Wir hatten jetzt ein Bad und eine warme Wohnung. Für jedes Familienmitglied, das mit umgezogen war, gab es hundert Rubel. Das war damals sehr viel Geld. Das alles sprach dafür. Aber wir wohnten nicht mehr in der Innenstadt. Hier waren wir die Fremden. Und um unseren Wohnblock herum gab es nichts als – Blöcke, Blöcke, Blöcke und wohnte überwiegend die Arbeiterklasse. Meine ersten Schimpfwörter lernte ich hier.

Zugleich wohnten in dieser neuen Siedlung verschiedene Nationalitäten, auch Armenier. Eine alte Armenierin sagte einmal etwas auf Armenisch zu mir, und ich konnte sie nicht verstehen.

Ich hatte ja nie Armenisch gelernt. Und sie sagte: *Sie ist Armenierin und versteht kein Armenisch.* Ohne die Sprache verliert man immer auch ein Stückchen Identität.

Später kam dann die Metro. Dadurch wurde es für uns da draußen leichter. Unsere Station hieß *Neftschilar*. *Neft* ist Erdöl. Und *Neftschilar* waren die Erdölarbeiter.

Zuerst wollte ich Ansagerin im Fernsehen werden. Aber ich hatte immer Schnupfen. Und irgendwann dachte ich mir: *Nee, mit Schnupfen nehmen die dich nicht.* Dann wollte ich Schauspielerin werden. Ich habe mich beworben, in Baku. Aber es klappte nicht. Dafür haben sie meine Freundin genommen. Die war in einer aserbaidschanischsprachigen Schule und ist dann auch aserbaidschanische Schauspielerin geworden. Als Nächstes wollte ich, auch weil ich mich nicht so hübsch fand, Regisseurin werden. In der 7. Klasse war meine Nase so gewachsen ... Wahrscheinlich war das die Pubertät. Jetzt weiß man das. Damals wussten wir nicht, dass es die Pubertät ist. Ja, und schließlich wollte ich Journalistin werden. Und das bin ich bis heute.

1979 kam ich das erste Mal nach Deutschland, in die DDR; seit 1982 wohne ich hier. Ich war mit einem Offizier der Volksmarine verheiratet und lebte mit ihm in Dranske auf Rügen. Meine Tochter Christina wurde 1980 in Bautzen geboren, mein Sohn Sascha 1988 in Zwickau.

Ich bin keine Russin, ich bin keine Armenierin. Das ist dann immer diese innere Zerrissenheit ... Ich habe angefangen, wieder Tagebuch zu führen. Ich mache das jetzt in zwei Sprachen, auf Deutsch und auf Russisch. Wenn du dich lange nicht mit deiner Muttersprache beschäftigst, verarmt sie. Inzwischen lebe ich schon viel länger in Deutschland, als ich je in meiner Heimat gelebt habe.

Zugleich sage ich heute immer noch: Ich bin halb Armenierin und halb Russin und russischsprachig. Ich war ja auch Sowjetmensch. Für uns war diese Gleichheit wichtig. Wir hatten dieses

Gefühl, dass uns die ganze Welt offensteht. Und auch wenn ich inzwischen deutsch denke und viel deutscher bin, als mein Akzent es verrät, ich würde trotzdem nie sagen, dass ich eine Deutsche bin, auch wenn ich die Staatsbürgerschaft habe. Man bleibt immer so ein Zwischending. Aber meine Heimat ist jetzt hier. Und zwar ist sie das, seitdem auch meine Mutter hier lebt, seitdem ist Deutschland meine Heimat geworden.

Baku, das ist die Stadt, die uns geprägt hat; und das bleibt – unabhängig von jeder Nationalität. Wir bleiben – und da kriege ich jetzt gleich wieder eine Gänsehaut – Bakinzi. Die armenisch-aserbaidschanischen Konflikte habe ich persönlich nicht miterlebt. Ich bin und bleibe Bakinka. Und wenn ich in Zwickau beim Robert-Schumann-Festival einem begegne, der aus Baku kommt, da geht mein Herz auf. Da eile ich hin und umarme ihn, weil ich weiß: Er kommt aus meiner Heimatstadt, dieser junge Mann, dieser Pianist. Ein junges Mädchen war seine Begleitung, und sie sagte zu mir: *Ich sehe zum ersten Mal eine Armenierin.* Sie war völlig überrascht, dass ich so offen bin. Und ich fragte sie: *Warum sollte ich es nicht sein?*

Constanze, wenn ich dich um etwas bitten darf: Kannst du schauen, ob du unser altes Haus noch findest, das in der Innenstadt?«

Ich verspreche es Ludmila. Und kaum bin ich wieder in Baku, fahre ich zum einstigen Lenin-Prospekt, auf die heutige Straße der Freiheit, schaue mich dort um, finde aber weder das Haus, in dem Ludmila aufgewachsen ist, noch diesen alten Innenhof.

Tag 23

Orangefarben und antik

Alte Alphabete

Chingiz Babayev schrieb im Zusammenhang mit seiner Kunstinstallation *Alte Alphabete*: »Die Sprache ist notwendig, damit Menschen vergangene Ereignisse aufzeichnen können. Entsprechend der Russifizierung (...) wurde das aserbaidschanische Alphabet mehrmals geändert. Diese Veränderungen zwangen die Aserbaidschaner, die russische Kultur zu studieren und lenkten ihre Aufmerksamkeit von ihrem eigenen nationalen Erbe ab.« (24)

Chingiz und die Teppiche

Für eine Woche bin ich in Chingiz' Home Gallery zu Gast. Wie Ashurey wohnt auch er auf einer 17. Etage, in einem Hochhaus – das seine mitten in Baku. Chingez' Home Gallery ist eine Ausstellung für sich – mit Plastiken, Malereien, Grafiken, Fotografien, Wolkenbildern: etwa einer Wolke in den Umrissen Aserbaidschans. Mit dabei ist auch eine Wachsfigur seiner selbst als ganz persönliches Resultat einer dreijährigen Tätigkeit im Wachsfigurenkabinett von Madame Tussauds. Und – Chingiz entwirft Teppiche.

Wir trinken Tee, ganz klar, und vor uns an der Wand hängen *seine* Teppiche. Farblich dominieren ein warmes Rot, in mehreren Abstufungen, sowie Schwarz.

»Als Kind bin ich«, erzählt er, »auf dem Teppich aufgewachsen. Teppiche waren bei uns überall. Damals habe ich mit den Mustern gespielt. Ich hatte kleine Autos und habe sie auf den Mustern entlangfahren lassen. Und ich habe Gebäude und Figuren aus Plastilin geknetet und auf den Teppich gestellt. Während des Spiels verklebte und verschmierte ich alles. Meine Mutter schimpfte, hat mir das Plastilin weggenommen und aus unserer Wohnung im 5. Stock geschmissen. Aber mein Vater sagte zu ihr: *Warum machst du das?* Und er hat mir neues Plastilin gekauft. Die Teppiche waren mir schon immer sehr nah. Ich bin sogar auf dem Teppich eingeschlafen. Früher dienten sie den Königen, um geheime Nachrichten zu überbringen, obwohl es erst einmal drei Monate dauerte, bis so ein Teppich fertig gewebt war. Und war er fertig, wurde er mit Pferden transportiert.«

Chingiz philosophiert gern. Entspannt lehnt er sich jetzt in seinem Sessel zurück und führt aus, was ihm im Zusammenhang mit Teppichen als wichtig erscheint: »Alle Kunstwerke, auch Teppiche, besitzen Energie. Ein Teppich besitzt eine eigene Sprache.«

In den verschiedenen Regionen Aserbaidschans existieren verschiedene Teppich-Schulen. Und da jede dieser Schulen eigene Symbole verwendet, ist daran sofort die Herkunft eines Teppichs erkennbar. Zugleich spiegeln sich die Zeiten wider. So gibt es in alten Teppichen Sterne, in Teppichen aus Sowjetzeiten wiederum Sowjetsterne ...

Als Freund konzeptioneller Kunst begann Chingiz zunächst damit, im offenen Raum Teppiche zu *weben*, wobei er anstelle von Wolle oder Seide Blumen verwendete, Obst und Gemüse. Diese, wie er sie nennt, *lebenden Teppiche* wurden in Österreich gezeigt, in Italien, Frankreich, Russland, der größte aber war für Baku geplant, direkt gegenüber dem Haydar-Aliyev-Zentrum.

»Aber der Wind hat ihn genommen«, führt Chingiz mit Bedauern aus. »Das ging so schnell, und der Windstoß kam so unerwartet, dass ich noch nicht einmal rechtzeitig ein Foto machen konnte.«

Anschließend begann Chingiz damit, Muster für Teppiche zu entwerfen. Dabei faszinierte ihn vor allem der Umstand, dass die Form vorgegeben ist und mit eigenem Inhalt gefüllt werden kann.

Auf einem dieser Teppiche von Chingiz sehe ich Raben. Allesamt schauen sie in ein und dieselbe Richtung. Nur einer schaut anders, und zwar genau entgegengesetzt. Alle sind dunkelrot, nur der eine Rabe ist heller – orangefarben. »Orange ist die heilige Farbe im Buddhismus«, merkt Chingiz an und hält plötzlich inne. Etwas fällt ihm ein. Und zwar möchte er mich mit seinem Freund Vügar Dadashov bekanntmachen: »Vügar ist eine sehr interessante Person. In den Werkstätten, mit denen er zusammenarbeitet, entstehen auch meine Teppiche, und das in hoher Qualität. Vügar liebt Teppiche, vom Herzen her. Das erhöht sowohl die Qualität als auch die Ausstrahlung eines Teppichs. Dass so etwas überhaupt möglich ist, weiß ich erst, seitdem ich Vügar kenne.«

Antike Teppiche für die Zukunft

Vügar holt uns ab, fährt mit uns aus der Stadt hinaus, dorthin, wo er wohnt und wo es in der Nähe auch eine der vielen häuslichen Webereien gibt, mit denen er zusammenarbeitet. Solche Webereien gibt es in ganz Aserbaidschan.

Auf der Autobahn stadtauswärts kommen wir zügig voran. Eine reichliche halbe Stunde später haben wir das Haus von Vügar und seinem Vater erreicht. »Sie interessiert die Arbeit meines Sohnes?« Ich nicke. Der Vater begrüßt auch Chingiz. Vügar geht schon voraus, durch den Garten nach hinten zum Lager mit den Naturfarben und zur Werkstatt. Wir folgen ihm.

Vor dem Lagerraum steht ein Bottich mit roter Farbe. In der roten Farbe schwimmt die Wolle, die bald darauf zum Trocknen im Geäst der Bäume hängt.

Vügar Dadashov ist Anfang vierzig, stammt aus Baku, studierte an der Universität Istanbul *Internationale Beziehungen* und ist Nachfahre einer Familie, die schon über mehrere Generationen mit Teppichen handelt. Dabei fasziniert Vügar vor allem die besondere Leuchtkraft alter kaukasischer Teppiche.

Innerhalb seines Forschungsprojektes *Antike Teppiche für die Zukunft*, analysierte er zunächst Hunderte antiker Teppiche – in Design, Struktur, Material, Farben. Über 20.000 Fotos hat er gesammelt, neue kommen hinzu.

Darüber hinaus reiste Vügar in abgelegene Bergdörfer, bis in den Nordwesten des Iran, dorthin, wo nach wie vor traditionelle Muster verwendet werden, mit natürlichen Farben gearbeitet wird und Teppiche in traditioneller Webtechnik entstehen.

Alles beginnt mit der Schafwolle. Die Schafe werden im Frühling geschoren. Diese erste Wolle ist auch die, die am meisten glänzt und am widerstandsfähigsten ist. Die Wolle wird sortiert, gewaschen, gekämmt und versponnen, alles in Handarbeit. Entsprechend diesen Kriterien kauft Vügar die Wolle ein.

Der nächste Schritt ist die Herstellung der Farben auf natürlicher Basis. Vügar färbt selbst. Die nötigen Kenntnisse erwarb er sich auf seinen Reisen in den Nordwesten des Iran. Dort suchte und fand er alte, erfahrene Menschen, die dieses Wissen um traditionelle Rezepturen und Färbetechniken noch besaßen und an ihn weitergeben konnten.

Schließlich betreten wir Vügars Refugium – den Naturfarben-Lagerraum. An allen Ecken und Kanten hängt büschelweise

Wolle, in Rot, Blau, Grün, Gelb … Vügar zeigt uns einen Beutel voller Walnussschalen: »Damit färbe ich die Wolle braun. In Verbindung mit Indigo wird es zu einer sehr dunklen Farbe, fast schwarz.«

Vügar bittet um mein Notizbuch und schreibt es für mich auf: *Madder Rubia tinctorum*. Damit wird die Wolle wiederum rot. Und als ich, Laie auf diesem Gebiet, später nachschaue, lese ich von *Färberkrapp*, oder auch: *Echter Färberröte* … Ich frage nach dem Karminrot, gewonnen aus Cochenilleschildläusen, und frage Vügar, ob auch er mit Cochenille arbeitet.

»Das ist sehr teuer. Ich verwende es hauptsächlich, um eine violette Farbe zu erzielen, verwende es aber auch als sekundäres Färbematerial, um einige kalte Rottöne zu erhalten.«

Natürlich muss auch gesagt werden, dass mit der ausschließlichen Verwendung natürlicher Farbstoffe der Prozess der Farbgebung bedeutend aufwendiger wird, und damit auch teurer, dass aber nur dadurch – endlich – diese antike Leuchtkraft wieder aufzuscheinen vermag. Das eigentliche Geheimnis liegt laut Vügar in liebevoller Handarbeit sowie der Verwendung natürlicher Farben: »Natürliche Farben sind nicht rein. Sie enthalten immer auch andere Farbpigmente. Und genau dadurch werden sie lebendig. Sie verändern sich je nach Tageszeit. Mit dem unterschiedlichen Licht ergeben sich unterschiedliche Farbtöne«, resümiert Vügar und hält mir eine Handvoll mit weißen Kristallen zur Ansicht hin. »Das ist Alaun. Wir verwenden es als Beizmittel. Die Farbe wird dadurch heller, und sie wird fixiert.«

Unvermittelt kommt Vügar jetzt auch auf die Teppichentwürfe von Chingiz zu sprechen.

»Ich war überrascht, als ich seinen ersten Entwurf gesehen habe«, erinnert er sich. »Ich sagte ihm, dass mich dieser an die Entwürfe einiger früher türkischer Teppiche aus dem 13./14. Jahrhundert erinnert. Chingiz wusste nicht einmal, dass solche historischen Entwürfe überhaupt existieren. Heute denkt er, dass er diese Entwürfe aus seinem genetischen Gedächtnis heraus gemacht hat. Auch die Ähnlichkeit mit mittelalterlichen europäischen Entwürfen einiger Tierteppiche liegt auf der Hand.«

Als Beispiel zeigt mir Vügar auf einem seiner 20.000 Fotos *Die Hochzeit der Jungfrau*, 1380, ein Gemälde von Niccolo di Buonaccorso, das in der Nationalgalerie in London hängt. Auf diesem Bild ist zu sehen, wie die titelgebende Jungfrau inmitten einer kleinen Gesellschaft auf einem Teppich steht, der tatsächlich in seiner lakonisch-ornamentalen Gestaltung an Chingiz' Teppich mit den Raben erinnert. Auch bei Niccolo di Buonaccorso sind stilisierte Vögel zu sehen, in Rot und Gelb, wobei der Untergrund jeweils gegenläufig in der Farbgebung wechselt.

Vügar strahlt Ruhe aus. »Geduld ist bei unserer Arbeit das Wichtigste«, meint er. »Ein handgeknüpfter Teppich entsteht langsam. Seine Herstellung braucht sehr viel Zeit. Unsere Teppiche entstehen in alter aserbaidschanischer Tradition und sind Teppiche in Museumsqualität, eben *Antiquitäten der Zukunft*. Wichtig sind uns – künstlerischer Ausdruck, Schönheit, Seltenheit und eine kulturelle Bedeutung. Ich glaube, das ist in Aserbaidschan einzigartig, vielleicht sogar in der Welt.«

Mir kommt jetzt ein Gedanke. Und ich äußere ihn zögernd: »Wie vollzieht sich die mentale gesellschaftliche Transformation in Aserbaidschan? Ist es möglich, dass diese Transformation in erster Linie und vor allem durch die Arbeit mit den Händen geschieht –– beim Weben, beim Sticken, beim Musizieren, beim Färben ...? Der Wert des Arbeitens mit den Händen scheint mir in Aserbaidschan besonders hoch zu sein, insbesondere bei diesen traditionellen Arbeiten. Was meinen Sie?«

Ohne auch nur einen Moment zu zögern, stimmt Vügar mir zu.

In der Teppichweberei

Im September 2019 findet in Baku ein Kunstfestival statt: *Der Mädchenturm. Eine Frau sein.* Ein Teil der Veranstaltungen findet in Guba statt, konkret in einer der dortigen Teppichwebereien. Die Festivalkuratorin Sabina Shikhlinskaya berichtet später über einen Workshop zur Herstellung von Teppichen, der von einer Nichtregierungsorganisation angeboten wurde: »Die Organisation wird von einer Frau geleitet, die seit fünfzig Jahren der Guba-Teppichschule angehört. Obwohl diese Teppiche viel Geld kosten, erzählten uns die Frauen von den schwierigen Arbeitsbedingungen und dass sie selbst fast unterhalb der Armutsgrenze leben. Aber sie arbeiten weiter, um die Tradition zu pflegen. Sie beklagen sich nicht. Durch diese Veranstaltung wurde das Thema der wichtigen Rolle der Frau in unserer Gesellschaft erneut angesprochen.« (25)

Chingiz lässt seine Teppiche bei Vügar machen. Vügar arbeitet mit häuslichen Webereien in ganz Aserbaidschan zusammen.

Wir fahren in ein Dorf, um solch eine Weberei zu besuchen. Als wir das Haus betreten und ich den Webstuhl im Wohnraum stehen sehe, bin ich mir sicher, dass dieser mindestens hundert Jahre alt ist. Aber alles funktioniert. Vier junge Frauen sitzen nebeneinander auf einer Holzbank, auf einer Bank ohne Lehne. Drei von ihnen tragen Kopftuch. Diese jungen Frauen sind, wie ich höre, alle miteinander verwandt. Sie sind noch unverheiratet, und hier verdienen sie ein eigenes Geld.

Die vier Frauen sitzen, knüpfen, kürzen den Faden ... Die Fortschritte, mit denen der Teppich wächst, erscheinen mir minimal. Ich schaue den Frauen zu und bewundere die Präzision ihrer Arbeit. Soviel ich sehen kann, ist der Teppich in aller Breite angelegt. Ich sehe den Anfang, wobei ich annehme, dass die Frauen mit ihrer Erfahrung bereits den fertigen Teppich sehen. Die Frauen, fast noch Mädchen, sprechen leise, und sie lächeln viel.

Über den Webrahmen sind nach oben hin die Kettfäden gespannt, dicht beieinander. Während der Arbeit rutscht eine Papierrolle mit der detaillierten Teppichzeichnung auf einer Schnur hin und her. Und ganz oben am Rahmen sind die Wollknäuel aufgesteckt – Rot, Taubenblau, Beige ... Jeweils auf zwei Kettfäden wird ein Knoten geknüpft, überschüssige Wolle mit dem Hakenmesser abgeschnitten und – wenn dann eine Reihe durchgängig geknüpft ist – der Schlussfaden quergeschossen. Im nächsten Schritt werden mit dem *Kirkit*, einer Art Kamm, alle Knoten und Fäden straff nach unten gekämmt, geschlagen und damit das Gewebe verdichtet. Überstehende Fäden werden zum Schluss auf eine einheitliche Florstärke hin angeglichen. Dann entsteht die nächste Reihe.

Alles das ergibt den Sound. Das Schneiden mit dem Hakenmesser ergibt den Klipp-Klang. Es klingt wie Regen, der auf ein Plastikfenster fällt. Und wenn die Fäden mit dem Stahlkamm fest- und dichtgekämmt werden, klopft es. Damit ein Teppich von 150 x 250 Zentimetern entsteht, bedarf es etwa 650.000 einzelner Knoten, bei einem Teppich von 200 x 300 Zentimetern sind das eine Million. Zwei Weberinnen haben damit ungefähr drei Monate lang zu tun.

Dieser Teppich-Web-Ort wirkt auf mich magisch. Zugleich: Täglich acht Stunden lang am Webstuhl zu sitzen ... Es muss schwer sein. Irgendwann muss den Frauen doch der Rücken schmerzen. Zugleich gibt es da etwas, was sie offensichtlich miteinander verbindet, was sie gegenseitig hält.

Die älteste unter den Frauen – sie trägt um den Kopf ein schneeweißes Tuch und bewegt sich trotz ihres Alters fließend – bespricht sich gerade mit Vügar. Es geht um das nächste Muster. Und auch diese Frau wirkt innerlich frei.

Ich verfolge den Gedanken nicht weiter, denn mit ihr, der Ältesten, ergibt sich jetzt ein Gespräch: »Ich webe seit achtzehn Jahren. Es war für mich immer eine gute Arbeit. Es ist Handarbeit. Es ist eine Arbeit, die viel Liebe braucht. Darauf achten wir. Denn diese Liebe weben wir in unsere Teppiche mit hinein.«

Im Teppichmuseum

Das Teppichmuseum ist selbst ein stilisierter Teppich, genauer gesagt, ein Teppich, der gerade entrollt wird. Das Museum entstand nach einem Entwurf des österreichischen Architekten Franz Janz.

Das erste Teppichmuseum in Baku wurde 1967 gegründet, durch den Wissenschaftler und Teppichkünstler Latif Karimov (1906–1991). Im Jahr 2014 konnte in das oben erwähnte neue Haus umgezogen werden, was bei 13.300 Exponaten an eine organisatorische Meisterleistung gegrenzt haben dürfte.

Die Leiterin der Abteilung für internationale Beziehungen und Innovationen, Frau Firahnaz Musayeva, wird mich führen. In ihrer Art entspricht sie dabei völlig ihrem Namen, den selbst sie noch kein zweites Mal so gehört hat. An sich ist als Vorname *Farahnaz* üblich, wobei *Farah* für *Freude* steht und *Naz* für *Weiblichkeit*.

Ja, ich liebe Geschichten. Firahnaz macht mir schnell klar: Jeder einzelne dieser ausgestellten Teppiche verfügt nicht allein über seine eigene Herstellungsgeschichte, sondern erzählt darüber hinaus mittels der im Teppichmuster verwendeten Bildzeichen auch eigene Geschichten. Gerade diese Bildzeichen erzeugen und bestimmen wesentlich die Energie im Raum. So gibt es als Zeichen das *Pferd*, das Hoffnung bringt, den *Falken*, der das Glück symbolisiert, und den *Adler*, der wiederum für Macht und Stärke steht. Tauchen *zwei Vögel* auf, die einander anschauen, ist dies das Zeichen der Liebe. Prinzipiell dienen Tiere als Schutzelemente. Die Darstellung wiederum von Wasser bedeutet Heilung und Leben. Und auch das Buta-Ornament fehlt nicht.

»Und hier sehen Sie stilisierte Drachen«, führt Firahnaz weiter aus. »Drachen bedeuten Schutz für das Haus. Die Ornamente eines Flechtwerks symbolisieren zumeist den Baum des Lebens. Wer reich war, der ließ sich Teppiche aus Seide machen. Wer nicht so reich war, besaß Teppiche aus Wolle oder Baumwolle.«

Im *Paradiesgarten* wächst zentral der Baum des Lebens, unübersehbar als Baum zu erkennen, und seitengleich schauen sich zwei Ziegen an sowie zwei edle weiße Vögel; weiter außen stehen Zypressen. Im *Paradiesgarten* dominieren in blassen und gedeckten Nuancen – Blau, Rot und Grün.

... und zwar ist da ein reicher Mann. In seinem Besitz befindet sich ein besonders großer Teppich in allen möglichen Blau-Schattierungen, ein Teppich mit der Darstellung des Vogels Phönix sowie mit mehreren Drachen. Als der reiche Mann fühlt, dass sein Ende naht und er überlegt, wem seiner sechs Kinder er diesen Teppich einmal vererben wird, kann er sich nicht entscheiden. Am Ende lässt er den Teppich teilen – in sechs gleich große Teile.

Phönix ist der Vogel, der stirbt und aus seiner Asche wiederersteht. Neben Phönix wird auch der Vogel Simurg in einigen der Teppiche dargestellt, ein Vogel aus der persischen Mythologie, ein Schutzvogel, der übernatürliche Kräfte besitzt. Umgeben von Teppichen fühle ich mich wie in einem Geschichten-Paradies.

Viele der ausgestellten Teppiche wecken bei mir jetzt Erinnerungen: Ich werde an Dede Korkut erinnert, an das Märchen vom fliegenden Teppich, an die tragische Liebe von Leila und Madschnun, an den Komponisten Üzeyir Hajibeyli ... Und auch die Sowjetzeiten begegnen mir wieder: Drei Sportler rennen am Kaspischen Meer entlang, sie laufen um die Wette; Pioniere mit roten Halstüchern forschen in einem Laboratorium und ein Arbeiter mit roter Fahne steht wie eine Galionsfigur vor der Erdölstadt Baku – vor Baku samt aller Erdölpumpen sowie dem Mädchenturm ... Und selbst auf den Teppichen aus Sowjetzeiten tauchen auch immer wieder die alten Motive auf, Symbole wie Blumen, Drachen und Granatäpfel, die Ranken des Lebensbaumes.

Schließlich komme ich zu einem Teppich, der strahlt in Dunkelrot und Schwarz. Mich faszinieren die leuchtenden Farben sowie die Klarheit seines Designs: Da sind Wesen, in Schwarz-Rot, die alle miteinander in ein und dieselbe Richtung sehen-gehen-zeigen, sodass es fast schon wie *die Ordnung* aussieht; nur ist da mittendrin einer, der zeigt, schaut, geht genau entgegengesetzt. Und vielleicht wäre das nicht einmal groß aufgefallen, aber noch dazu trägt dieser einzelne Gegenläufer ein orangefarbenes Kleid. *Résistance – Widerstand. 2017*, lese ich auf der Beschilderung. Und: *Chingiz Babayev.*

Tag 24

Energisch und schlau

Der Nachbar

Elnur habe ich gemeinsam mit Chingiz in Georgien während einer Künstlerwoche kennengelernt. Inzwischen ist das zwei Jahre her. Gestern konnte Elnur, gerade zurückgekehrt aus den USA, an unserem Teppich-Tag nicht mit dabei sein. Ich besuche ihn heute in seinem Elternhaus am Meer in Bilgah.

Von Baku sind es bis dorthin fünfzig Kilometer. Ich weiß, dass der Bus nach Bilgah eine Ewigkeit braucht und entscheide mich dafür, bei dieser Mai-Hitze ein Taxi zu nehmen. Mittlerweile wohne ich wieder bei Ashurey in der 17. Etage. Ashurey versucht mir ein Taxi über *Uber* zu bestellen. Doch es ist wie verhext. Nach zwei Fehlversuchen beschließen wir, hinunter auf die Straße zu gehen, um nach einem Taxi – gleich welcher Art – Ausschau zu halten.

Auf der 14. Etage steigt ein älterer Mann zu uns in den engen Lift. Es ist einer der Nachbarn. Zuerst mustert er mich, dann Ashurey; schließlich entscheidet er sich für Ashurey, um sie auf Russisch anzusprechen: »Deutsche?« Ashurey grinst zu mir herüber, sodass wiederum ich es bin, die ihm, ebenfalls auf Russisch, antwortet: »Ja, ich bin Deutsche, und sie ist«, mit Verweis auf Ashurey, »sie ist Aserbaidschanerin.« Daraufhin bittet der Nachbar Ashurey auf Russisch, sie solle mir unbedingt sagen, dass sein Sohn in Bremen studiert hat. Und wie gut es ihm dort gefiel. Der Nachbar freut sich herzlich über unsere Begegnung.

Als wir unten auf der Straße stehen und auch das nächste der *Uber*-Taxis unerwartet abdreht – es *ist* verhext –, rollt der Nachbar mit seinem Auto langsam zu uns heran. Wieder ergibt sich zwischen Ashurey und ihm ein Gespräch. Und schließlich ist er es, der mich fährt.

Eigentlich arbeitet der Nachbar in einem Elektroladen. Zuerst fahren wir dorthin, damit er das Ladengitter zumindest schon einmal hochschieben kann zum Zeichen: *Gleich komme ich wieder*; danach setzen wir die Fahrt fort. Unterwegs möchte der Nachbar vieles wissen. Und auch ich erfahre einiges. Zum Beispiel, dass er aus Länkäran stammt, aus dem Süden Aserbaidschans, nahe der Grenze zum Iran. Erfreut über diesen Zufall sage ich: »Übermorgen fahre ich nach Länkäran.«

»Oh, der Sohn meiner Schwester ist dort Zahnarzt. Haben Sie Probleme mit den Zähnen? Ich gebe Ihnen seine Telefonnummer. Wenn Sie Hilfe brauchen, wird er helfen.« Für einen Moment hält er inne und konzentriert sich auf die Fahrbahn. Aber schon kommt er zum nächsten Thema: »Eine Frage: Ich denke, dass die Deutschen uns Aserbaidschaner nicht besonders mögen.« Darauf weiß ich erst einmal nichts zu sagen. Mir ist die Meinung *der Deutschen* in dieser Frage allgemein nicht bekannt. Aber der Nachbar ist sowieso schon weiter und fügt an: »Und die Georgier mögen uns auch nicht.« Darauf kann ich besser antworten: »Also von *den Georgiern* habe ich nur Gutes über die Aserbaidschaner gehört.«

»Na«, schließt der Nachbar das Nationalitätenthema ab: »Wir Aserbaidschaner sagen, was wir denken und fühlen. Herz, Kopf und Mund – das ist bei uns eins.«

Wir haben Elnurs Haus erreicht. Bevor ich aussteige, frage ich den Nachbarn, was ich ihm bezahlen darf. Der überlegt gar nicht erst, sondern sagt lachend: »Tausend Euro!«

»Kein Problem«, erwidere ich. »Aber ich zahle erst morgen.«

»Sie haben mich verstanden!«, ruft er begeistert, bevor er wieder zurück nach Baku fährt.

Elnurs Vater

Zwei Katzen, ein Hund, dazu ein schelmisches Gesicht in Stein begrüßen mich, als ich den Garten von Elnurs Vater betrete, einen Garten, erschaffen im Wüstensand der Halbinsel Abscheron.

Elnurs Vater war ein bekannter Maler, Jahrgang 1927. Seit Rasim Babayev im April 2007 verstarb, lebt Elnurs Mutter allein. Elnur, der in Baku wohnt und oft auf Reisen ist, tut für seine Mutter, was er kann. Ist er länger unterwegs, dann kümmert sich sein Bruder oder sein Freund Chingiz um sie; genau wie umgekehrt Elnur sich im Fall des Falles um Chingiz' Vater kümmert.

Ich stehe vor einem Künstler-Garten, von Rasim Babayev einst angelegt. An Land gespültes, ausgetrocknetes Holz ist drapiert zwischen Tierschädeln und rund geschliffenen Steinen. Dazu sind immer wieder entlang der Wege Kacheln positioniert, bemalt mit Kamelen, menschlichen Gesichtern, sogar mit teuflischen Wesen, belustigten Divs. Ich gehe einige Schritte und komme an ein Mosaik, gesetzt aus bunten Steinchen und Muscheln: Zwei

Krokodile, oder einfach Ungeheuer, spielen – ihre Mäuler weit aufgerissen – mit einem roten Ball.

Auch rund um die Terrasse sind die Wände voller Kacheln, in der Folge bemalt mit Engeln, mit märchenhaften Kämpfern, mit der Altstadt Bakus samt Mädchenturm, mit Vogelwesen, vielleicht Phönix, vielleicht Simurg. Und natürlich mit einigen Drachen – für den Schutz des Hauses.

Ich gehe umher, schaue und frage nach nichts. Die junge Kunsthistorikerin Mehbara hatte mir von der Abscheron-Schule berichtet, *Schule* im Sinne einer Ausrichtung von Künstlern, die dort rund um Rasim Babayev außerhalb von Baku lebten und arbeiteten. Wesenskern dieser Schule war es, die Schönheit der Abscheron-Halbinsel zu zeigen, die Schönheit dieser Wüstenlandschaft ins allgemeine Bewusstsein zu heben. »Rasim Babayev war in Aserbaidschan einer der ersten Abstraktionisten der Sowjetzeit«, hatte mir Mehbara noch erzählt, »einer der ersten Nonkonformisten. Hier war ihm dieser Weg zunächst nicht erlaubt; dann aber hatte er einen gewissen Erfolg in Moskau, sodass seine Kunst in den 1980er-Jahren auch in Aserbaidschan öffentlich gezeigt werden konnte. – Es gibt etwas Verbindendes in seinen Arbeiten: Immer wieder tauchen Monster auf, *Div* genannt. *Dschirtdan* wiederum ist die Figur aus einem Märchen, das er illustriert hat. Der Hauptheld ist ein kleiner Junge, der in der Lage ist, ein Monster, einen Div, zu überlisten. Die Kinder lieben ihn.«

Im Künstler-Wüstengarten, dieser künstlich geschaffenen Oase, wachsen auch Bäume. Wobei es niedrige, schräg wachsende Bäume sind, deren Kronen vor allem in die Breite gehen. Jeder dieser Bäume wächst in eine eigene Richtung. Daneben verbreiten sich trockene Büsche, kleine Palmen und Kakteen. Was für ein schöner, melancholischer Garten aber auch. Der Wind streicht darüber hin.

Der Div, die Divs

Ich bitte Elnur um ein Interview. Ich möchte mit ihm über seinen Vater sprechen. Elnur gibt mir gern das gewünschte Interview, in russischer Sprache, ist am Schluss jedoch unerwartet aufgeregt und besorgt, ob ich auch wirklich alles richtig verstanden hätte. Und schon sind sie da, zumindest einer von ihnen, einer dieser Divs, dieser Teufelchen. Das halte ich durchaus für möglich, zumindest im Sinne einer Geschichte. Gut möglich, einer der hier auf die Kacheln gemalten Teufelchen hat sich materialisiert und stört uns nun, so gut er kann.

Zum Glück fällt mir in Elnurs Arbeitszimmer eine Zeitschrift des Bakuer Kunstzentrums *Yarat* in die Hände mit einem Interview, ganz ähnlich dem unseren: Elnur spricht über seinen Vater. Und wie ich es so lese, finde ich das wieder, was mir Elnur gerade erzählt hat. Kaum bekommt der Div das mit, gibt er auf und dreht ab. »Natürlich kannst du berichten, was ich dir über meinen Vater erzählt habe«, versichert mir Elnur, urplötzlich völlig frei und wieder entspannt.

Im *Museum für zeitgenössische Kunst* habe ich einige der Bilder von Rasim Babayev sehen können. Ich liebe seine Baum-Bilder, ich liebe sein Gemälde *Der Himmel* genauso wie das Gemälde *Die Erde*. Und seine Bilder mit den Divs mag ich auch; diese Bilder sind naturgemäß zwiespältig und farbenprächtig. Der Pinselstrich ist energisch gezogen, breit, Raum einnehmend und verbindet alles mit allem. Da sind – Flugzeuge, Bohrtürme, Waffen, Tiere und dazwischen die Divs, die Monster – einige von ihnen sind ohne Zähne, andere mit. Und mitten in allem Weltgetümmel steht ein Esel – seine Augen sind geweitet vor Schreck.

Ich habe Glück, denn im Museum für zeitgenössische Kunst gibt es eine Sonderausstellung unter dem Titel: *Underground. Neues Leben.* Es werden die Bilder aserbaidschanischer nonkonformistischer Maler ausgestellt, darunter Bilder von Elnurs Vater.

Die Ausstellung zeigt *nicht offizielle* Werke, Werke, die in den 1950er- bis 1980er-Jahren entstanden sind und aufgrund der politischen und ideologischen Zensur damals öffentlich nicht gezeigt werden konnten. Die Maler verwendeten helle Farben und oft genug die Metapher der Maske. Solche autonomen Werke passten nicht in die offizielle Kulturlandschaft. Das bedeutete für die Künstler: keine Ausstellungsmöglichkeit, kein Auftrag, kein Geld.

Manche dieser Künstler rebellierten, auch äußerlich. Andere machten es wie Elnurs Vater und nahmen aus finanziellen Gründen hin und wieder dennoch einen staatlichen Auftrag an, wobei Rasim Babayev eine Extra-Farbpalette verwendete. »Und«, erzählt Elnur, »nach der Erfüllung jedes dieser Aufträge wurde er erst einmal krank.«

Dabei konnte diese *Zensur*, und das erlebte ich selbst auch, oft absurde Züge tragen. So absurd beispielsweise wie die *Kritik* an Rasim Babayevs Gemälde *Familie*, das er 1971 gemalt hatte: Eine Familie geht spazieren; der Vater geht voran, es folgen die beiden Söhne und zum Schluss kommt die Mutter. Alle vier gehen barfuß.

Manch einer würde jetzt vielleicht danach fragen, warum die Mutter am Schluss geht. Mich selbst beschäftigen eher die abgeklärten Gesichter der vier. Die damalige Kulturministerin der UdSSR schaute wiederum vor allem auf die Füße der Protagonisten: »Sie sah das Bild auf der All-Unions-Ausstellung«, erzählt Elnur. »Und sie drückte ihre Abneigung gegen die Barfußkarriere der Künstlerfamilie aus, indem sie sagte: *Bedeutet das, dass der Künstler kein Geld für Schuhe hat?* – Aber der Sinn der Arbeit meines Vaters war wirklich einfach: Ein Vater führt seine Familie zu einem Spaziergang, der im Sommer während der Erholungssaison auf dem Land stattfindet. In unserer Kindheit sind wir den ganzen Sommer über barfuß im Sand herumgelaufen.« Elnur macht zugleich darauf aufmerksam, dass solche offiziellen Reaktionen, solche *Skandale*, das öffentliche Interesse an den Werken des jeweiligen Künstlers aber letztlich sogar vergrößert haben.

»Einmal, als vierjähriges Kind, war mein Vater sehr krank und hatte hohes Fieber. Und dort sah er zum ersten Mal diese Monster, die Divs; entweder war es ein Albtraum oder es war eine Halluzination, die durch das Fieber hervorgerufen worden war. Ein anderes Mal, viel später, war mein Vater in seinem Atelier und schaute aus dem Fenster. Dabei genoss er einen wunderschönen Blick auf die Stadt und auf das Kaspische Meer. Die Divs, die sich seiner Meinung nach in seinem Atelier befanden, nahm er in der Fensterscheibe wahr, als überlagertes Bild. Im Ergebnis entstand in ihm ein visuelles Gefühl. So wurde eine der beliebtesten Serien von Rasim Babayev geboren. Oft sah mein Vater seine zukünftigen Bilder im Traum.« (26)

Rasim selbst ging bezüglich der Erklärung seiner Verwendung von Divs noch weiter. In einem Interview Mitte der 1990er-Jahre sagte er: »Es war nicht ungewöhnlich, dass mir die Möglichkeit verweigert wurde, meine Bilder zu zeigen. (…) Die Sowjets erkannten jedoch eine Kunstschule an, die als *Primitivismus* bekannt war. Und ein Großteil meiner Arbeit ist in diesem Stil entstanden – brillante, gesättigte Farben, Perspektivlosigkeit und viele nicht menschliche Charaktere. In meinem Fall bedeutete das, vereinfacht ausgedrückt, dass viele Monster meine Leinwände füllten (wir nennen sie *Divs* oder Teufel). Unsere Märchen und Legenden – Geschichten, die wir von Kindheit an kennen – sind voll von diesen gruseligen Kreaturen. Und die Wahrheit ist: Ich habe diese Monster als Symbole des vorherigen Regimes und der Unterdrückung gemalt, unter der wir gelebt haben. (…) Dieser Typus eines Divs entwickelte sich; aus ihm wurde ein vielköpfiger Div, ein vielhändiger Div, ein vielbeiniger Div und so weiter. (…) Ja, was male ich außer Divs noch? Im Jahr 1990 hatte ich eine Operation und wurde während des Eingriffs unter Sedierung gehalten. Während ich schlief, träumte ich von Engeln. Ja, zwei weiße, echte Engel. Jetzt erscheinen diese Engel in meiner Arbeit.« (27/28)

Dschirtdan

Dschirtdan ist eines der alten Märchen, das die Kinder Aserbaidschans bis heute lieben. Als ich Ulviya nach Dschirtdan frage, wird sie lebhaft nostalgisch und erzählt begeistert: »Das war so ein kleiner, schlauer Mensch. Bei uns nennt man auch gern Kinder *Dschirtdan*, besonders solche Kinder, die alles genau wissen wollen. Ich zum Beispiel wurde oft so genannt.«

In den frühen 1960er-Jahren bekommt Rasim Babayev den Auftrag, eine neue Ausgabe von *Dschirtdan* zu illustrieren. In diesem Märchen überlistet dieser kleine, schlaue Junge nicht allein seine Freunde, sondern eben auch einen hässlichen, furchterregenden Div.

... und zwar lebt Dschirtdan in einem Dorf bei seiner Großmutter. Der Junge ist klein und schlau. Er und seine Großmutter lieben sich und helfen sich und erzählen sich Geschichten.

Eines Tages schickt die Großmutter Dschirtdan mit seinen Freunden in den Wald, damit sie Brennholz holen. Jedem der Jungs gibt die Großmutter noch Brot und Butter mit, als Proviant.

»Und passt bitte gut auf den kleinen Dschirtdan auf!«, sagt sie.

Angekommen im Wald beginnen die Freunde das Holz zu fällen. Dschirtdan schaut ihnen dabei zu. Für ihn ist klar: »Meine Großmutter hat euch Brot und Butter gegeben, damit ihr das Holz fällt – und zwar gleich für mich mit.«

Am Abend schultern alle außer Dschirtdan das Holz. Dschirtdan ist sich sicher: »Meine Großmutter hat euch Brot und Butter gegeben, damit ihr das Holz auch für mich nach Hause tragt.«

Die Freunde wollen los, da sehen sie, dass der kleine Dschirtdan am Wegesrand sitzt und weint. Sie fragen ihn, was los ist. Und Dschirtdan antwortet: »Meine Großmutter hat euch Brot und Butter gegeben, damit ihr mich tragt, wenn ich müde bin. Und jetzt bin ich müde.«

Also tragen sie ihn. Bald wird es dunkel. Sie gehen, können aber den Weg aus dem Wald nicht mehr finden. Hinter ihnen bellt ein Hund, und vor ihnen ist ein Licht zu sehen. Die Freunde können sich nicht entscheiden, welchen der beiden Wege sie nehmen sollten und sie fragen den Kleinen. Dschirtdan entscheidet sich für den Weg zum Licht.

Das Licht kommt aus einem Haus. Und in diesem Haus wohnt ein großer, hässlicher Div, ein Monster, das sehr gern Kinder frisst. Wie können sie das wissen? Sie klopfen an der Tür, und keiner öffnet. Sie denken immer noch, dass der Ort gut für sie sei. So treten sie ein.

Als später der Div nach Hause kommt, gibt es ein großes Gebrüll, denn er riecht schon die Kinder und freut sich so sehr. Die Kinder verstecken sich, der Div sucht nach ihnen und findet sie alle. Nun fragt der Div jeden einzeln, wer er ist und was er in seinem Haus sucht. Einer der Jungs erzählt ihm, gleich für alle, wie sie hergekommen sind. Der Div überlegt. Er vermag nicht, sie alle auf einmal fressen. Also bringt er sie erst einmal zu Bett.

Als alle schlafen, alle außer Dschirtdan, kommt der Div und fragt: »Wer schläft? Wer ist wach?« Und Dschirtdan antwortet ihm: »Alle schlafen, nur Dschirtdan ist noch wach. Mach mir erst ein Rührei, so wie es meine liebe Großmutter für mich vor dem Schlafengehen macht, dann schlafe ich bestimmt.« Also macht der Div für Dschirtdan ein Rührei.

Später geht der Div wieder zu den Kindern. Er fragt: »Wer schläft? Wer ist wach?« Und wieder meldet sich Dschirtdan: »Alle schlafen, nur Dschirtdan ist wach. Geh erst mit dem Sieb zum Fluss, um Wasser zu holen, genau wie meine Großmutter. Ich trinke das Wasser, und dann schlafe ich ein.«

Während der Div nun mit dem Sieb zum Fluss geht, um Wasser zu holen, weckt Dschirtdan seine Freunde und sie fliehen. Ihr Weg führt über den Fluss, an dem der Div schon mit dem Sieb in der Hand steht. Und der Div ruft: »Hej, Jungs, lasst mich mit euch gehen!« Dschirtdan verweist den Div auf einen großen, schweren Mühlstein, der am Ufer liegt und sagt: »Div, du musst dir nur diesen Stein auf den Kopf legen, dann kommst du gut durch den Fluss.« Der Div folgt Dschirtdans Rat und ertrinkt. (29)

Die Frage

Der Tag mit Elnur ist lang und reich. Wir erzählen uns, essen, trinken Tee. »Woran arbeitest du gerade?«, frage ich den Fotografen, Maler, Zeichner. Elnur führt mich in sein Atelier, in dem er momentan dabei ist, die Scherben gebrochener Kacheln neu zusammenzustellen. Gut möglich, es sind Kacheln, die vom Vater stammen, noch von ihm bemalt und gebrannt. Ich frage nicht nach. Die Kacheln sind mit blauen und auch gelben Teilornamenten bemalt, mit Blüten, mit stringenten und auch sanft geschwungenen Linien, alles das auf weißem Grund. Einige der Scherben liegen in Kartons, andere bereits aufgereiht auf dem Boden.

Da sind sieben kleine Vögel, ein Granatapfel, und dazwischen Einzelteile mit Bogen, die mich an gotische Fenster erinnern.

»Heiner hat mich eingeladen«, erwähnt Elnur nebenher, während er eine nächste Scherbe im Handteller wiegt. »Kaukasus-Reisen bietet eine Foto-Reise durch Aserbaidschan an. Und ich darf diese Reise als Fotograf begleiten«, erzählt Elnur und fügt schließlich die Scherbe zum Mosaik hinzu. Es ist eine weiße Scherbe mit einem blauen Herzen. Ich nicke. Von dieser Foto-Reise hatte ich bereits gelesen: »... Reise durch ein kontrastreiches und visuell aufregendes Land.«

Warum mir gleich darauf der Koran einfällt, werde ich auch später nicht zu sagen wissen. Mit dem Koran habe ich mich bis jetzt noch nie beschäftigt. Aber ich bin in einem Land, in dem die überwiegende Mehrheit der Menschen muslimischen Glaubens ist. Also frage ich Elnur: »Kennst du jemanden, der an Gott glaubt und der den Koran sehr liebt? Jemandem, dem das am Herzen liegt?« Elnur muss nicht überlegen: »Ja!«, sagt er und lächelt. »Das ist unser alter Nachbar.« Fazil Najafov war ein Künstlerfreund und Weggefährte seines Vaters und gilt heute, wie ich von Elnur erfahre, als der wichtigste noch lebende Künstler Aserbaidschans.

Tag 25

Sündig und vorübergehend

Die Seele

Wir stehen schon im offenen Tor, um hinüber zum Nachbarn zu gehen, als mein Blick noch einmal zurück in Rasims Garten wandert und auf eine Plastik fällt. Elnur folgt meinem Blick und sagt: »Diese Plastik ist von Fazil und heißt: *Die Seele*.«

Es handelt sich um eine aufrechte, schlauchartige Bronzeplastik, ein Geschöpf mit mehrstufigen Kammern wie bei einer Zuckerschote. Es besitzt Beine in Menschenart sowie stilisierte Arme, die auch Antennen sein könnten oder Flügel ...

Elnur erklärt es so: »Der Künstler stellt die verschiedenen Etappen der Seele dar, bevor diese aufsteigt in die andere Welt.«

Fazils Garten

Kaum habe ich den Kunst-Garten von Fazil Najafov betreten, verweile ich im Eingangsbereich bei einem Liebespaar aus schwarzem Marmor. Beide knien ritterlich, beide schauen in dieselbe Richtung, und da er ihr Rücken ist, werden sie eins.

Ein paar Schritte weiter halte ich bei einer Familie aus rotem Stein inne, mit Mann, Frau, Kind; zu ihren Füßen hausen die Ahnen, die zwar noch existent sind, in den Einzelheiten aber schon nicht mehr zu erkennen.

Und schließlich, zum Dritten, *steht-geht* da ein bärtiger Mann aus Sandstein, der den Anschein macht, als wäre er uns gefolgt und hätte zeitgleich mit uns Fazils Garten betreten. Der feine *Stoff* seines Anzugs fällt wie der Stoff einer Tunika. Er geht barfuß.

Ein weißhaariger und leicht gebeugter Mann kommt uns lächelnd entgegen. Elnur wirkt überglücklich. Und womöglich wird er für den Moment zu dem Kind, das früher viele Male schon in diesem Garten gewesen ist, gemeinsam mit dem Vater.

Der Künstler

Das Schwerste zu Sowjetzeiten sei für ihn gewesen, sich nicht verführen zu lassen, resümiert Fazil, befragt nach seiner Arbeit als Künstler, sich nicht auf das System und das damit verbundene Geld einzulassen, sondern *der* Künstler zu werden und zu bleiben, der man eigentlich ist.

»Als ich 1961 mein Diplom am Surikow-Kunstinstitut in Moskau verteidigte, entwarf ich als letztes Projekt eine Tonskulptur von Ölarbeitern. Diese Skulptur zeigte einen jungen Mann, der seinen von der Arbeit erschöpften, müden Körper an eine Stahlrohrleitung lehnte. Eine naheliegende Szene, könnte man meinen. Aber in der Sowjetunion wurde Arbeit als solches verherrlicht. Und der Arbeiter sollte nicht als müde und erschöpft gezeigt werden. So wurde mir befohlen, meine Skulptur zu zerstören und ein anderes Projekt einzureichen. Als ich das verweigerte, bekam ich kein Diplom.« (30)

Seit dem 5. Mai – und noch bis zum 3. Juni – ist in diesem Jahr Ramadan. Es ist genau diese Zeit, von der es heißt, dass der Koran *herabgesandt* worden sei, *in der Nacht der Bestimmung*. Tagsüber wird während der Zeit des Ramadans gefastet – es wird nichts gegessen und nur im Notfall getrunken. Das *Fest des Fastenbrechens* ist nach dem Opferfest das zweithöchste muslimische Fest im Jahr.

Fazils hochbetagte Frau kommt dazu und bittet uns lächelnd und in unverstellter Art an einen großen Tisch auf einer schattigen Terrasse. Während sie den Tisch mit Süßigkeiten, Nüssen, Datteln und Feigen deckt, sagt sie: »Entschuldigen Sie bitte, dass wir Ihnen nichts weiter anbieten. Aber es ist Ramadan. Und wir sind am Abend bei unserer Familie zum gemeinsamen Essen eingeladen.«

Fazil spricht Russisch. Auf meine rhetorische Eröffnungsfrage hin – »Wo ist Gott?« – beginnt er ohne zu zögern auszuführen. Er strahlt, während er erzählt, als wäre er schon im Paradies. Ich halte ihm das Aufnahmegerät entgegen und höre zu. Samira, diejenige, die mir auch vom *Himmelstanzen* der Derwische erzählt hat, eine junge, ernsthafte Muslimin, wird das Gesagte später für mich transkribieren, damit ich es in aller Ruhe und Sorgfalt übersetzen kann.

Wo ist Gott?

»Allah? *Gott ist hier und da, überall.* Diese Energie ist großartig. *Er ist der Schöpfer von allem, was uns umgibt, von allen Kontinenten, allen Welten.* So steht es im Koran geschrieben. Allah schuf eine ganze Galaxie. Und diese expandiert weiter. Dort gibt es Millionen, Milliarden von Sternen. Im Koran steht auch: *Ich weiß, wie viel Wissen der Mensch braucht. Es muss nicht viel sein, aber ausreichend für ihn.*

Und ich habe die Erde erschaffen, die ersten Menschen hier, die etwas Ähnliches gedacht haben wie ich. Und für diese Welt habe ich alles getan, alle möglichen Segnungen. Gott beginnt aufzulisten. Und was er auflistet, wird von der Wissenschaft genau bestätigt: *Sieben Schichten des Himmels.*

Gott gab den Menschen auch einen Kopf, um zu denken und zu sprechen, sodass sie im Gegensatz zu anderen Lebewesen etwas sagen können. Und natürlich möchte er von den Menschen auch etwas zurückbekommen. Allah sagt: *Ich habe sie so geschaffen, damit sie wissen, dass es mich gibt.* Und er möchte, dass die Leute essen, genießen. *Und die Leute sollten mich kennen und sich bedanken; das heißt, sie sollten beten.*

Der Prophet Mohammed war nicht gebildet, konnte nicht schreiben, nicht lesen. Allah ernannte ihn zum Propheten; er diktierte ihm mit einer Stimme. Und der Prophet wiederholte, was er gehört hatte. Später wurde alles aufgeschrieben.

Allah sandte den Koran, Gesetze als Verfassung. Wir Menschen sind vorübergehende Wesen. Wer hier ist, verdient sich mit seinen guten Taten eine Eintrittskarte für das paradiesische Leben. Aber die Menschen sündigen. Es ist nicht leicht, hier auf der Erde nicht sündig zu sein.

Wir kennen aus dem Koran die Verbote. Natürlich sollen wir nicht trinken. Aber ich *habe* getrunken, geraucht usw. ... Ich werde ehrlich sein. Gott weiß es sowieso. Als ich an der Schule Kunst studierte, später am Institut, hat man gezeichnet, gemeißelt, jedes Stück, jeden Übergang ... Ich habe so viel gelernt und so viel Schönheit gesehen, besonders weibliche Schönheit. Es gibt da so schöne Übergänge, solche ... Nur Gott konnte das erschaffen. Es bleibt in mir. Viele sagen, das ist eine Sünde. Aber ich sage: *Gott schuf solche Schönheit, und ich möchte sie wiederholen.* Was kann daran falsch sein?

Diejenigen, die ihn heute nicht kennen und nicht kennen wollen, sind satt. *Auch sie habe ich erschaffen*, sagt er. *Ich schloss ihre*

Augen, schloss ihren Mund und schloss ihre Ohren. Sie akzeptieren mich nicht. Und sie machen Milliarden, Milliarden, Milliarden. Als ob alle Reichtümer des Planeten ihnen gehören. Aber sie werden sich dafür verantworten müssen. Nach dem Koran ist unser Brot geteilt.«

Die Herzkette

Fazils Frau sitzt mit uns am Tisch. Manchmal spüre ich ihren mütterlichen Blick. Als die Rede auf sie selbst kommt, lächelt sie nur.

Fazil erzählt, dass er als Muslim aufgewachsen ist und seine russische Frau als Christin. Aber für sie beide sei das kein Hindernis gewesen, um zu heiraten. Seine Frau trug jeden Tag eine christliche Halskette in Form eines Herzens. Jeder konnte diese Herzkette sehen. Fazil versichert: »Nie habe ich versucht, meine Frau vom Islam zu überzeugen.«

Sie lebten zwanzig Jahre so miteinander. Bis sie genau an diesem Tisch beieinandersaßen, hier auf der Terrasse. Fazils Frau betete gerade. Da fiel diese Halskette zu Boden und zerbrach.

»Wir wissen nicht, wie das geschehen konnte«, sagt Fazil und schaut mich offen an. »Es war ein Wunder. Für uns war das ein Zeichen. Und meine Frau trat über zum Islam. Um zum Islam überzutreten, muss man ein paar Worte sagen. Man muss sagen: *Es gibt keinen Gott außer Gott und Mohammed ist sein Prophet.* Das ist alles! Jetzt betet meine Frau als Muslimin. Das ist bequem, denn in ihrer Seele ist es das Gleiche.«

Verschieden und eins

Ohne weitere Erklärung steht Fazil jetzt auf und geht ins Haus. Lange kommt er nicht zurück. Nach einer gewissen Zeit frage ich seine Frau: »Hat er sich schlafen gelegt?«

»Nein«, sagt sie: »Er betet.«

Fünfmal pro Tag betet er. Es gibt einen Zeitplan, der sich mit dem Stand der Sonne ändert. Aktuell beginnt das Morgengebet um vier Uhr.

»Ein Muslim sollte zu dieser Zeit auf den Beinen sein«, erläutert Fazil, als er wieder bei uns ist, auf meine Frage hin. »Erst werden Hände, Füße, Gesicht und Ohren gewaschen, dann wird das Morgengebet gesprochen. Da ich bereits körperlich krank bin, bete ich manchmal im Sitzen. Aber Gott sieht alles. Und er kann vergeben.«

Elnur ist die ganze Zeit auffallend still. Als ich ihn frage, ob es Zeit für den Rückweg ist, nickt er sofort. Wir beginnen, uns langsam zu verabschieden.

»Sie haben eine Aufgabe«, wendet sich Fazil jetzt direkt an mich. »Und Gott schickt Ihnen Menschen, die Ihnen helfen werden. Sie machen es wie eine Biene. Sie sammeln hier und da und dort. Und daraus wird dann Honig.«

Urplötzlich erlischt jedoch das Strahlen im Gesicht des alten Mannes, und er beginnt von dem zu sprechen, was er gegenwärtig in der Welt sieht, was ihn umtreibt – die Gier des Menschen nach Geld und die damit verbundene Zerstörung. Fazil schaut mich verzweifelt an, während er spricht. Ich weiß ihm nichts zu antworten, bis mir Greta einfällt, Greta Thunberg: »Sie wissen von Greta?«

Fazil schüttelt den Kopf.

»Greta ist ein fünfzehnjähriges Mädchen aus Schweden. Und sie sieht die Gefahr für den Planeten genau wie Sie, Fazil. Deshalb geht sie jeden Freitag nicht mehr zur Schule, weil sie sagt: *Was soll ich noch zur Schule gehen, wenn es für uns sowieso keine Zukunft gibt?* Greta bekam Depressionen, aß nichts mehr. Und dann hat sie ihre Demonstrationen begonnen, immer freitags. Andere schwedische Kinder schlossen sich ihr an; es wurden immer mehr, inzwischen demonstrieren Kinder in ganz Europa …«

Elnur wird wach, im Sinne von lebhaft, und er bestärkt das Gesagte noch: »Das stimmt wirklich. Es gibt dieses Mädchen.«

Fazil ist fast außer sich vor Freude. Dem alten Mann röten sich die Augen, weinend lacht er und sagt: »Das muss ich meiner Frau erzählen.«

Das Tor steht bereits offen. Aber bevor ich hinaustrete, schaue ich noch einmal zurück und bemerke erst jetzt ein Relief: Ein Mann und eine Frau sind miteinander verbunden durch ein Herz – ein Herz, zusammengesetzt aus zwei Herzen, die nach wie vor getrennt voneinander schlagen und auch verschieden sind. Aber wenn sie sich zusammentun, wie hier im Relief, dann bilden sie eins.

Tag

26

Unterirdisch und überirdisch

Die Farben von Abscheron

Aserbaidschan gilt als Land des Feuers. Und das ist es auch tatsächlich. Chingiz wird mich auf meiner Feuer-Tour über die Halbinsel Abscheron begleiten. Alles beginnt mit der Planung. Und er als mein Begleiter empfiehlt, dass wir uns einen Fahrer nehmen.

»Wie viel wird es kosten?«

»Allein bis zu den Schlammvulkanen bei Gobustan sind es fünfzig Kilometer. Ich rechne mit insgesamt sechzig Euro.«

»Eine stattliche Summe.«

»Ja, aber mit dem Bus müssten wir dreimal umsteigen. Und es ist heiß. Wenn du möchtest, nehmen wir natürlich den Bus.«

Chingiz überzeugt mich. Und noch während er beginnt, sich

kundig zu machen, wer uns zu welchem Preis fahren kann, fällt mir Aydin ein. Auch Aydin fährt Taxi, lebt in Baku und ist ein Verwandter von Telman. Telman hatte mir in Scheki Aydins Telefonnummer mitgegeben: »Ich habe ihm gesagt, er soll Ihnen einen guten Preis machen. Denn wenn Sie über unser Land schreiben, müssen Sie viel herumfahren. Und dafür brauchen Sie Geld. Sie müssen sich Ihr Geld gut einteilen. Ich helfe Ihnen dabei. Rufen Sie Aydin an!«

Chingiz ruft Aydin an. Aydin hat Zeit und fährt uns für die Hälfte des Preises. Mich freut es, und Chingiz ist verblüfft: »Dieser Telman muss dich lieben«, sagt er und schüttelt den Kopf.

Aydin ist pünktlich. Schon bald sind wir aus der Stadt heraus und durchfahren das Industriegebiet Karadagh, *Schwarzer Berg*, kommen an einer Zementfabrik vorbei, einer Werft, einer Glasfabrik, am Komplex zur Fischverarbeitung und, unübersehbar, an Erdölpumpen und Umschlagplätzen.

Es gibt einen Dokumentarfilm (1983) von acht Minuten Länge: *Die Farben von Abscheron*. In diesem kurzen Film spaziert Elnurs Vater über die Halbinsel. Abscheron ist sein künstlerisches Zuhause, seine *Schule*, sein Domizil. Musikalisch wird der Film, bzw. Rasim *im* Film, begleitet von Vagif Mustafazadeh. Vagif ist der spirituelle Vater des Mugham-Jazz oder Jazz-Mugham sowie der leibliche Vater der auch international bekannten Jazzsängerin Aziza Mustafa Zadeh.

Da Mugham traditionell einen hohen Improvisationsanteil besitzt, ist seit den 1950er-Jahren diese Musik auch für Jazzkomponisten und -sänger interessant geworden. Heute befindet sich in der Altstadt von Baku in der einstigen Wohnung von Vagif Mustafazadeh ein kleines Museum.

Die Farben von Abscheron ist fast durchgängig in Schwarz-Weiß gedreht. Alles beginnt mit den schäumenden Wellen des Kaspischen Meeres. Nur die sommerlichen Stimmen der Badegäste sind, in der künstlerischen Überhöhung, noch zu hören. Mit

Blick durch die Kamera spaziert der Zuschauer am menschenleeren Strand entlang und hört Kinder lachen. Vielleicht kommen sie aus einem dieser Pionierlager, in denen auch Ludmila gewesen ist, als eines dieser Kinder, die der Zuschauer jetzt hört, aber eben nicht sieht. Gut möglich, die Erde hat alles abgespeichert, und die Pioniere bleiben auf diese Art das ganze Jahr über am Meer. Eigentlich ist jedoch Herbst, und allein Rasim Babayev sitzt am Strand, als ein Mann mit Hut: Er zeichnet.

Abscheron – das sind in den Jahren, in denen der Film entstand, vor allem Wüste, Büsche, Kakteen, Salzseen ... Ein Reiter auf einem Pferd passiert den *Brennenden Berg*, das ewige Erdgasfeuer, den *Yanardagh*. Heute ist Yanardagh zu einer touristischen Attraktion ausgebaut, auch mit einem kleinen, modernen Museum. An diesem Tag mit Chingiz sehen wir den Yanardagh nur im Vorüberfahren. Aber als ich später noch einmal direkt dort bin, fasziniert mich, abgesehen von der brennenden Erde, vor allem die Bewegungsinstallation in besagtem kleinen Museum: Man bewegt sich, und die Bewegungen erscheinen an der Wand – verzögert, in einem roten Licht, wie im Feuerschein schweifend, tänzerisch transformiert.

In das ganze Schwarz-Weiß der *Farben von Abscheron* kommt einmal auch tatsächliche Farbe mit ins Bild, nämlich mit dem Blau-Violett, in dem sich im Film Rasim Babayevs Gemälde *Die Erde* zeigt. Da stehen im Hintergrund riesige Metallkugeln; der Himmel ist blau, und die Erde im Vordergrund in ihrer Trockenheit brüchig.

Die Schnitte im Kurzfilm werden von nun an zunehmend rascher gesetzt – der alte, zoroastrische Feuertempel Ateschgah, die scheinbar ewig pumpenden Erdölfördertürme, lange Güterzüge, die das Öl in großen Tanks außer Landes fahren, Palmen, Feigen- und Olivenbäume, Weintrauben, versteinert wirkende Bäume ohne jedes Blatt und schließlich eine Gärtnerei, in der massenweise Nelken angebaut werden, weiße und rote Nelken.

Noch sind es als *Blumen der Liebe und Leidenschaft* die Lieblingsblumen der Aserbaidschaner. Nach dem blutigen 20. Januar 1990 ändert sich das, und es werden *Blumen der Trauer* sein.

Schlammvulkane

Mittlerweile haben wir den Kreisverkehr von Gobustan erreicht. Hier erklärt mir Chingiz, dass Aydin wiederum ihm erklärt habe, dass wir an dieser Stelle in einen der lokalen und geländegängigen Wagen umsteigen müssen. Gerade kommt einer dieser Wagen, um die nächsten Gäste zur Schlammvulkantour aufzunehmen. Mit ihm fahren wir durch die Steppenwüste im vulkanischen Areal, in dem – farblich gesehen – eindeutig das Grau die Landschaft dominiert; nur ab und an wird es unterbrochen von einem verblichenen Gelb oder auch Grün.

In majestätischer Distanz säumen Berge unseren Weg. Das Land erscheint zunehmend ausgedörrt und im Zuge dieser Trockenheit aufgebrochen. Ich erkenne es wieder, kenne es ja bereits aus Babayevs Gemälde *Die Erde.* Zugleich zeigt sich uns die Schlammvulkanlandschaft auf Abscheron so, als befinde sie sich gar nicht auf unserem Planeten, sondern eher auf dem Mond – grau, weit und ausgestorben. Knapp dreihundert Schlammvulkane sollen es sein, deren Kegel im Gelände stehen.

Schlammvulkane sind ein Phänomen, das an Bruchlinien der Erdkruste auftritt. Denn dort sind die Kanäle frei genug, um den Schlamm durch das Gas von innen her nach oben an die Oberfläche zu treiben; Blasen entstehen und zerplatzen. Anschließend sinkt das Material in seinen Ursprung zurück.

Dieser Vorgang fasziniert mich. Und als es mir ein einziges Mal gelingt, das Aufplatzen dieser Schlammblase im Foto festzuhalten, staune ich über das Artifizielle, das darin liegt.

Angekommen am ersten der Schlammvulkane, zögere ich, bevor ich ihn besteige. Dann aber kann ich nur schwer davon lassen und eile von einem zum nächsten. Diese kleinen Vulkane erscheinen mir wie Miniaturvulkane und erinnern mich an das Amt des Kleinen Prinzen. Da es aber ein Schlamm- und kein feuerspeiender Vulkan ist, haben wir hier weder etwas zu putzen noch auf etwas so Zerbrechliches wie auf eine Rose zu achten. Allein auf uns selbst zu achten, erscheint mir als Kinderspiel. Denn ich ahne keinerlei Gefahr, sehe nur dieses schöne, interessante Stück Erde und besteige furchtlos den nächsten Kegel. Dieser nächste ist mehrstufig, und oben heraus fließt Schlamm, der im Hinunterfließen eine bewegte Straße bildet, die später erstarrt.

Selbst als ich erfahre, dass es an anderer Stelle deutlich höhere Schlammvulkane gibt, so um die 1000 Meter hohe, rechne ich noch immer mit keiner Gefahr. Aber dann höre ich von den Ausbrüchen, konkret vom Ausbruch des Lökbatan-Vulkans im Jahr 2001, eines Vulkans, der sich zwar nicht hier am Touristenort befindet, aber doch mit in diesem Landschaftsareal.

Ausbruch – das bedeutet üblicherweise eine mehr als hundert Meter hohe Stichflamme, verbunden mit Lawinen von Schlamm. So erzählt es uns der lokale Fahrer. Von Feuerkugeln lese ich erst später. Und auch davon, dass solch ein Ausbruch wohl etwa alle fünfzig Jahre erfolgt. Wobei jetzt wiederum der Fahrer uns wissen lässt, dass es in den letzten zweihundert Jahren zu etwa fünfzig Ausbrüchen dieser Dimension gekommen sei. Wenn das stimmen sollte, komme ich im Durchschnitt auf immerhin einen Ausbruch alle vier Jahre. Endlich erschrecke ich, so kindlich naiv, dass mir der lokale Fahrer sofort versichert: »Aber die meisten Ausbrüche sind ganz kurz.« Und nur beim Lökbatan-Vulkan waren es drei Tage.

Die meiste Zeit findet das Leben in dieser Mondlandschaft allerdings *unter* der Erdoberfläche statt. Die unterirdischen Erdöl- und Erdgasvorkommen gelten als unerschöpflich. Langsam gehe ich weiter über *die Erde,* inzwischen selbst fast schon so träge, wie der Schlamm fließt.

Der Fahrer demonstriert uns anschaulich, dass auch wir – jetzt und hier – auf einer großen Methangas-Lagerstätte stehen: Er nimmt sein Feuerzeug, geht zu einem kleinen Loch an einem der Vulkane und hält die Flamme daran. Wie bei einem Gasherd flammt es sofort auf. Anders aber als beim funktionierenden Gasherd oder beim *Brennenden Berg*, am *Yanardagh*, verlöscht die Flamme, kaum aufgeflammt, sofort. Und solche Flammen, wie aus dem Nichts, sind es auch gewesen, die die Feuer- und Sonnenanbeter, die Zoroastrier, einst magisch angezogen haben.

Ich war noch nie auf dem Mond, vergleiche aber das Areal nach wie vor mit dem Erdtrabanten. Schließlich frage ich unseren lokalen Fahrer, wie er diesen *Schlammvulkan-Planeten* hier nennen würde. Er überlegt nicht, sondern antwortet sofort: »Ganz klar: Das ist wie auf dem Mond. – Im Sommer führte ich einen Japaner«, wechselt er gleich zu einem für ihn interessanteren Thema, »und dieser Japaner ist in den Kegel gestiegen und hat im Schlamm gebadet.« Ich glaube es nicht. »Möchten Sie?«, fragt mich der Fahrer ernst.

Ich halte diese Art des Badevergnügens so lange für eine Legende, bis uns auf dem Rückweg eine Gruppe aufgeregter Schlammbadender entgegengefahren kommt, ausgerüstet mit Kanistern voller Wasser, um sich nach dem Baden ausreichend abspülen zu können. »Die allermeisten baden hier«, verweist der Fahrer nun auf einen Schlammsee von etwa fünfzig Metern Durchmesser. Im See, vor allem in dessen Zentrum, gluckst es vor sich hin, wodurch auch der feine darüberliegende Ölfilm immer neu in Bewegung gerät.

Die Vulkane sind nicht warm oder gar heiß, und auch der Schlamm ist kühl. In seiner Zusammensetzung finden sich Jod, Brom, Kalzium und Magnesium, weshalb ihm Heilkräfte zugeschrieben werden.

Feuertempel Ateschgah

Zurück am Kreisverkehr Gobustan wartet Aydin auf uns. Unsere zweite Station ist der Feuertempel Ateschgah im Ort Surakhani. Mit der Fahrt dorthin nähern wir uns Baku um immerhin zwanzig Kilometer.

Ateschgah heißt so viel wie *Hort des Feuers.* Dieser Name deutet auf den Zoroastrismus hin, dessen Zeit in Aserbaidschan etwa im ersten Jahrtausend vor Christus oder noch früher begonnen hat. Das Feuer, das direkt aus der Erde kommt, wurde als Gottessymbol verehrt, als Symbol der Wahrheit und der Reinheit. Der Zoroastrismus beruht auf der heiligen Schrift *Avesta*.

In der Mitte des weiten Hofes brennt das ewige Feuer. Wobei *ewig* nicht ganz stimmt: Bis ins 19. Jahrhundert hinein brannte dieses Feuer tatsächlich noch von selbst und wie *ewig*; seitdem wird es mittels einer Gasleitung gespeist. Der Tempel ist ein fünfeckiger Hof. Rundum ziehen sich – was zuerst wie Mauern ausgesehen hat und an sich ja auch Teil der Mauer ist – die verschiedenen Räume, die den Besucher zur Besichtigung der einstigen Zellen einladen und damit der vergangenen Zeit.

Beim Rundgang durch den Feuertempel Ateschgah – ich gehe allein, die Männer bleiben unter sich – lese ich, zitiert aus der *Avesta*: »Ich preise gute Gedanken, gute Worte, gute Taten und alles das an Gutem, das noch gedacht, gesprochen und getan werden soll. Ich akzeptiere alle guten Gedanken, guten Worte, guten Taten. Ich verzichte auf alle schlechten Gedanken, schlechten Worte, schlechten Taten.«

Beim Rundgang erfahre ich im Weiteren, dass später mit der Eroberung des Sassanidenreiches durch die Araber der Zoroastrismus in dieser Region nicht grundsätzlich beseitigt werden konnte. Trotzdem löste der Islam so nach und nach den Zoroastrismus als Hauptreligion ab. Und viele von denen, die ihren alten Glauben bewahren wollten, zogen nach Indien weiter.

Heute lebt die größte Gemeinde von Parsen, wie die indischen Zoroastrier genannt werden, in der Gegend von Mumbai.

Der Feuertempel Ateschgah wurde Ende des 16. Jahrhunderts bzw. Anfang des 17. Jahrhunderts gebaut. Surakhani liegt an der alten Seidenstraße. Man nimmt an, dass es Feueranbeter verschiedener Länder gewesen sind, auch aus Indien stammende, die diesen Tempel einstmals errichtet haben.

Zugleich wurden bei archäologischen Forschungen auch Inschriften in Sanskrit gefunden, was auf die Nutzungsepoche wiederum durch Hindus hinweist. Als der Diplomat Freiherr Max von Thielmann 1875 unter anderem durch den Kaukasus reiste, notierte er in *Streifzüge im Kaukasus, in Persien und in der asiatischen Türkei*: »Der Priester empfing uns auf der Schwelle desselben und führte uns in seine saubere, mit einem Altare und einer Matte sowie einigen Flammen ausgestatteten Zelle.« Im Folgenden beschreibt er, dass die Priester weiß gekleidet gewesen seien, vollständig weiß bis hin zum Turban. Und er setzt fort: »Von der Parsi-Gemeinde zu Bombay wird der Priester jeweilig hierher entsandt, um nach Ablauf einiger Jahre abgelöst zu werden.« (31)

Die Zeit des Erdölbooms begann. In Surakhani wurde die erste Kerosin-Raffinerie der Welt gebaut, einige Jahre später die zweite. Mit der Landgewinnung für das Öl wurden allerdings so gut wie alle archäologischen Spuren rund um den Tempel zerstört. 1886 hörte der Tempel auf, als solcher zu fungieren, wobei er weiterhin seine Gäste anzog und bis heute anzieht.

Auch Indira Gandhi besuchte den damals gerade restaurierten Feuertempel. Das war 1964. Ihr Ehemann war Parse, Zoroastrier. Heute steht der Tempel als historisches und architektonisches Denkmal unter staatlichem Schutz. Jedes Jahr zu *Novruz* finden im Ateschgah-Tempel die alten Feuerrituale statt.

Der Weltenbummler und Schriftsteller Richard Christ ist zu Sowjetzeiten Augenzeuge und schildert das Bild, das sich ihm in den 1970er-Jahren bietet: »Auch dicht beim Eingang zum Tempel der Feueranbeter arbeitet die Tiefpumpenanlage, ein Monsterfilm-Insektenkopf hebt und senkt sich unaufhörlich, saugt mit dem Rüssel des Pumpengestänges das Öl unter der Erdhaut heraus. Elektromotore kurbeln den Schubkurbelmechanismus an, das Öl fließt durch Rohre ab in Sammelbehälter, Bedienungsmannschaft ist nicht zu sehen, sie beschränkt sich auf Kontroll- und Wartungsgänge.« (32)

Die Herberge des zentralen Feuers im Ateschgah ist ein quadratischer Bau mit einer Mittelkuppel, die zugleich der Rauchabzug ist. Hinzu kommen vier weitere Feuerstellen, die Schornsteinen ähneln und sich auf der Dachkonstruktion über dem Feuer an den Ecken befinden, wobei heutzutage nur diese eine, nämlich die zentrale Flamme brennt.

Jeder Besucher kann über drei Stufen hinauf direkt an das Feuer herantreten. Und es ergibt sich wie von selbst, dass der Besucher innehält, geduldig, ja ehrfürchtig wartet, bis der Feuer-Tempelraum dann auch für ihn frei wird. Wir warten aufeinander, nehmen Rücksicht und verhalten uns, als wüssten wir alle von einem uralten Brauch.

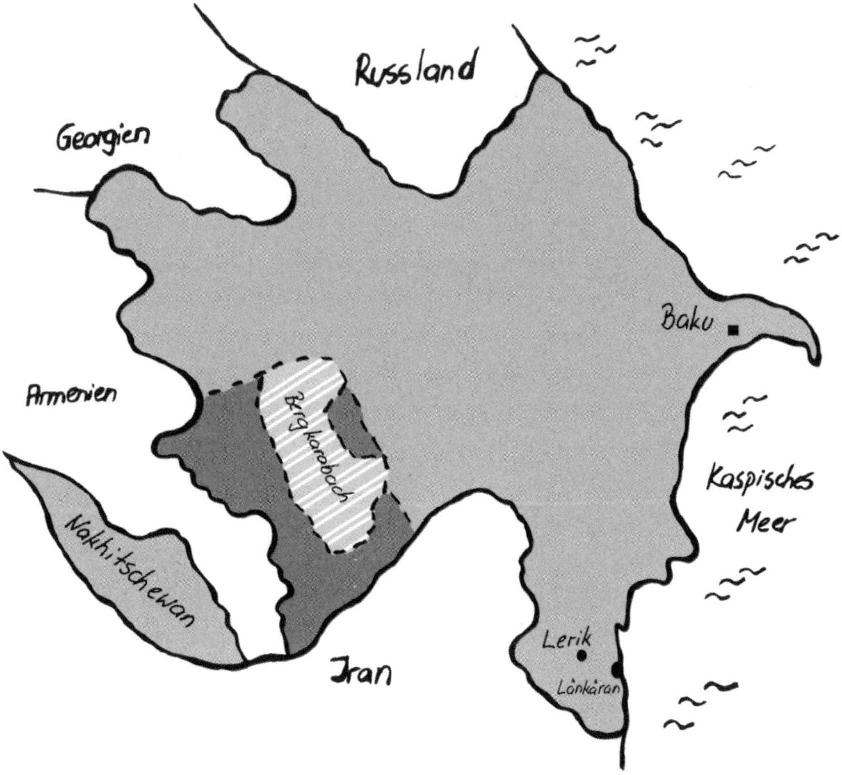
Russland
Georgien
Baku
Armenien
Bergkarabach
Kaspisches Meer
Nakhitschewan
Lerik
Lənkəran
Iran

Tag

27

Maßvoll und langlebig

Am nächsten Tag reise ich wieder allein, diesmal in den Süden Aserbaidschans. Ich nehme den Bus. Bei einer Strecke von immerhin zweihundertfünfzig Kilometern dauert die Fahrt von Baku bis nach Länkäran kaum mehr als drei Stunden. Auch diese Straße ist gut ausgebaut. Es ist Ende Mai und mit Ankunft in Länkäran lande ich in den feuchten Subtropen. In Aserbaidschan existieren insgesamt neun verschiedene Klimazonen.

Länkäran erstreckt sich entlang der Ostküste des Kaspischen Meeres. Die erste Nacht verbringe ich in dem kleinen, zentral gelegenen *Luxe Länkäran Hotel*, dem Theater direkt gegenüber.

Bis zur iranischen Grenze sind es von hier aus keine fünfzig Kilometer. Im Iran, vor allem im Norden, leben mehr Aserbaidschaner als in Aserbaidschan selbst. Die Zahlenangaben gehen dabei auseinander, liegen aber, wie Ilqar mir sagen wird, bei 30 Millionen. Vom Freund eines aserbaidschanischen Freundes höre ich sogar von 40 Millionen.

Das Tourismusinformationszentrum

Gleich am nächsten Morgen in Länkäran begebe ich mich auf die Suche nach dem örtlichen Tourismusinformationszentrum. Durch Sabina aus Scheki weiß ich, dass es existiert. Und den Namen des Direktors und seine Telefonnummer habe ich dabei. Mein erstes Ziel, unterwegs auf dieser Suche, ist der Heydar-Aliyev-Park. Dieser Park wurde im Jahr 2000 auf einem ehemaligen Kasernengelände angelegt. Nun wirkt er auf seine Art, auch mittels sorgsam rund geschnittener Baumkronen. Ich gehe zügig durch die Anlage hindurch. Es braucht noch Zeit, bis die Bäume im Park hoch genug sind, um Schatten zu spenden.

Jeden, der mir auf meinem Weg begegnet, spreche ich an. Aber keiner weiß etwas von einem Tourismusinformationszentrum. Schließlich treffe ich eine junge Frau, die mich wiederum an einen Mann Mitte vierzig verweist: »Das dort ist ein Lehrer. Er kann Ihnen helfen.« Im Gespräch mit diesem Lehrer erinnere ich mich auch plötzlich wieder an die Notiz in meinem Buch. Ich zeige ihm Telefonnummer und Namen des hiesigen Tourismus-Chefs – Ilqar Azimov. Der Lehrer ist sichtlich erleichtert, froh, dass er mir tatsächlich helfen kann: Die beiden kennen sich.

»Gleich ist er hier«, versichert er, nachdem er Ilqar angerufen hat, und lädt mich für die Zwischenzeit auf einen Tee in die nächste Chaykhana ein. Tische und Stühle stehen unter hohen, alten Bäumen in einem kleinen Park, dem Museum für Geschichte und regionale Studien genau gegenüber. Und ich erfahre: In Länkäran gibt es jede Menge Bildungseinrichtungen – eine Universität, eine Kunst- und eine Musikschule sowie ein pädagogisches, ein medizinisches und ein musikalisches Technikum.

Bereits eine halbe Stunde später habe ich mich von diesem hilfsbereiten Lehrer verabschiedet und bin mit Ilqar Azimov unterwegs.

Die Siedlungsspuren Länkärans reichen bis in die Jungsteinzeit und Bronzezeit zurück. Der Diplomat Freiherr von Thielmann geht in seinem Reisebericht von 1875 davon aus, dass die hier ansässigen Talyschen Nachkommen der *alten Meder* sind, d. h., von der alten iranischen Bevölkerung abstammen. Und bezüglich der Sprache vermerkt er, dass ihr *Dialekt sehr vom Persischen* abweicht, dass aber *Persisch-Tatarisch* von den Einheimischen wiederum verstanden wird.

Im Khan Evi, dem einstigen Khan-Haus, befindet sich das Museum für Geschichte und regionale Studien. Geschichte, Atmosphäre und Besonderheiten von Stadt und Region sind liebevoll und anschaulich dargestellt. Innerhalb der Festungsmauern mit Khan-Palast, Moschee, Badehaus, Basar und Karawanserei spielten früher die verschiedenen Handwerke eine zentrale Rolle. Länkäran ist zudem ein wichtiger Handelspunkt gewesen; von hier aus ging es bis in den Iran, nach Russland, Indien und China.

Heute ist Länkäran vor allem bekannt für den großflächigen Anbau von Reis, Tabak, Zitrusfrüchten und seit 1912 auch von Tee. Samoware gibt es überall in Aserbaidschan, in Länkäran aber ist der Samowar Symbol für die ganze Region.

Unabhängig von der Geschichte der Stadt sowie der Region erfahre ich, dass Ilqar seit jeher Kampfsport betreibt, genau wie inzwischen auch seine beiden Kinder. Kaum habe ich es erfahren, bekomme ich ein Foto mit Tochter und Sohn gezeigt. Schon in der Art, wie Ilqar mir das Foto zureicht, spiegelt sich so viel Stolz und so viel Liebe.

»Was für süße Kinder!«, platzt es aus mir heraus. Ilqar nickt strahlend. Gleich darauf zeigt er mir einige Landschaftsfotografien, die er im Hirkan-Nationalpark aufgenommen hat: »Ich fotografiere professionell. Und diese Fotos wurden im *National Geographic* veröffentlicht.«

Mit Ilqar durch Länkäran

Als wir nach dem Besuch des Museums die Stadt selbst durchstreifen, sitzen uns mitten im Weg die vergoldeten *Ältesten von Länkäran*, zwei ältere Männer, die selbst bei dieser Hitze noch in dicke Mäntel gehüllt sind, die traditionelle Fellmütze, die Papakh, auf dem Kopf. Als Denkmal so verewigt, sitzen sie beieinander, vertieft in ein inniges Gespräch.

»Das sind *ehrenwerte alte Männer*«, erzählt Ilqar. »Und konkret sind es Mirkhashim Talishli und Kamal Kalantarli. Mirkhashim Talishli ist mein Onkel gewesen. Vor einem Jahr ist er gestorben. Er wurde 95 Jahre alt.«

In der Länkäran-Region und vor allem rund um Lerik wird dem Alter eine besondere Ehre beigemessen. So sind hier *Die Omas* sehr berühmt, eine Volkslied- und Tanz-Band. *Neneler*, also *Die Omas,* singen, musizieren und sind in der Region unterwegs, wenn sie nicht gerade im Folklorehaus des Dorfes Separadi einen Auftritt haben.

Mittlerweile haben Ilqar und ich bei unserem Stadtspaziergang den alten Leuchtturm erreicht, steigen bald darauf über die Gleise des Bahnhofs, der noch in Betrieb ist, derzeit wenig frequentiert, und laufen hinüber zum Kaspischen Meer. Der Sand ist aufgrund seines vulkanischen Ursprungs schwarz. Und ich erfahre: »Am 15. Juni beginnen die Schulferien und eröffnet mit der Badesaison auch ein Arzt seine Praxis. Von da an sind wieder Heilbehandlungen mit dem magnetischen Sand möglich.«

Später, zurück im Zentrum, führt mich Ilqar am Denkmal des gefallenen Soldaten vorbei zum weitläufigen Basar. Als wir an einem Gewürzstand vorüberkommen, muss ich kurz stehen bleiben, um wie jedes Mal wieder die Vielfalt der hiesigen

Gewürze in aller Ruhe zu bestaunen – Safran, Kurkuma, Zimt, Anis, Fenchel, Sumakh, Gewürznelke, Ingwer, Muskatnuss, Kardamom, aber auch getrocknete Aprikosen, Feigen, Datteln ...

Bevor sich Ilqar von mir verabschiedet, gibt er mir Jacubs Telefonnummer. Denn heute möchte ich nach Lerik und morgen früh in den Hirkan-Nationalpark. Ilqar selbst hat andere Verpflichtungen.

Mit Jacub unterwegs

Jacub scheint meinen Anruf schon erwartet zu haben: »Ich bin in zwanzig Minuten da.« Er ist ein stiller, bescheidener, gefasster Mann. An sich kann ich gar nicht glauben – zurückgenommen, wie er ist –, dass er sein Leben lang bei der Armee gedient haben soll. Jacub wird mich nach Lerik fahren.

Es ist mir bereits Gewohnheit, dass ich im Auto hinten sitze. Ja, inzwischen schätze ich sogar diese höfliche Distanz. Aber Jacub atmet tief durch, bevor er vorsichtig äußert: »Wollen Sie wirklich hinten sitzen bleiben? Von hier vorn aus könnten Sie alles viel besser sehen.« Natürlich hat er recht. Und so, wie er es sagt, klingt es auch respektvoll. Die Distanz scheint gewahrt. Und so wechsele ich zu ihm nach vorn.

»Und?«, fragt er leise und schaut mich dabei an, mit einem sprechenden Blick, der sagt: *Ich diene, und es ist mir eine Ehre*. Er fragt: »Können wir? Starten wir?« Der Zündschlüssel steckt, Jacub hält ihn schon in der Hand, zündet aber noch nicht. Lächelnd nicke ich: *Ja*. Und so startet er seinen hochbetagten weißen Lada. »Sie müssen es immer nur sagen«, schlägt mir Jacub das Prinzip unseres Miteinanders vor. »Wie Sie es sagen, so mache ich es dann.«

Jacub achtet auf die Straße, lächelt vor sich hin und lenkt schweigend das Fahrzeug. Ich schaue. Der Weg schlängelt sich durch die Dörfer, steigt immer höher in das Talysch-Gebirge hinauf, vorbei an einer großen Teekanne aus weißem Gips, dem Zeichen für eine Chaykhana. Rechts und links des Weges laden uns immer aufs Neue Chaykhanas zum Verweilen ein. Es ist ein heißer Tag.

»Haben Sie Kinder?« So beginnt in Aserbaidschan fast jedes Gespräch. Ein Leben ohne Kinder hätte ich mir überhaupt nicht vorstellen können; mit vierzig Jahren, da andere westeuropäische Frauen ihr erstes Kind überhaupt erst bekommen, hatte ich bereits zweimal studiert, die ganze Zeit gearbeitet, halbtags, und waren meine beiden Söhne mittlerweile erwachsen. Ich hatte sie allein großgezogen.

»Und sind Sie verheiratet?« Meine Antwort gerade auf die zweite dieser üblichen Fragen fällt – bei aller Wahrheit – immer verschieden aus. Bei Jacub, der sein Leben lang beim Militär war, erzähle ich die Wahrheit: dass ich geschieden bin, dass auch mein Mann bei der Armee gewesen ist, bei der Marine, dass er damals aber ... Jetzt muss ich gar nichts weiter erklären, denn Jacub als Muslim sagt sofort leise: »Ja, wenn er Alkohol ...«

»Zugleich«, erinnere ich mich, »wäre ich ohne die Scheidung schon zur DDR-Zeit nach Aserbaidschan gekommen. Wir hätten hier sogar für einige Jahre gelebt. Denn mein Mann war Schiffsmaschineningenieur und hatte die Möglichkeit, an der großen Seefahrtschule in Baku zu studieren. – Im Alter sieht man mehr. Heute sind wir Gefährten.« Jacub nickt. Mit Jacub spreche ich Russisch, mit Ilqar habe ich Englisch gesprochen.

»Jacub, und Sie? Haben Sie Kinder?« Jacub hat zwei Söhne und eine Tochter. Er hat mit sechsundzwanzig Jahren geheiratet und fünfunddreißig Jahre lang zusammen mit seiner Frau Fatima gelebt. Aber vor drei Jahren – er atmet tief durch, und seine Stimme wird noch leiser, diesmal fast zärtlich – ist sie krank geworden und einen Monat später gestorben: »Es ging so schnell.« Danach ist er umgezogen, aus dem Haus in eine kleine Wohnung. »Ich wollte nicht immerzu erinnert werden.«

Das nächste Stück fahren wir ohne ein weiteres Wort. Irgendwann überqueren wir einen Fluss – die Länkäran. Und da die Atmosphäre so schnell vertrauensvoll geworden ist – immer zugleich mit diesem distanzierten Respekt, versteht sich –, wage ich es, ihn direkt nach seiner Herkunft zu fragen: »Zu fünfzig Prozent bin ich Talysch«, antwortet er, ohne die anderen fünfzig Prozent zu ergänzen. Reichlich zehn Kilometer vor Lerik fragt er mich urplötzlich: »Sind Sie gläubig? Es gibt hier einen heiligen Ort mit einer Moschee. Möchten Sie diesen Ort sehen?«

Über dem Torbogen steht: *Bobogil Türbesi*. Die Vögel sind zu hören. Wir betreten durch das Tor das Gelände, sehen links eine kleine Moschee, rechts einen Waldfriedhof und am Ende des Weges Frauen und Kinder, die an einer langen Tafel sitzen und Tee trinken. Nach wie vor ist Ramadan. Erst in drei Tagen, am 5. Juni, wird das Fest des Fastenbrechens gefeiert.

»Möchten Sie hineingehen?«, fragt Jacub mit Blick auf die Moschee. Ich nicke. Dieser Ort spricht mit mir, er sagt mir zu, ja mehr noch: Er scheint mich einzuladen. Durch die offene Tür ist zu sehen, dass drinnen kein Mensch ist. Wir lassen unsere Schuhe vor dem Gotteshaus und ich lege mir meinen seidenen Schal so über den Kopf, dass die Enden jeweils auf dem Rücken zu liegen kommen. Wir treten ein, stehen beieinander und schauen. In der Mitte, unter der Kuppel, befindet sich ein hölzerner Schrein. Ich gehe einen Schritt und bitte Jacub darum, es überrascht mich selbst, mich allein im Raum zu lassen: »Ich möchte beten.«

»Natürlich«, entschuldigt er sich.

Als ich dann allein bin, knie ich nieder, neige meinen Kopf und bete auf meine Art, die immer anders ist. Ich gehöre keiner Religion an, fühle mich aber von Kindheit an mit dem, was ich mal *obere Etage*, mal *göttliche Essenz* nenne, verbunden.

Draußen der Waldfriedhof ist ein friedlicher Ort. Im Schatten der Bäume ruhen die Verstorbenen. Ich sage zu Jacub, als wir draußen wieder beieinanderstehen: »Hier ist ein guter Platz.«

So richtig erfahre ich aber selbst im Nachhinein nicht, wer eigentlich an diesem Ort ruht. Vor zwanzig Jahren wurde der *heilige Ort* rekonstruiert. Die Vorbauten stammen wohl aus dem 15. Jahrhundert. Meinem Gefühl an diesem Ort folgend, meine ich, dass es ein rechtschaffener Mensch gewesen sein muss.

... und zwar liegt hier Vater Gilani begraben. Er war ein Religionsgelehrter und wirkte im 11. Jahrhundert. Eigentlich stammte er aus dem iranischen Gilani, lehrte aber vorübergehend hier. In dieser Zeit, da er vor Ort war, kam es zu einem Kampf. Vater Gilani kämpfte, verteidigte das Dorf und ging dabei in den Tod. (33)

Lerik

Lerik ist eine kleine Stadt und zu sechsundneunzig Prozent von Talyschen bewohnt. Zweifellos spielt das Alter in dieser Region eine besondere Rolle. Es heißt, hier leben die ältesten Menschen der Welt.

... und zwar lebte im Dorf Barzavu ein Hirte namens Shirali Baba Muslimov. Es gab keine Geburtsurkunde, aber in seinem Pass stand, dass er im Jahr 1805 im Dorf geboren worden war. Großvater Shirali, Baba Shirali, lernte noch seine Nachkommen in fünfter Generation kennen. Als er im September 1973 starb, war er 168 Jahre alt. Damit war er der älteste Mensch, der je in der Sowjetunion gelebt hatte, ja überhaupt auf der Welt. (34)

Selbst von der Akademie der Wissenschaften Aserbaidschans kam dann allerdings das Signal, dass dies für übertrieben gehalten werde. Dennoch: Was für eine schöne Geschichte!

Das hohe Alter, noch dazu, wenn man es in guter Verfassung erreicht, ist ein Mythos an sich. Im *Museum der Langlebigkeit*, hier in Lerik, berühren mich vor allem die Farbaufnahmen eines französischen Fotografen namens Frédric Lachope, von dem ich allerdings mehr als seinen Namen nicht erfahren kann.

Auf diesen Fotografien sind *Langlebige* abgelichtet, welchen Alters auch immer, aber mit einem überraschend wachen Blick in den Augen. Eine der Frauen sitzt draußen auf der Erde in der Sonne, ein alter Mann streichelt ausgiebig seine Katze, der Dritte dieser Langlebigen trinkt Tee ... Mich interessiert, wie diese Menschen so alt werden und dabei so wach bleiben konnten.

Dilara, eine Mitarbeiterin des Museums, zählt auf: »Wichtig ist zuerst das saubere Wasser. Wir haben hier sehr reines Wasser, das aus den Bergen kommt. Die Menschen stehen mit dem ersten Tageslicht auf. Und sie arbeiten ihr Leben lang körperlich. Sie essen normal; sie essen auch Fleisch, aber wenig, und fast nur im Winter. Dafür essen sie viel Obst und Gemüse. Und immer trinken sie Tee. Natürlich trinken sie keinen Alkohol. Und ich denke, es ist auch wichtig, dass sie gläubig sind«, führt Dilara weiter aus. »Sie alle sind Muslime. Wenn Muslime beten, ist das so etwas wie tägliche Gymnastik. Oder jetzt zum Beispiel auch der Ramadan. Wissen Sie? Das Fasten ist eine innere Reinigung. Wir essen erst wieder, wenn es dunkel wird. Ja, und wir leben in den Bergen, in fünfhundert Metern Höhe, in achthundert Metern Höhe, in dieser sauberen Luft. Natürlich spielen auch die Gene eine Rolle. Viele der Langlebigen hatten Eltern und Vorfahren, die ebenfalls langlebig waren. Schauen Sie: Das hier ist das Buch von Dr. Balaga Rezzao. Er stammt von uns; er ist nach Baku gegangen. Und in diesem Buch hat er aufgeschrieben, was wichtig ist, damit der Mensch solch ein hohes Alter erreicht.«

»Lebt Dr. Rezzao noch?«, frage ich.

»Nein, leider ist er schon gestorben.«

»Wie alt ist er geworden?«

»Er wurde 83 Jahre alt.«

»Das ist nicht viel«, sage ich, schon völlig in den Dimensionen der Langlebigkeit verfangen, und füge hinzu: »Er hätte nicht nach Baku gehen sollen. Das war ein Fehler.« Jacub lacht, und auch Dilara muss lachen.

Als *langlebig* wird gezählt, wer neunzig Jahre oder älter ist und nach wie vor aktiv arbeitet. Diese Definition des Phänomens der

Langlebigkeit trifft im Kaukasus nicht nur auf einzelne Menschen zu, sondern in Gebieten wie Lerik, Länkäran oder Zaqatala auf ganze Bevölkerungsgruppen.

Interessant sind auch wissenschaftliche Forschungen zum Thema der Langlebigkeit. Wichtiger Anstoß war 1977 ein amerikanisch-sowjetisches Forschungsprogramm unter Leitung von Vera Rubin vom New Yorker Institut für die Erforschung des Menschen. Zuerst vermuteten die Wissenschaftler, dass der Langlebigkeitsindex bei den Abchasen am höchsten sei; aber es sieht ganz so aus, als ob er am höchsten bei den Aserbaidschanern wäre. Mit dem Tod von Vera Rubin und dem Zusammenbruch des Sowjetsystems lagen die Forschungen erst einmal auf Eis. So steht es in einem Artikel aus dem Jahr 1994. Aber die Autoren, allesamt mit der Akademie der Wissenschaften Aserbaidschans verbunden, signalisieren, dass sie sich auf die Fortsetzung ihrer Forschungen freuen. (35)

Nach dem Rundgang schenkt mir Dilara einen Plastikbeutel voll mit selbst gesammeltem und getrocknetem Tee. Sie weist mich noch ein: »Das ist kein schwarzer Tee. Dieser Tee hier ist sehr gesund. Sie dürfen ihn aber nicht jeden Tag trinken. Sonst wirkt er zu stark. Wie alt sind Sie?« - »Sechzig Jahre. Und Sie?« – »Auch, genau sechzig. Ich wünsche Ihnen alles Gute und vor allem Gesundheit. Werden Sie hundert Jahre alt!« – »Danke. Das wünsche ich Ihnen auch.« Draußen vor dem Haus macht Jacub noch ein Erinnerungsfoto von uns. Nur die zweite Mitarbeiterin möchte nicht mit ins Bild. Sie hatte eine kleine Verjüngungsoperation und trägt nun diesen unschönen Fleck im Gesicht.

Auf der Rückfahrt frage ich Jacub: »Ist es in Aserbaidschan normal, dass man direkt nach dem Alter gefragt wird?« Jacub antwortet: »Bei uns ist es so: *Sie* dürfen *mich* fragen, aber *ich* darf Sie nicht fragen.« – »Ah, gut. Ein Taxifahrer in Baku wollte nämlich gleich von mir wissen, wie alt ich bin. Ich sagte ihm, dass seine

Frage unhöflich sei.« Jacub versichert mir: »Da haben Sie sehr gut geantwortet.«

Nach einer kleinen Pause setzen wir unser Gespräch fort: »Und ich als Frau darf Sie als Mann direkt nach dem Alter fragen?« – »Ja, Sie als Frau dürfen das.« So frage ich also. Und Jacub antwortet, lächelnd wie ein Bruder: »Ich bin ein Jahr älter als sie. Ich bin schon einundsechzig Jahre alt.«

Mohammad

Als ich zurück ins *Luxe Länkäran Hotel* komme, treffe ich im Foyer Mohammad. Ich schätze ihn auf vierzig. Mohammad hat einige Jahre in Deutschland gelebt und spricht entsprechend gut Deutsch. Er freut sich über unsere zufällige Begegnung. Heute lebt er mit seiner Familie in Baku, wo er auch geboren wurde und Kindheit, Schul- sowie die Studienzeit an der Universität verbracht hat. Seine Ursprungsfamilie aber stammt aus der Umgebung von Länkäran. Mohammad lädt mich auf einen Tee ein. Viel Zeit bleibt nicht. Er und seine Familie sind kurz vor der Abreise.

Auch Mohammad ist sehr gläubig. Und auch er fühlt sich, mit seinen Jahren in Deutschland, zwischen Europa und Asien: »Ich war noch in Deutschland, überlegte aber gerade, zurück nach Aserbaidschan zu gehen. Zugleich dachte ich, dass es schwierig für mich werden könnte, hier wieder zu arbeiten und das zu finden, was ich in Deutschland geschätzt habe ... Es war nachts. Und da habe ich den Koran geöffnet, um darin zu lesen. Und genau an dieser Stelle, an der ich den Koran zufällig aufschlug, sagte er: *Mach dir keine Sorgen. Geh, wohin du willst! Gott wird dich schützen.* Das war sehr wichtig für mich. Das hat mich bestärkt. Und ich war sicher, dass ich meine Entscheidung treffen und zurückgehen kann. Und dass es besser wird. Und es ist in unserem Land tatsächlich besser geworden. Bitte warten Sie hier!«, sagt

Mohammad, dem plötzlich etwas eingefallen ist. Er steht auf und verschwindet, um keine fünf Minuten später zurück zu sein – mit zwei Packungen Länkäran-Tee, die er mir feierlich überreicht. Er sagt: »Bitte genießen Sie diesen Tee aus Länkäran, wenn Sie daheim beginnen, Ihr Buch über unser Land zu schreiben. Denn hier in Aserbaidschan haben wir den tiefen Glauben, dass Tee beim Denken und Nachdenken hilft. Es kann natürlich sein, dass das biologisch und medizinisch gesehen nicht so ist. Aber es ist ein psychologischer Glaube. Sogar beim Heiratsantrag ist ein süßer Tee das Zeichen für das Ja.«

Tag 28

Fließend und einfach

Am Fluss

Für die zweite Nacht im Gebiet um Länkäran zieht mich der Fluss an, die Länkäran, und ich übernachte im Bascharu-Resort, einige Kilometer von der Stadt entfernt. Ferienhäuschen aus Holz stehen mitten im Wald und reihen sich entlang des Flusses. Das ist ein guter Ort, besonders für Kinder, für ganze Familien, die dort entsprechend angereist sind.

Die Küche des zum Resort gehörigen Restaurants bäckt vor allem das regional traditionelle Levengi. Levengi kann aus Fisch zubereitet werden, aus Ente, aus Aubergine oder aus Huhn. Wesentlich ist dabei die Füllung. Sie ist jedes Mal anders. Bei Hühnchen besteht die Füllung aus zerkleinerten Walnüssen, Zwiebeln, Rosinen und Granatapfelsaft. Ich möchte es unbedingt probieren. Aber nicht nur Levengi wird gebacken, sondern auch Brot – in einem großen zylindrischen, oben enger werdenden *Brunnen* aus Ton, im *Tendir*. Der Teig klebt innen und bäckt unmittelbar an den heißen Wänden.

Es wird Abend, zwar ist es noch hell, aber nicht mehr so heiß wie tagsüber oder auch in Länkäran. Direkt am Fluss stehen die Tische, die mit weißen Tischdecken eingedeckt sind. Hier kann zu Abend gegessen werden. Oder man isst in einem der beiden Restaurants – oder bei sich in seinem Häuschen. Letzteres schlägt mir der Kellner bei der Bestellung vor. Ich aber möchte unbedingt direkt am Fluss zu Abend essen.

Bald darauf sitze ich, wie gewünscht, bei Tisch und direkt am Wasser. Ich wende mich der untergehenden Sonne zu, genieße die letzte Wärme dieses Tages und das Rauschen des Flusses. Die Natur wirkt in dieser Stunde auf mich als ein großes Vertrauen. Alles ist da. Und dem Fluss erzähle ich, in Ermangelung von Schlechtem, nur Gutes. Jacubs heutige Worte gebe ich dem Fluss mit. So verteilt es sich, dieses Gute. Denn heute meinte Jacub, wie nebenher: »In allen Religionen wird gesagt, dass der Mensch anderen Gutes tun soll. Wir sollen ehrlich leben, sauber ... Wir können Gutes tun, wir können Schlechtes tun. Gott gab uns diese Möglichkeiten. Aber wir allein sind es, die entscheiden, welche dieser Möglichkeiten wir leben wollen.«

Was für ein schöner Ort, was für ein Abend. Mein Essen wird gebracht. Es ist Levengi als gefülltes Hühnchen. Es ist wirklich eine Spezialität, schmeckt fremd und gut zugleich. Gerade als ich mit bestem Appetit mit dem Abendessen beginne, höre ich hinter mir die Vielstimmigkeit einer großen Familie, eine Vielstimmigkeit, die mit dem Rauschen des Flusses einen einzigen Klangteppich bildet. Es sind an die zwanzig Menschen, die beim Sonnuntergang an der Länkäran spazieren gehen. Wir grüßen einander freundlich. Sie gehen an meinem gedeckten Tisch und mir vorbei und weiter. Was mir aber erst in diesem Moment klar wird, fühlt sich an wie ein Fauxpas meinerseits: Ich bin Gast in diesem Land und weiß, dass alle Gläubigen im Ramadan sind. Da sitze ich hier bei Tageslicht im Offenen und esse, während sie noch darauf warten, dass die Sonne untergeht. Keiner äußert dergleichen mir gegenüber, mir aber ist es peinlich, dass ich das Feingefühl für den Moment nicht besaß.

Tee aus Länkäran

Mindestens seit 3000 Jahren trinkt man in Aserbaidschan Tee. Das legt zumindest der Fund eines Samowars nahe, dessen Alter entsprechend bestimmt werden konnte. Seit den 1930er-Jahren wird in Länkäran großflächig Tee angebaut. Heute ist diese Region das Hauptanbaugebiet in ganz Aserbaidschan. Es wird vor allem Schwarztee getrunken.

Während zu Sowjetzeiten, in den 1980er-Jahren, die Teeproduktion des Landes um die 38.000 Tonnen betrug, beträgt sie heutzutage nur noch um die fünfhundert Tonnen. (36)

Tee wird nicht exportiert, im Lande selbst aber zu jeder Gelegenheit getrunken. Eine kleine Menge an angewärmtem Teesud wird, wenn es so weit ist, in ein Glas gefüllt und mit heißem Wasser aus dem Samowar aufgegossen.

Die Frau im Laden

Jacub holt mich am nächsten Morgen im Bascharu-Resort ab. Ich möchte das *Länkäran Springs* besuchen, eines der neu entstandenen Heilungs- und Erholungsresorts in der Region. Vermittelt durch den Freund einer Freundin lernte ich in Baku den aus Dresden stammenden Eckhard Jancker kennen. Unser Treffen fiel in die letzten Tage seiner Arbeit in Aserbaidschan. Eines der großen Projekte, die er als Projektmanager begleitet hat, ist das *Länkäran Springs*.

»Wenn es Sie interessiert, dann gebe ich Ihnen den Kontakt zu meiner damaligen Sekretärin, zu Sevil. Sie wird Ihnen alles zeigen.«

Wir fahren in Richtung Länkäran, und Jacub lenkt seinen weißen Lada sicher und umsichtig wie immer.

Es ist ein heißer Tag, und unterwegs möchte ich eine Flasche Wasser kaufen. Wir halten in einem der Dörfer an einem kleinen Geschäft. Eine Frau verlässt es gerade; sie trägt ein weißes Kopftuch, eine blaue Bluse und einen langen, bunten Rock. Obwohl es keine Tracht ist, ähnelt ihre Kleidung sehr der Tracht der Talyschen. Mir wird darüber hinaus bewusst, dass ich heute ähnlich angezogen bin – mit einem dunkelblauen T-Shirt und einem langen bunten Rock. Nur ein Kopftuch trage ich nicht.

Als Jacub und ich das Wasser gekauft haben und aus dem Laden treten, steht die Frau, ihren Beutel mit den Einkäufen in der Hand, noch immer da. Sie und Jacub wechseln einige Worte. Zum Schluss nickt die Talysch-Frau und geht.

Als wir weiterfahren, erzählt Jacub mir: »Sie hat mich gefragt, wer Sie sind. Sie haben ihr gefallen. – Ich habe ihr auch von der kleinen Moschee erzählt. Und dass Sie in die Moschee hineingehen wollten, um zu beten. Die anderen Pilger hatten mich dort auch schon gefragt: *Was macht die Frau in der Moschee?* Und ich sagte zu ihnen: *Sie betet. Das ist ihr eigener Wunsch. – Oh, das ist gut*, haben die Pilger gesagt.«

Während ich mir eine große Wasserflasche gekauft habe, kaufte Jacub nur eine kleine: »Wenn Ramadan ist, liege ich normalerweise zu Hause und ruhe mich aus. Dann esse und trinke ich immer erst nachts. Aber wenn ich arbeite, muss ich manchmal etwas trinken.«

An Jacubs Rückspiegel baumeln zwei weiße Mischka-Bärchen, die sich an den Pfoten berühren. In den alten russischen Märchen wird der Bär *Mischka* genannt. Zugleich war

Mischka das Symbol der Sommer-Olympiade in Moskau 1980. Während wir weiterfahren, schaukeln die beiden Mischkas heftig hin und her.

»Seid nicht so aufgeregt. Ruhig. Ruhig!«, spricht Jacub leise zu ihnen. Und zu mir sagt er: »Das ist ein Geschenk von Fatima, von meiner Frau. Und diese beiden Bären – das sind wir.« Er atmet tief durch. Dann schweigt er längere Zeit. Später lächelt er – ganz in einer anderen Welt – vor sich hin.

Länkäran Springs

Wir nähern uns einem großen neuen Komplex. Am Tor steht: *Länkäran Springs.* Jacub erklärt mir: »In unserer Region gibt es viele Mineralwasserquellen. Auch Bäder mit radioaktivem Wasser sind möglich. Alles das kommt bei uns aus der Erde. Es gibt eine ganze Reihe von Sanatorien.«

Schon am Tor zu *Länkäran Springs* gibt es eine Einweisung bzw. den Empfang. Der junge Mann telefoniert mit Sevil Mammadova, Eckhards einstiger Sekretärin, die uns, als wir am Haupteingang des Komplexes vorfahren, empfängt. Jacub wird warten. Die sympathische wie höfliche Sevil wird mir derweil alles zeigen.

»Wie geht es Eckhard?«, will sie als Erstes wissen. »Eckhard war ein sehr guter Chef. Wir denken immer an ihn.«

Noch ist das Haus neu und nicht ganz ausgelastet. Aber wo immer wir auch hinkommen, herrscht emsige Geschäftigkeit, als wäre es bereits voll. Das *Länkäran Springs* ist ein hochwertiger, attraktiver Bau für die gehobene Klasse, ohne dass es gleich unerschwinglich wird. Konkret kostet ein Doppelzimmer etwas über achtzig Euro.

Neben dem Hotelbereich gibt es vor allem Heilbehandlungen – mit Schwefel- und Mineralwasserbädern, Magnet- und Elektrolyttherapie – sowie das Wellnessresort. Und es gibt ein öffentliches Schwimmbad, das auch von den Einheimischen genutzt werden kann. Der Eintrittspreis beträgt fünf Manat. Für ärztliche Kontrollen wird gesorgt.

Sevil ist als Managerin, die sie heute bei *Länkäran Springs* ist, nicht nur sachkundig, sondern auch spürbar beherzt. Und sie ist unendlich dankbar, dass es dieses Haus gibt und dass sie hier arbeiten darf.

Isti Su

Im *Länkäran Springs* bin ich Gästen begegnet, Einheimischen aber nicht. Diesen werde ich erst morgen am späten Nachmittag begegnen, wenn Ilqar mir auf dem Rückweg vom Hirkan-Nationalpark ein Schwefelwasserbad in Isti Su vorschlägt. Dazu erklärt er: »*Isti* bedeutet *heiß,* und *Su* ist das *Wasser*.«

Isti Su ist ein Dorf. Je näher wir ihm kommen, umso größer werden die Schlaglöcher. Von einer Straße kann kaum noch die Rede sein. Jacub achtet auf den Weg, während er den Wagen lenkt. Ohne Probleme kommen wir an. Der Eintritt im Bad von Isti Su kostet zwei Manat. Die Häuschen, die vor Jahren weiß getüncht worden sind, strahlen mit dem Blau ihrer Fensterrahmen, ihrer Türen und auch ihrer Bänke. Wie immer orientiere ich mich an den Menschen. Es sind einfache Menschen, und jetzt, kurz vor dem Fest des Fastenbrechens, kommen sie mit der ganzen Familie.

Ein Bad im Schwefelwasser soll nicht länger als zwanzig Minuten dauern. Jede Kammer hat ihr eigenes Becken. Und als ich schließlich die fünf Stufen hinunter ins Becken steige, erwartet mich angenehm warmes Wasser. Ein leichter Geruch von faulen Eiern liegt in der Luft. *Länkäran Springs* und dieses Schwefelbad im Dorf Isti Su, das sind zwei verschiedene Welten.

»Insgesamt gibt es in der Umgebung drei heiße Quellen«, erzählt Ilqar auf dem Rückweg, »nämlich im Dorf Isti Su, im

Dorf Haftonu und im Dorf Haftonu Ibadi. Und richtig: Die Straße ist nicht gut. Trotzdem fahre ich meine Touristen immer hierher.«

Tag

29

Monstermäßig und märchenhaft

Hirkan-Nationalpark I

Am dritten Tag in Länkäran möchte ich den Hirkan-Nationalpark besuchen. Ilqar kommt erst am frühen Nachmittag von einer Tourismus-Tagung aus Baku zurück. Mein treuer Jacub hat mich gestern gefragt, ob ich ihn heute Morgen brauchen werde, und ich habe gesagt: »Ich brauche Sie erst am Nachmittag.« Weil ich mir dachte: *Ach, dann nehme ich einfach einen anderen Fahrer, um in den Hirkan-Nationalpark zu kommen. So schwer kann das doch nicht sein.*

»Hirkan? Kein Problem!«, versichert mir auch der Kellner im Bascharu-Resort und winkt seinen Fahrer Kamal heran.

Der Hirkan-Nationalpark ist gut beschildert, das Tor steht weit offen, aber als wir dort ankommen, ist weit und breit kein

Mensch zu sehen. Am Tor steht ein Häuschen. Und in diesem Häuschen bietet sich uns ein Bild von Idylle – der eine Arbeiter liegt lang gestreckt auf dem Sofa und meditiert mit Blick zur Decke, der andere sitzt auf einem Hocker in der Tür und raucht. Kamal redet mit den beiden Männern, und so erfahre ich: »Heute ist geschlossen, morgen auch. Es wird gebaut. Und gerade machen sie Pause.«

»Gibt es vielleicht einen anderen Weg, durch das Areal geführt zu werden?« Ich verweise auf das offene Tor. Also bespricht sich Kamal erneut mit den beiden. Der, der gerade noch gelegen hat, beginnt schließlich, in der Schreibtischschublade nach etwas zu kramen. Die Schublade ist leer. Dann geht es auch ohne Eintrittskarte: Denn der Bauarbeiter, der seinerseits gerade noch geraucht hat, wird mich über das Gelände führen, einen kleinen Hirkan-Rund- und Informationsweg entlang. Er geht mir voraus.

Großformatige Schautafeln des NABU, des *Naturschutzbunds Deutschland*, informieren über Fauna und Flora des Parks. Natürlich sehe ich dank dieser Tafeln die Kaspische Meise, auch den Kaukasischen Fasan, den Goldschakal, den Braunbären sowie den Hirkan-Leoparden, zudem den Hirkanischen Buchsbaum, die Kaukasische Birne, die Orientalische Hainbuche sowie den Teufelsbaum. Aber warum das alles nicht auch in natura bestaunen?

Der Rundgang führt an den Schautafeln vorbei, an Bäumen und Büschen, hin zu einer Lichtung. Der gastfreundliche Arbeiter weiß: Damit schließt sich dann schon der Kreis. Er winkt mir kurz zu, bevor er zurück zum Kassenhäuschen eilt.

Ich selbst jedoch komme aufgrund plötzlicher Bezauberung keinen Schritt weiter. Schließlich stehe ich vor Buschbäumen, die wie Wesen agieren und ihre Zweige so neigen, dass sie damit ein Tor bilden. Sich selbst überlassen, hat der Hirkan-Nationalpark offensichtlich jede Menge Geschichten zu erzählen. Flankiert von diesen wesenhaften Bäumen rufe ich auf der Stelle Ilqar

Azimov an. Ich weiß, dass er unterwegs ist. Allerdings geht es inzwischen auf Mittag zu. Und tatsächlich habe ich Glück: Ilqar ist bereits aus Baku zurück. Und auch Jacub ist wieder da. Also verabreden wir uns für 13 Uhr am Bascharu-Resort. Vielleicht werden die beiden sogar noch einen Fachmann auftreiben, der uns auf unserem Spaziergang durch den Nationalpark begleitet.

Zurück am Haupteingang erwarten mich Kamal und die beiden Arbeiter. Ich gebe die gute Nachricht gleich in die Runde: »Ilqar Azimov wird mich führen.« Alle atmen sichtlich auf. Sie haben als Gastgeber getan, was sie tun konnten, und nun hilft ein anderer weiter.

Tiger und Leopard

Der Hirkan-Nationalpark ist mit 40.000 Hektar eine der größten bewaldeten und unbebauten Flächen Aserbaidschans. Noch Anfang des 19. Jahrhunderts lebte hier der Kaspi-Tiger. Heute ist er Legende. Der Hirkan-Leopard ist es zwar ebenso, ihn aber soll es noch geben. Es bleibt unklar, wann er tatsächlich ein letztes Mal gesehen wurde.

Der Nachbar aus der 14. Etage des Hauses, in dem Ashurey in Baku wohnt und ich mein Quartier habe, hat mir, als ich vor einigen Wochen und weit vor dem Ramadan bei ihm zu Hause eingeladen war, einen amerikanischen Dokumentarfilm über den Nationalpark gezeigt. Das ergab sich dadurch, dass ich ohne Schlüssel vor dem Hochhaus, in dem Ashurey wohnt, stand und auf jemanden mit Schlüssel wartete, der hineinwollte. Der Nachbar kam, sah mich dort stehen, ließ mich ins Haus und lud mich mit zu sich in seine Wohnung ein: »Auch meine Frau kommt gleich. Sie wird sich freuen.«

Und wie wir, nun schon oben in der Wohnung, zu erzählen begannen, kam der Nachbar, der ja aus Länkäran stammt, auch auf den Hirkan-Leoparden zu sprechen. »Es gibt ihn heute immer noch«, versicherte er. »Die Amerikaner waren hier und haben Wildkameras aufgestellt. Damit haben sie ihn gefilmt. Interessiert es Sie?« Natürlich. Er suchte mir den Film heraus und gleich darauf liefen die Bilder über den großen Bildschirm, der an der Wand über dem Esstisch angebracht war.

Aus unserer zufälligen Begegnung vor dem Haus wurde im Handumdrehen ein kleines Familientreffen, denn zuerst kam, genau wie angekündigt, seine Frau nach Hause, dann auch der Sohn mit Frau. Die beiden Frauen eilten in die Küche, und der Tisch wurde gedeckt. Alle fassten mit an, auch die Männer. Ich als Gast durfte nicht mithelfen. Also saß ich weiterhin auf dem Sofa und schaute mir den Film über den Hirkan-Leoparden an.

»Sehen Sie?«, rief plötzlich der Nachbar, der gerade dazukam und den Film stoppte. Nun schauten wir gemeinsam auf den Bildschirm: Es war eine Nachtaufnahme, in der ein Leopard zu sehen war, der durch ein Waldstück streifte.

»Sehen Sie?«, fragte mich der Nachbar noch einmal. Er ist ein angenehm emotionaler Mensch. Ich nickte langsam und sagte: »Was für ein schönes Tier.«

Hirkan-Nationalpark II

Wir sind unterwegs zum Hirkan. Jacub lenkt den Wagen, neben ihm sitzt diesmal Ilqar, und ich sitze hinten. Ilqar ist ein kundiger Mann: »Wahrzeichen des Nationalparks ist der Leopard und sind die Persischen Eisenbäume, auch *Eisenholz* genannt. Die Bäume werden bis zu zehn Meter hoch. Ihr Holz verfügt über eine besondere Härte, eine hohe Dichte. Es ist schwer zu bearbeiten. Und im Wasser geht es unter. Sehen Sie dort im Wald das Rot? Das ist das Blattwerk, Parrotia persica.«

Der feine Regen weicht den Waldboden auf. Keiner von uns trägt Gummistiefel. Auch nicht Sahil Michaelov, der Fachmann, der hier an einer schmalen Holzbrücke auf uns wartet. Es ist eine

Brücke mit einem wackligen Geländer, die direkt hinüber in den Hirkan führt. Mit dem feinen Regen sind die Holzbohlen der Brücke glatt und schmierig geworden. Kaum aber betreten wir den Wald, werden unsere Schritte wieder sicher.

Im Nationalpark führt die Natur ein Eigenleben. Totes Holz verwittert. Die meisten der Stämme, ob nun noch in der Erde verwurzelt oder schon gebrochen, sind einseitig oder insgesamt bemoost. Wir durchstreifen einen Wald voller grüner Moosgestalten. Hier steht ein Div mit weitausholenden Pranken, dort ein Babymonster mit Riesenhänden und hier hockt wiederum eine verkrüppelte schwarze Gestalt. Ja, so ein Wald ist das. Gut möglich: Irgendwo steht, gut verborgen, der Hirkan-Leopard und beobachtet uns.

Ilqar hat Sahil Michaelov eingeladen, damit er uns ein Stück durch den Park führt. Sahil arbeitet seit dreiundzwanzig Jahren im Hirkan. Schon seine Großeltern arbeiteten hier, auch seine Eltern und Geschwister. Sahil ist – genau wie ich – bekleidet wie ein Sonntagsspaziergänger. Er trägt eine helle Windjacke, ein hellblaues Hemd, dazu eine schwarze Hose. Sein Haar ist dicht und grau. Wir halten unsere Regenschirme in der Hand.

»Ich liebe die Natur«, erzählt Sahil. »Deshalb arbeite ich hier.«

»Und lebt der Hirkan-Leopard noch?«

»Als ich zehn Jahre alt war, zog ich mit meinem Vater durch den Hirkan. Da habe ich den Leoparden zum ersten, aber auch zum letzten Mal gesehen – mit meinen eigenen Augen.«

Löwen oder Tiger gibt es hier zwar nicht, den Leoparden aber möglicherweise bis heute. Und dann natürlich Wölfe, Füchse, Bären, Rehe …

Ich frage Sahil, ob er Angst hat, wenn so ein großes Tier kommt. Und falls er Angst hat, wie er damit umgeht. Sahil erzählt frei von der Leber weg: »Angst ist völlig normal. Es ist wichtig, still stehen zu bleiben und sich nicht aggressiv zu verhalten. Du musst das Tier respektieren und ohne Waffen sein. Das muss man wissen. Und durch dieses Wissen verhältst du dich so wie deine Väter und Großväter. Das macht dich sicher. Denn wenn du Stress hast – das riechen die Tiere. Und das kann sehr gefährlich sein.«

Wir gehen weiter, wobei ich vorauseile, um das für mich Märchenhafte vollständig in seiner Energie aufnehmen zu können – ein Baum, der einen Meter über der Wurzel gebrochen ist und in sich hohl; er wirkt als ein grün bemooster Brunnen. Gleich darauf passieren wir eine weite Lichtung, die mich an ein Gemälde von Caspar David Friedrich erinnert, und einen aufgebrochenen Baumstamm, den ich als einen Altar sehe. Schließlich stehen da mitten im Weg zwei schlanke, hohe Bäume, die sich mit der Zeit einander zugeneigt haben und schließlich über Kreuz gewachsen sind, jeweils bis in den Bereich des anderen hinein.

Wir erreichen den Khanbulan-See an einer Stelle, wo sich das Land wie eine Halbinsel in den See hineinzieht. Die Ausdehnung der Wasserfläche beträgt fünf Kilometer in der Länge und drei Kilometer in der Breite. Und an die siebzig Meter ist der Khanbulan tief.

Auf dem Rückweg ist da eine Lichtung wie in einem Gemälde von Caspar David ... Es ist dieselbe Stelle. Und immer tanzt das Rot der Eisenbäume durchs Bild.

Chaykhana

Ilqar schlägt vor, zum Abschluss unserer Wanderung noch einen Tee in einer Chaykhana zu trinken, mitten im Wald. Bald darauf sitzen wir alle zusammen bei Tisch, unter hohen, alten Bäumen – Jacub, Sahil, Ilqar und ich. Weiter hinten an der Feuerstelle hantiert eine Frau in einem dunkelblauen Kleid mit großen türkisfarbenen Blumen. Über ihr Haar trägt sie ein straffgezogenes blaues Tuch, im Nacken gebunden. Sie sieht, zumindest für mich und auf die Entfernung hin, selbst schon wie ein Waldwesen aus. Als ich sie frage, ob ich sie fotografieren darf, stellt sie sich sofort in Positur – die eine Hand am Gestänge der Kochstelle, die andere in die Hüfte gestützt. Sie lächelt. Und nun bin ich mir sicher: *Ja, sie ist ein Waldwesen, vielleicht sogar eine Fee.*

Der Tee kommt, wir trinken und erzählen. Tee miteinander zu trinken, bedeutet, Zeit zum Erzählen zu haben.

... und zwar erzählte der Großvater seinem Enkel immer wieder, dass er während des Krieges in Deutschland gewesen sei, in einem Konzentrationslager. Und dort gab es eine Krankenschwester. Sie wurde seine Frau. Aber nach dem Krieg kam er ohne diese seine Frau zurück nach Hause und kam wiederum dort, während der Stalinzeit, in ein Konzentrationslager. Nie durfte er an seine deutsche Frau schreiben.

Der Großvater erzählte es dem Enkel immer wieder, und am Ende sagte er jedes Mal: »Sie musste ja denken, dass ich gestorben bin.« Und der Großvater erzählte seinem Enkel auch, dass die Zahnplomben, die er im deutschen Konzentrationslager eingesetzt bekommen hatte, sehr gut gehalten hätten, und zwar bis ins hohe Alter.

Und als würde es nach der traurigen Geschichte Zeit werden für einen Scherz, fragt mich Ilqar, bereits mit Schalk in den Augen: »Was macht einen guten Tee eigentlich so teuer? Wie kann man den Preis in die Höhe treiben?« Ich lächle und warte auf das, was jetzt kommt:

... und zwar wird der Tee teuer durch eine gute Geschichte. Diese Geschichte ist das Marketing. Und wenn dann jemand fragt: »Warum ist der Tee bei Ihnen eigentlich so teuer?«, erzählst du: »Dieser Tee wurde von Hand gepflückt.«

»Ja, und?«

»Er wurde noch vor Sonnenaufgang gepflückt.«

»Ja, und?«

»Er wurde von jungen Mädchen gepflückt.«

»Von jungen, schönen Mädchen?«

»Vergaß ich das zu sagen? Der Tee wurde von jungen, sehr, sehr schönen Mädchen noch vor Sonnenaufgang und von Hand gepflückt. Und die Hände dieser Mädchen sind so schlank, dass sie auch die ganz kleinen Blätter

pflücken konnten. Und diese jungen, sehr, sehr schönen Mädchen sind so früh aufgestanden, um diesen Tee extra für Sie zu pflücken.«

Fastenbrechen

Es wird Zeit für meine Rückfahrt nach Baku. Von Sahil und Ilqar habe ich mich bereits verabschiedet. Bruder Jacub fährt mich noch zum Busbahnhof. Der Bus steht bereit, mein Gepäck ist verstaut. Da sagt Jacub: »Setzen wir uns für fünf Minuten.« Ich kenne diesen Brauch. Ich mag ihn. »Schade, dass Sie nicht noch etwas länger bleiben können«, sagt er. »Morgen ist das Fest des Fastenbrechens. Das Ende des Ramadans wird gefeiert, und wir könnten miteinander etwas essen.«

»Inschallah«, sage ich. »Vielleicht im nächsten Jahr.«

Darauf lächelt Jacub, so zurückgenommen wie immer.

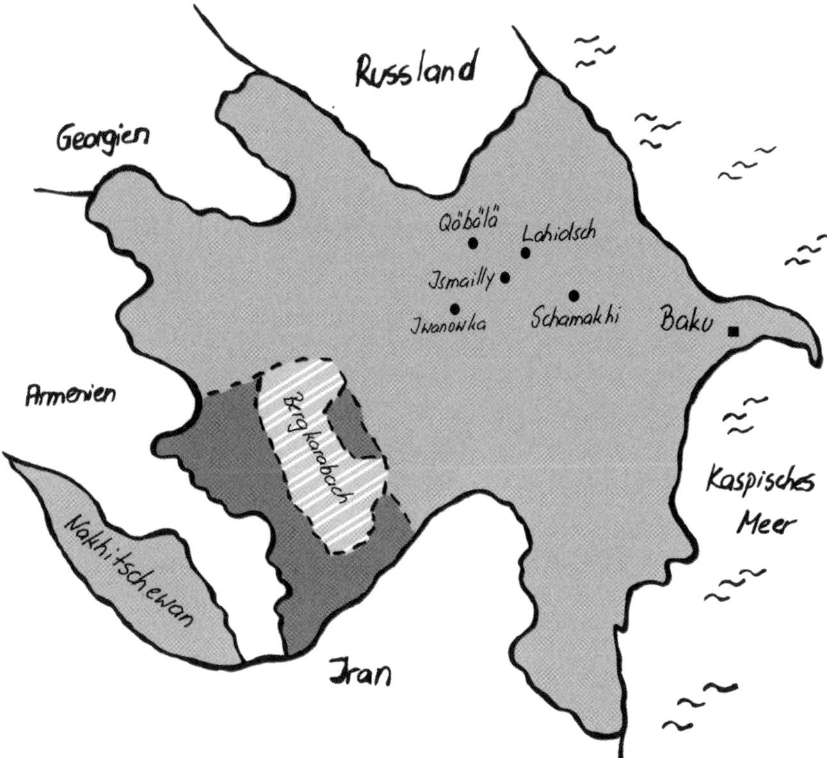

Russland
Georgien
Qäbälä
Lahidsch
Ismailly
Iwanowka
Schamakhi
Baku
Armenien
Bergkarabach
Nakhitschewan
Kaspisches Meer
Iran

Tag 30

Zwei und eins

Und kaum bin ich in Baku, fahre ich schon am nächsten Morgen erneut hinaus *in die Region*. Ziel ist diesmal das Bergdorf Lahidsch – englisch: Lahic. Ausnahmsweise buche ich über ein lokales Reiseunternehmen. Das scheint günstig zu sein, denn auf dem Programm stehen gleich mehrere Orte, die ich bisher noch nicht besucht habe: Schamakhi, Ismailly, Qäbälä und eben Lahidsch. Zwar plane ich für Lahidsch eine Übernachtung, buche diesmal aber nicht im Vorfeld.

Eine junge Lehrerin aus Hong Kong, Mailin, hat es sich wohl ähnlich gedacht. Am Abfahrtsort, am Haupttor zur Altstadt, lernen wir uns kennen. Es ist ein sonniger Junimorgen. Bald darauf sitzen wir in einem weißen Mercedes. Unser Fahrer ist noch sehr jung. Ich schätze ihn auf Anfang zwanzig. Zuerst spricht er kein Wort mit uns, ist ganz für sich, so als wären wir zwei Pakete, die er nun von A nach B fahren soll. Er lenkt den Wagen und hört dabei russische Rockmusik. Irgendwann spreche ich ihn auf die Musik an: »Ist das russische Rockmusik?«, und er merkt auf: »Ach, Sie verstehen Russisch!« Wir kommen miteinander ins Gespräch.

Mit unserem Fahrer hat es tatsächlich seine Bewandtnis, denn er lebt mitten in einer, nein, sogar in zwei berühmten Geschichten. Gut möglich, dass ihm das selbst nicht bewusst ist. Aber wie sich im Laufe unseres Gespräches herausstellt, befindet er sich zuerst einmal in der allgemeinen Welt der Leidenschaft. Seine Leidenschaft ist für eine schöne Georgierin entbrannt. Das erinnert mich sofort an Kurban Saids berühmten Roman *Ali und Nino,* diese Liebesgeschichte, in der ein Muslim eine Christin liebt.

Unser junger Fahrer legt seiner *Nino* offenbar alles zu Füßen. »Ich spare mein Geld, um sie wenigstens einmal im Monat in Tbilissi besuchen zu können«, erzählt er uns, inzwischen auf Englisch. »Sie sagt, ich muss das nicht. Aber ich mache es trotzdem. Dann schlafe ich im Auto, denn ein Hotel kann ich nicht bezahlen.«

Das ist zweifellos eine tragische Geschichte, da seine *Nino*, warum auch immer, diese Liebe nicht erwidert. Was wiederum unseren Fahrer regelrecht verrückt vor Liebe macht; insofern ist er ein *Madschnun,* genau wie in der berühmten Liebesgeschichte von *Leila und Madschnun*.

... und zwar ist Madschnuns Vater ein reicher Sultan. Aber er besitzt keinen Sohn. Und der Sultan vergisst seinen Reichtum um des einen willen, das ihm noch fehlt. In »Leila und Madschnun« lässt der Dichter ihn sagen: »Das Fadenende des Geschickes liegt im Unsichtbaren; und was dich heute ein Schloss dünkt, das dich aussperrt von deinem Ziel, wirst du morgen als Schlüssel erkennen ...« (37)

Mailin, die junge Lehrerin aus Hongkong, weiß, was sie will und was sie nicht will. Und in diesem Jahr wollte sie einfach mal dort ihren Urlaub verbringen, wo sonst niemand aus Hong Kong ist. Auf ihre Reise durch Aserbaidschan ist sie bestens vorbereitet:

»Das steht doch alles im Internet. Da schaue ich mir meine Reise immer zuerst an und weiß dann schon, was kommt. Wissen Sie, dass es in Schamakhi Königsgräber gibt?«

»Also, ich weiß rein gar nichts«, lasse ich mich auf einen Abgleich unserer Kenntnisse gar nicht erst ein. »Aber diese Gräber, von denen Sie sprachen, interessieren auch mich.« Wie es scheint, sind diese Königsgräber selbst für unseren Fahrer eine Neuigkeit. Mailin sucht in ihrem Mobiltelefon die entsprechende Karte heraus. Der junge Fahrer schaut, nickt und meint: »Ja, ja, das kenne ich. Das ist kein Problem. Fahren wir dorthin.« Wir sind zufrieden, alle drei.

Unser junger, sehr junger Fahrer fährt als der *Madschnun,* der er nun einmal ist, schnell und überholt für gewöhnlich knapp. Vielleicht grüßen ihn deshalb die Fahrzeuge, die uns entgegenkommen, mit Lichthupe. Mailin bittet ihn, dass er langsamer fährt; ich selbst beginne inzwischen zu beten. Und da ich religiös frei bin, bete ich in diesem orientalischen Areal am besten zu Allah. Es ist ernst gemeint. Und vielleicht hat mein Beten ja auch geholfen, denn am Rand der Straße stehen plötzlich zwei Polizisten. Einer von ihnen winkt uns heran, und unser Fahrer muss runter vom Gas.

Es geht um die Scheinwerfer, mit denen sein Mercedes ausgestattet ist, die aber nach erster Aussage der Polizisten wohl nicht die richtigen sind, und dafür müsse er eine Strafe zahlen. Unser Fahrer, der weiß, dass auch seine Scheinwerfer erlaubt sind, fordert schließlich – zumindest erzählt er es uns später so –, in dieser Frage den Chef zu sprechen. Daraufhin lassen ihn die Polizisten straffrei weiterfahren. Es ist Sonntag, und sie sind auf Tour. Ein Gutes haben uns diese beiden Polizisten auf jeden Fall gebracht: *Madschnun* fährt zunächst deutlich umsichtiger, als wollte er eine zweite Kontrolle nicht riskieren.

Nach knapp zwei Autostunden erreichen wir Schamakhi, die Stadt, die bis zu dem schweren Erdbeben im 12. Jahrhundert die Hauptstadt Aserbaidschans gewesen ist, die Stadt, die an der alten Seidenstraße lag und bisher von insgesamt elf Erdbeben erschüttert worden ist, sodass schon Alexandre Dumas resümieren musste: *Schemacha weiß nie, ob die Stadt morgen noch stehen wird.* (38)

Juma-Moschee

Der Platz vor der ältesten Moschee Aserbaidschans, der Juma-Moschee, errichtet im 8. Jahrhundert, ist weit; zwei Minaretttürme ragen in die Höhe. Die großzügige Anlage wird beiderseits gesäumt von flacheren Gebäuden, die verziert sind mit Steinmetzarbeiten und Bemalungen. Nicht zu vergessen ist der zweistufige Springbrunnen im linken Bereich. Das Wasser fließt vielleicht auch hier, um Schlechtes und Schweres mitzunehmen, um bestenfalls Blockaden zu lösen und Inneres zu heilen …

… Keine Sorge, denn auch du kommst von uns. Das Wasser nimmt es mit. Weine, so viel du nur kannst. Und dann singe, so laut du kannst. Lass uns die Köpfe senken. Lass uns miteinander still sein und beten. Lass uns leben, denn wir sind am Leben. Es ist weder deine noch meine Schuld. Und das ist das Gebet.

In der Moschee selbst dominiert Blau in den unterschiedlichen Abstufungen. Die Juma-Moschee überstand neun der elf Erdbeben unbeschadet, musste aber nach den beiden Erdbeben von 1856 und 1902 neu aufgebaut werden. Unser Fahrer erwähnt in einem Nebensatz, dass *die Armenier* hier Feuer gelegt hätten. Wie ich bei Wikipedia nachlese, geht es um ein Massaker an der aserbaidschanischen Bevölkerung im Jahr 1918, begangen durch Anhänger der nationalistischen Bewegung Daschnakzutjun, welche als Vertreter der Sowjetmacht aufgetreten sind. Tausende Menschen starben.

Unser junger Fahrer wartet auf dem Platz vor der Moschee, und Mailin fotografiert erst noch, sodass ich, als ich die Moschee betrete, das Gefühl habe, völlig allein in diesen hohen und weiten Hallen zu sein. Bald jedoch bemerke ich einen weiteren Besucher. Ganz in seiner Nähe kniet ein kleiner Junge auf einem der großen Teppiche. Still und gewissenhaft fährt er mit seinem Spielzeugauto jede Biegung im Ornament des Teppichs nach.

Königsgräber Schamakhi

Die *Königsgräber* stammen aus dem 18.–19. Jahrhundert und werden gleichermaßen der *Friedhof der sieben Kuppeln* genannt. Auch das ist – wie der Waldfriedhof bei Lerik – ein schöner Ort, um begraben zu sein, vielleicht am besten in einer dieser achteckigen Grabstätten, die jeweils behütet werden von einer runden, mit Gras bewachsenen Kuppel. Der Eingang ist offen und so niedrig, dass sich der Besucher beim Eintreten zwangsläufig verneigt.

»Alles das, was ich weiß, das weiß ich von meinem Lehrer«, erzählt mir Ashurey später. »Der Schah und seine Familie wurden hier begraben. Drei Gräber sind noch erhalten, die anderen sind völlig kaputtgegangen oder Ruine. Der Friedhof liegt auf einer Anhöhe. Und von dort gibt es einen schönen Ausblick auf die Stadt. Dadurch fühle ich mich nie wie auf einem Friedhof. – Außer diesen sieben Kuppelgräbern gibt es hier noch Gräber aus der Neuzeit, aus der Zeit der Sowjetunion, Gräber aus Marmor; es gibt aber auch Gräber aus ganz, ganz alter Zeit. Und in diese ganz alten Grabsteine wurden extra Löcher eingebracht. Denn die Menschen glaubten damals an ein Leben nach dem Tod oder an Reinkarnation – zum Beispiel als Tier, vielleicht als Vogel ... Und wenn es regnet, füllen sich diese Löcher mit Wasser, und die Tiere, die Vögel, können das Wasser daraus trinken. Ihr Leben geht weiter. – Du weißt, dass auf deiner Schulter zwei Engel sitzen und dass der eine deine guten Taten aufschreibt und der andere deine schlechten? – Außerdem wurden auf diesem Friedhof

Christen und Muslime gemeinsam begraben. Das gibt es selten auf der Erde, vielleicht ist es sogar einmalig. Hier ruhen sie, hier schlafen sie zusammen.«

In fünf Kilometern Entfernung befinden sich im Dorf Kelekhanie, wie ich später durch Ralph Hälbig, dem Mann des Georgien-und-Südkaukasus-Blogs, erfahre, ganz ähnliche Grabstätten, nur dass diese weniger gut erhalten sind. Die Straße nach Kelekhanie soll schlecht sein, sogar so schlecht, dass es eine ganze Stunde dauert, um von Schamakhi bis dorthin zu gelangen. Und es heißt, diejenigen, die in Kelekhanie begraben liegen, wären Sufis gewesen. (39)

Nesimi

In Schamakhi, in Bagdad oder auch anderswo wurde um 1369 Nesimi geboren; er gilt als einer der größten aserbaidschanischen Dichter, wenn nicht als der größte überhaupt. Nesimi war Sufi und gehörte der Richtung des Hurufismus an. Über sein Leben ist wenig bekannt. Im Jahr 1418 wurde er in Aleppo hingerichtet, vielleicht sogar gehäutet.

Die beiden Welten haben in mir Platz,
in dieser Welt, ach, ist für mich kein Platz. (40)

»Dieses Ich – das ist bei ihm ganz charakteristisch«, führt der deutsche Turkologe und Nesimi-Forscher Michael Reinhard Heß zu Nesimis Dichtung aus. »Die Frage ist ja dann nur: *Was ist dieses Ich?* Und wenn man das zu eruieren versucht, dann wird man, glaube ich, an eine Grenze kommen und wird es wahrscheinlich nicht genau sagen können. Weil: Gott ist ja letzten Endes auch eine nicht greifbare Kategorie.«

In der geistigen Strömung des Hurufismus wird Allah, und auch hier folge ich Michael Reinhard Heß, nicht als »transzendentales, in seinem Wesen und Wirken unbegreifbares Wesen aufgefasst, sondern er offenbart sich im Menschen, hier und heute. Der Mensch wird expressis verbis mit Allah gleichgesetzt.« (41)

»Der Religionsgründer des Hurufismus hat sowohl in der neupersischen Literatursprache geschrieben als auch in einem Dialekt, der heute ausgestorben ist und von dem man nur ganz wenige Dokumente hat, sodass man nur mit Mühe herausbekommen kann, was gemeint sein könnte. (...) Aber vielleicht ist es gerade das, was auch diese ganzen Schriftreligionen überhaupt so lange am Leben erhielt: dass sie eben kein System haben, dass sie völlig widersprüchlich sind. Also: Gott ist der Gott der Liebe. Und dann befiehlt er doch, die Mauern von Jericho einzureißen ... Und jeder kann da rauslesen, was er will. (...) Es gibt diesen Ausdruck: *Bitteres und Süßes ist ein einziger Wein geworden*. Wenn ich das so lange durch die Gehirnwindungen drehe, weiß ich am Ende gar nicht mehr, ob ich jetzt an Gott glaube oder ob ich nicht an Gott glaube, oder – ob mein Unglaube nicht die stärkere Form des Glaubens ist. Auch das kommt bei Nesimi vor.«

Und vielleicht würde man heute nicht einmal mehr ahnen, dass es den Hurufismus überhaupt gegeben hat, wäre da eben nicht auch die Dichtung Nesimis:

Meine Seele ist in zwei Welten,
passt aber nicht in beide Welten. (42)

So hat mir Ulviya diesen bekannten, ja berühmten Vers des Dichters übersetzt und hat gleich dazu gemeint, dass Nesimis Gaselen, *Liebesdichtungen,* überhaupt nicht zu übersetzen und zu erklären seien. Und genau dieses Gefühl hatte auch ich, als ich in der Folge von Ulviyas Anregung in der Deutschen Nationalbibliothek in Leipzig begann, in dem Buch von Michael Reinhard Heß zu blättern: *Nesimi. Ins Absolute schwand ich hin, mit Gott bin ich zu Gott geworden. Gedichte aus dem türkischen Diwan.* Und zugleich erfasste mich – bei allem Nichtverstehen – ein Zauber, und ich stimmte allem zu, was ich da las. Ich meinte, ganz verschiedene Ebenen als eine einzige Ebene erspüren zu können, alles zusammen als einen *einzigen Wein* – Philosophisches, Poetisches, Metaphorisches, Energetisches, Klangliches, Prophetisches, Spirituelles ... Dabei war doch all das schon nicht mehr im reinen Zustand, sondern bereits ins Deutsche übersetzt und, in diesem Falle durch Reinhart Moritzen, poetisch bearbeitet.

Ist denn eine solche Dichtung wie die Nesimis überhaupt zu übersetzen?

Der Turkologe Michael Reinhard Heß antwortet geradeheraus: »Nein! Zumindest nicht, wenn *übersetzen* heißen soll, *die Bedeutung des Originals ungefähr in derselben Länge in einer anderen Sprache wiederzugeben*. Das halte ich für vollkommen unmöglich. Das ist alles zu komplex. – Was mich tröstet: Wenn ich mir ansehe, was Goethe angeblich aus Hafis übersetzt haben soll, dann hat das mit Übersetzung sehr wenig zu tun, vielleicht eher mit Inspiration. Und warum nicht auch Nesimi so betrachten?«

Zwei Welten sind doch hier in mir,
jedoch all die Welt fasst mich nicht. (43)

»Das ist eine meditative Art der Literatur. Wenn Sie Nesimi lesen, läuft das sowieso darauf hinaus, dass man meditiert, nachdenkt. Das hat im Sufismus Tradition. – Der Hurufismus war eine Geheimbewegung. Also man weiß ohnehin nicht, was wirklich der Kern der Kerne war, weil das als Geheimnis von Meister zu Meister weitergegeben wurde. Und da die Meister eigentlich alle umgebracht wurden, wird man das wahrscheinlich auch nie wissen.«

Basierend auf der Annahme, dass Nesimi um 1369 geboren wurde, wird im Herbst 2019 in Aserbaidschan das Nesimi-Jahr begangen und gefeiert – sein 650. Geburtstag. Als ich im Frühsommer dieses Jahres erstmals Kontakt zu Michael Reinhard Heß aufnehme, reagiert er fast euphorisch auf meine Anfrage: »Wer fragt mich in Deutschland schon nach Nesimi?« Mit den unmittelbaren Vorbereitungen dieses 650. Geburtstages, der unter anderem auch verbunden ist mit einer Nesimi-Ehrung in der UNESCO in Paris, wird der Turkologe allerdings unversehens zu einem begehrten Gesprächspartner. Darüber hinaus kann er im Zusammenhang mit dem Nesimi-Jubiläum in Baku auch in englischer Sprache ein Buch über Nesimi herausbringen. Der Titel dieses Buches ist – anders als von Michael Reinhard Heß vorgeschlagen – erneut das berühmte Zitat von den zwei Welten:

Two worlds can fit into me.
I can not fit into this world. (44)

Samira

»Wenn du etwas über Sufismus erfahren möchtest«, meint Ashurey, »dann kannst du dich auch mit Samira treffen.« – »Aber sie ist noch sehr jung.« – »Ja, sie ist so alt wie ich«, bestätigt Ashurey lachend. »Und Samira ist sehr gläubig. Das war sie schon immer. Ich bin es nicht. Aber wir akzeptieren uns. Deshalb können wir auch Freundinnen sein. Wenn du willst, bin ich mit dabei.«

Samira spricht ruhig und wirkt sehr bodenständig. Ashurey übersetzt für mich. Gegenwärtig arbeitet Samira bei einer Telekommunikationsgesellschaft und interessiert sich für vieles. Dazu gehört auch der Sufismus als die mystische Richtung des Islam: »Manche Muslime haben ein Problem mit dem Sufismus. Nesimi und andere Dichter waren Sufisten. Zum Beispiel gibt es hier einen kleinen Text von Nesimi. Ich habe ihn mitgebracht. Das ist eines der berühmtesten Gedichte von Nesimi: *Es gibt zwei Welten in mir. Aber ich kann diese Welt nicht ... also sie beide, beide Welten, nicht ... nicht in beiden wohnen ...*« Ashurey stockt und stolpert beim

Übersetzen, was ich sehr interessant finde, weil das noch einmal die Komplexität dieser Dichtung zeigt. Auch Samira hat als Textbeispiel die berühmte Gasele von den zwei Welten mit dabei, in einer englischen Übertragung:

> *Both worlds within my compass come,*
> *but this world cannot compass me.* (45)

Samira zeigt mir ein Foto von tanzenden Derwischen, die sich um das eigene Zentrum drehen, dabei weiße Kleider tragen und schlanke, hohe zylinderförmige Hüte. Es ist ein Foto mit Männern beim *Himmelstanzen.*

»*Ich bin Gott.* Alles gibt es in mir. Das Göttliche ist, wie sie sagen, nicht irgendwo im Himmel oder anderswo, sondern es ist bei mir – im Blut oder im Kopf oder im Herz. Also der Gedanke ist: *Ich bin die Widerspiegelung Gottes.* Was machen die Derwische nun, wenn sie sich so drehen?«, fragt Samira. Das ist eine rhetorische Frage, denn sie selbst gibt die Antwort: »Also, wenn sie so tanzen, denken sie, dass sie auf diesem Weg zusammenkommen mit Gott. Auch an ganz normalen Tagen, wenn sie allein sind, sind sie beschäftigt mit dem Erinnern an Gott. Das heißt: Zikr. Und Zikr bedeutet *Denken,* und zugleich bedeutet es *Aussprechen.* Und sie wiederholen: *Allah, Allah, Allah ... Gott, Gott, Gott ...* Oder man nimmt einen anderen Namen von Gott. Allah hat ja neunundneunzig Namen.«

Derwische leben minimalistisch, haben nur das Nötigste an Kleidung und essen wenig. Die meisten von ihnen denken nicht mehr über *diese* Welt nach, sondern denken bereits an die *andere* Welt; sie bereiten sich auf diese andere Welt vor.

Auf meine nächste Frage hin erfahre ich, dass auch Frauen *Himmelstanzen,* ja dass Männer und Frauen auch zusammen *Himmelstanzen* können.

»Haben Sie es selbst schon gemacht?«, frage ich.

»Nein, das habe ich noch nicht«, meint Samira und lacht überrascht auf. »Ich sehe mich noch nicht als Sufi. Aber ich liebe diese Art von Islam. Das ist Philosophie und auch Lebensweise. Und diese Denkweise gefällt mir. Das entspricht meinem Charakter. Für mich ist *diese Welt hier* auch nicht so wichtig. – Als ich Kind war, bin ich bei einer islamischen Familie aufgewachsen. Dann habe ich ihnen beim Gebet zugesehen. Und ich habe das Fasten mitbekommen. Ich habe auch ihre Gedichte gelesen und dabei eine Nähe gefühlt. Solche Gedichte wie jenes, das ich Ihnen gezeigt habe. Wenn ich solche Gedichte lese, fühle ich mich besser. Sufis sind Humanisten und rufen den Menschen auf, seinen Weg zu gehen. Sie akzeptieren andere Religionen. Und sie sagen: Gott ist unser Liebes-Partner. Es gibt verschiedene Menschen. Und sie sagen: *Und auch das hat Gott geschaffen*.«

Tag 31

Sprachlos und schlaflos

Ismailly

U*nd zwar trifft Qais an einem der Tage schließlich Leila. Leila ist das »Geheimnis« seines Lebens, und er erkennt sie sofort. Leila und Qais entbrennen in Liebe zueinander. Und die Mutter Leilas leidet mit ihr. Und der Vater Qais' leidet mit ihm. Leilas Vater aber ist nicht bereit, einem »Verrückten«, einem »Madschnun«, seine Tochter zur Frau zu geben. Wie kann ein »Verrückter« eine Familie führen und ein Reich regieren? Ein Mann in Leidenschaft, aber ohne Sinn und Verstand, vermag das nicht. Das meint Leilas Vater.*

Noch immer sind wir ein Trio auf Zeit – *Madschnun* als der Fahrer, Mailin als die Touristin aus Hong Kong und ich. Wir sitzen in demselben Auto, erleben dasselbe und bleiben zugleich in unseren unterschiedlichen Geschichten. Warum auch nicht:

Mailin und ich haben einen Obolus bezahlt, um Orte wie Schamakhi und die Königsgräber zu besuchen und um letztlich nach Lahidsch zu kommen. Das ist ein simples Tourismusgeschäft, gängig und normal.

»Was ist unser nächstes Ziel?« – »Ismailly.«

Das wundert mich, denn ich meine, dass wir Ismailly gerade durchfahren hätten. Ismailly ist eine Stadt im Großen Kaukasus. Und auch hier, in dieser reich bewaldeten Region, gibt es eine Reihe von Mineralwasserquellen und wird außerdem Ton gefördert.

Keine zehn Minuten später erreichen wir eine großräumige Ferienhaussiedlung, an der *Madschnun* den Wagen stoppt. Bevor er aussteigen kann, frage ich: »Wo sind wir?« – »Wie gesagt: Das ist Ismailly.« – »Und was gibt es hier zu sehen?«

Madschnun, als hätte er meine Frage nicht gehört, steigt wortlos aus und geht hinüber zum Pförtner der Siedlung. Nach einem kurzen Gespräch der Männer tritt der Pförtner an unseren Wagen heran, wir öffnen die Fenster, und er erklärt uns: »Es gibt hier einen Mädchenturm.« – »Interessant!« – »Aber da kommt man nicht hin. Gestern waren Deutsche hier, die haben nur den halben Weg bis dorthin geschafft. Völlig zerkratzt kamen sie zurück. Es gibt dort viele Dornen und – sehr, sehr viele Schlangen.« – »Gibt es auch eine Legende dazu?« – »Natürlich«, versichert uns *Madschnun* und wirkt zunehmend gereizt.

»Wie ein trunkener Löwe durchirrte er ruhlos das Ödland von Sand und Fels. Seine Sohlen wurden wie Eisen, und wie Stein seine Handflächen.« (46)

Plötzlich bemerke ich am Ende der Siedlung einen hohen Felsen mit einem Wasserfall. Davor stehen Tische und Stühle, und Kellner eilen hin und her. »Ist das ein Restaurant? Vielleicht können wir etwas zu Mittag essen?«

Es ist ein schöner, gut besuchter Ort, den offensichtlich auch die Aserbaidschaner sehr mögen.

Und das Wasser fällt unmittelbar neben uns in die Tiefe und nimmt diese Schlangengeschichte mit, die Legende vom

Mädchenturm, unsere Fragen, und *Madschnuns* Gereiztheit auch. Das Mittagessen ist dann vorzüglich und hebt die Stimmung. Ja, fast wird es familiär, bis es ans Bezahlen geht. Der Kellner bringt die Rechnung. Entschlossen teilt Mailin die Gesamtsumme durch drei und legt ihren Anteil auf den Tisch. Auch ich lege meinen Anteil dazu und weiß, dass wir damit die hier unübliche, die *deutsche Rechnung* machen. Genauso unüblich wäre allerdings, wenn einer von uns Frauen jetzt, noch dazu als Gast, die Rechnung insgesamt übernehmen würde. Zugleich scheint, wie sonst üblich, das Mittagessen nicht im Preis mit enthalten gewesen zu sein …

Mailin und ich schauen erwartungsvoll hinüber zu *Madschnun*. Aber der sitzt da, ohne zu reagieren. »Was ist los?« – »Ich habe kein Geld dabei«, sagt er schließlich. »Ich habe nur eine Kreditkarte. Aber sie nehmen hier keine Kreditkarten.«

Langsam macht der verrückte *Madschnun* auch mich verrückt. Also bezahle ich für ihn. Das ist der Preis, um von hier weg und auf dem kürzesten Wege nach Lahidsch zu kommen. Diesen Preis bezahle ich jetzt gern.

»Qäbälä ist sehr schön«, versucht *Madschnun* uns noch umzustimmen, denn auch Mailin möchte nun direkt nach Lahidsch. »Und es gibt schmackhafte Baklava. Ich bringe meiner Mutter immer Baklava aus Qäbälä mit.« Aber unser Entschluss steht fest.

Lahidsch

Die Anfahrt ist nicht ohne, denn der Weg führt direkt am Felsen entlang, und mit jeder Rundung desselben schlängelt sich auch die Straße. Rechtsseitig erhebt sich der Fels. Vor allem bei oder nach Regen steigt die Gefahr von Steinschlägen. Linksseitig geht es in den Abgrund, von dem wir aber in Richtung Lahidsch durch die Gegenfahrbahn getrennt sind. *Madschnun* steuert seinen weißen Mercedes ohne erkennbare Not mitten auf der schmalen

Bergstraße. Entgegenkommende Fahrzeuge signalisieren ihm mit Lichthupe Gefahr; Mailin bittet ihn wieder; ich bete.

... und zwar liebt Madschnun Leila sein Leben lang, ohne dass sich diese Liebe erfüllt. Madschnun bleibt allein und Leila auch. Und als Leila schließlich in den Tod gegangen ist, hält Madschnun Tag und Nacht an ihrem Grab die Totenwache. Und wilde Tiere wachen mit ihm. Schließlich stirbt auch er und wird endlich in der anderen Welt mit Leila eins.

Unterwegs sehen wir an einer Hängebrücke, die über ein tiefes Tal führt, mehrere Verkaufsstände mit Gewürzen, Tee, Honig, Granatapfelsaft ... Ein Bus parkt davor, und die Touristen strömen hinaus. Gleich darauf belagern sie alles – die Hängebrücke und die Verkaufsstände auch.

Mailin hat im *Lahic Guest House* gebucht. Das Kopfsteinpflaster in Lahidsch ist mittelalterlich. Und für die schmale Straße wäre *Madschnuns* weißer Mercedes ohnehin zu breit gewesen, sodass Mailin und ich das letzte Stück bis zum Quartier zu Fuß gehen, durchs Bergdorf hinauf.

Unterwegs kommt uns eine Gruppe Kinder entgegen. Es sind sieben Kinder. Sie winken uns zu und rufen beschwingt: »Hello!« Als sie mich auf Englisch nach meinem Namen fragen, gebe ich Auskunft und frage umgekehrt die Kinder, wie jedes von ihnen heißt. Es ist ein Spiel. Ich höre ihre Namen und versuche diese Namen zu wiederholen. Meiner Zunge fällt es schwer, sie auszusprechen; ich spreche sie dennoch aus – zur Freude der Kinder.

Diese sieben sind unsere *Pförtner* in die *Lahidsch-Welt*, wobei das Tor nicht das ganze Jahr über offensteht. Die Winter in den Bergen sind lang ...

Das *Lahic Guest House*, das ich in der Folge *Rustams Gästehaus* nenne, ganz einfach, weil es das ist, ist ein Haus aus Stein, solide im oberen Teil des Dorfes gebaut, innen traditionell eingerichtet und mit Holz ausgebaut. Rustam Rustamov, ein sanfter, kluger, umsichtiger Mensch ist der Gastgeber, war früher Ingenieur und ist heute Pensionär. Ich habe Glück: Zwar habe ich nicht reserviert, ein Zimmer aber hat er, wie er sagt, noch in Reserve.

Als ich Rustams Haus so bewundere, erzählt er gern: »Ich habe lange überlegt, was ich tun kann, wenn ich einmal in Rente bin. In dieser Zeit wohnte ich noch in Baku. Und ich bekam mit, wie die Ausländer, die in den 1990er-Jahren in Baku arbeiteten, sich für Orte wie Lahidsch interessierten. Mein Vater und mein Großvater kommen aus Lahidsch. Mein Vater ging weg von hier, und ich wurde in Baku geboren. Später, als ich dann langsam mit der Planung meines Lebensabends begann, kaufte ich erst einmal dieses Stück Land. Das Haus habe ich selbst projektiert. Es verbindet Stein und Holz. Das Holz zwischen dem Stein ist wichtig, damit das Haus in sich beweglich bleibt, denn alle drei, vier Monate bebt in Lahidsch die Erde. Auch das musste ich beim Bau beachten. Drei Jahre vor der Pensionierung habe ich mit den Zeichnungen begonnen, und dann wurde fünf Jahre lang gebaut, natürlich mit Helfern. Aber so ein Bau muss koordiniert werden. Ein Haus braucht Liebe und Respekt, weil: Das spürt dann der Gast. Hier unten befinden sich die Terrasse, die Küche und der Speiseraum. Über zwei Etagen verteilt gibt es insgesamt neun Zimmer.«

Habil

Habil ist zehn, wobei er seiner Erscheinung nach auch acht sein könnte. Er ist der Sohn des Ehepaares, das Rustam die Küche führt. Sie sind allesamt von eher kleiner und schmaler Statur und gehören einer besonderen Ethnie an – den Tats. Sie sprechen eine eigene Sprache, welche eine Variante des Persischen ist. Dabei ist unklar, wie die Tats überhaupt nach Lahidsch gekommen sind. Rustam spricht vom 4. Jahrhundert und dass sie einstige Bergjuden sind, heute islamisiert. Sie sollen vor Zeiten durch ihre hohe Kunst der Metallbearbeitung sehr reich gewesen sein. Die Verzierung war die Energetisierung sowohl für die Waffen als auch für die Gegenstände im Haus. Von Natur aus gibt es in Lahidsch und Umgebung kein Metall. Vielleicht kam es aus Dashkasan, gelegen im Nordwesten von Aserbaidschan, am Kleinen Kaukasus, oder es kam aus Russland.

Rustam hat immer zu tun. Die einen Gäste kommen, die anderen reisen ab, die dritten fragen ihn nach dem Weg. Aber als er hört, dass ich einfach nur spazieren gehen möchte, nickt er Habil zu. Rustam ist die Autorität im Haus. Die Mutter gibt dem Sohn einen Plastikbeutel mit, gefüllt mit irgendetwas. Dann beginnt Habil mit der Führung.

Wir gehen das Dorf weiter bergauf. Sehr bald gibt mir der Junge ein Zeichen, und ich warte, während er hinüber zu einem Haus läuft, darin verschwindet und kurz darauf ohne Plastikbeutel wieder zurückkehrt. Er bringt fünf weitere Kinder mit. Wir stehen am Wegesrand und fotografieren uns gegenseitig. Auch das ist ein Spiel, es verbindet. Von dem, was die Kinder sagen, verstehe ich kein Wort.

Auch als ich mit Habil weiterwandere, oder besser gesagt Habil mit mir weiterwandert, bleibt das so. Habil spricht ohnehin kaum. Wir geben uns Zeichen. Das Thema unserer *Gespräche* ist klar: Wir reden über den Weg, wohin er führt, führen kann, und was er alles zu bieten hat. In dieser Weise schlägt mir Habil immer mal wieder ein neues Ziel vor – den Wald, die Tiertränke, die alte Wasserleitung. Der Prototyp dieser Leitung stammt, wie ich später von Rustam erfahre, ebenfalls aus dem 4. Jahrhundert.

Oder Habil macht mich auf etwas aufmerksam – auf eine besondere Aussicht ins Flusstal oder in die Berge, auf drei weidende Schafe, ein Pferd, einen Esel oder auf eine üppige Blumenwiese in Gelb, Blau, Violett und Weiß.

Manchmal vergisst Habil unterwegs, dass ich seine Sprache nicht verstehe. Und er erzählt mir etwas, so ernst und innig, als vertraute er mir ein Geheimnis an. Ich folge meinem Gefühl – reagiere entweder mit großem Erstaunen, mit Zustimmung oder signalisiere mit einem kurzen »Mh!«, dass ich sehr wohl höre, was er sagt, und er solle nur weiter davon erzählen.

Schon als Kind weiß Habil Verantwortung zu tragen. Zwar läuft er voran, wirft aber immer mal wieder einen Blick zurück, um nachzuschauen, ob auch hinter ihm, konkret mit mir, noch alles in Ordnung ist.

Lahidsch liegt auf einer Höhe von 1375 Metern über dem Meeresspiegel. Auf dieser Höhe wiederum liegt es in einem grünen Tal, durch das sich das breite trockene Flussbett des Ghirdiman zieht. In der Ferne reihen sich die teils begrünten, teils mit Schnee bedeckten Berge des Großen Kaukasus am Horizont.

Als wir zurück in Rustams Gästehaus kommen, lasse ich meiner Begeisterung über Habil freien Lauf. Seine Mutter freut sich, kann es aber eigentlich nicht glauben: »In welcher Sprache habt ihr gesprochen?«

Durchs Dorf

Rustam erklärt sich später bereit, mich zur Bereicherung meines Buches durchs Dorf zu führen und mit den verschiedenen Handwerken bekannt zu machen. Gleich darauf steht Mailin abmarschbereit und mit weißem Sonnenhut auf dem Kopf am Eingang. Ich sage ihr, dass dieser Rundgang allein für mich gedacht ist bzw. für mein Buch und dass wir Russisch sprechen werden. Da sie sich nicht rührt, versuche ich ihr weiterhin klarzumachen, dass dies ein Arbeitstreffen ist und kein touristischer Rundgang. Sie hört mich an, lächelt, nickt und geht einfach mit uns mit. Meine Art, die gleichzeitig meine Arbeit ist und die oft erst einmal nur aus Warten und Schweigen besteht, hat es unter solchen Umständen schwer. Wir gehen die Straße hinunter und über den Platz vor der Moschee. Der Platz, genau wie die Moschee, kommt mir irgendwie bekannt vor. Das wundert mich, denn Lahidsch besuche ich zum ersten Mal.

»Der Freitag ist unser Sonntag«, erzählt Rustam unterwegs, mit Rücksicht auf Mailin auf Englisch. Am Freitag treffen sich die Männer in der Moschee zum Gebet und sitzen anschließend noch am Platz vor der Moschee zusammen.

Da der Schmied, den wir als Erstes besuchen, kein Englisch versteht, Mailin aber auf ihrem Platz in meiner Geschichte offensichtlich besteht, übernimmt es Rustam, sowohl Mailins Fragen zu übersetzen als auch die Antworten des Schmieds.

Der Schmied ist ein schlanker, hochgewachsener Mann. Er trägt Jeans und ein frisch gebügeltes hellblaues, fast weißes Hemd. Wie es aussieht, hat dieser sorgfältig gekleidete Mensch gewusst, dass Gäste kommen. Das Schmiedefeuer glüht, die Flammen lodern. Und der Schmied steht an Feuer und Amboss, den Schmiedehammer in der Hand. Er schmiedet ein Eisen, genauer gesagt – ein Hufeisen. Mailin und ich fotografieren wie um die Wette.

Irgendwann ist es genug. Rustam und Mailin verabschieden sich und verlassen die Schmiede. Ich bleibe. Ich muss bleiben, schließlich habe ich noch gar nichts erfahren; dazu brauche ich ein eigenes Gefühl.

»Wie heißen Sie?«, spreche ich den Schmied auf Russisch an.

»Kusnjez Khosrov.«

Erst im Notieren fällt mir wieder ein, dass *Kusnjez* im Russischen *der Schmied* ist.

»Schmied«, sagt Khosrov, »ist in einem Dorf der wichtigste Beruf. Man braucht Hufeisen, Öfen, Messer, Werkzeuge, zum Beispiel die Hakenmesser bei der Teppichweberei, Hammer ... Ich bin der letzte Schmied, den es hier gibt. Was wird, wenn ich nicht mehr bin? Mein Sohn studiert in Baku. Er möchte nicht in Lahidsch bleiben. Ich arbeite bereits in der neunten Generation. Aber mit mir wird es enden.«

Ich höre, ich schaue, ich notiere. Schließlich verabschiede ich mich von ihm und gehe allein meinen Weg.

Offene Werkstätten

Es ist Sommer, die Handwerker arbeiten und verkaufen in ihren offenen Werkstätten entlang des zentralen Weges. Und die Besucher kommen, schauen zu und kaufen, was ihnen gefällt. Ich besuche die Teppichhändlerin, die mir Teppiche aus Wolle und auch aus Seide zeigt. Und im Laden nebenan gibt es Lammfellwesten und Fellmützen, die Papakhs. – Schließlich komme ich zum Kupferschmied ...

Vahid ist glücklich über jeden Gast, der sich bei ihm umschaut oder ein Wort mit ihm wechselt. Der Kupferschmied sitzt auf einer Fußbank, ein Hämmerchen und einen feinen Metallstift in der Hand, und bearbeitet das Kupfer auf seiner *Werkbank*, einem Baumstumpf, der breit genug dafür ist.

In Vahids Werkstatt sehe ich fein gearbeitete Teller, oft mit dem Buta-Ornament, da sind Samoware ... Und sogar eine alte Öllampe gibt es, die allerdings unverkäuflich ist. Wahrscheinlich gehört sie Aladin. Die Öllampe hängt genau über Vahid, dem Meister.

Mit sechs Jahren hat Vahid begonnen, sein Handwerk auszuüben. Sein Onkel hatte ihm alles gezeigt, und Vahid hat es studiert, ausprobiert und übernommen. Heute sitzt er in der Werkstatt seines Onkels. Vahid ist, gemeinsam mit seinem Bruder, der Erbe und arbeitet seit mittlerweile dreißig Jahren als Kupferschmied, seit zwanzig Jahren in der offenen Werkstatt. Am Anfang wunderte sich Vahid, als er so in der Werkstatt saß und arbeitete, dass die ausländischen Gäste kamen und »Artist!« zu ihm sagten. Und er fragte sich: »Was reden sie? Ich arbeite doch nicht im Zirkus!« Erst später wurde ihm klar, dass *Artist* das englische Wort für *Künstler* ist. Ja, und ein Künstler ist er schon.

Während wir uns unterhalten, arbeitet Vahid unentwegt weiter an einem Kupferteller. Während der Arbeit lächelt er fein. Und wenn er pausiert, raucht er in aller Ruhe eine nächste Zigarette.

Ich bestelle mir bei ihm ein Metallarmband mit meinem Namen, schreibe ihm denselben auf ein Stück Papier, und er ziseliert ihn mit überraschender Kunstfertigkeit ins Metall.

»Arbeiten Sie eigentlich auch nachts, also im Traum?«, frage ich. Natürlich ist so eine Frage seltsam. Und wäre ich jetzt nicht allein mit Vahid, wäre mir die Frage so nie in den Sinn gekommen. Vahid weiß sofort, wovon die Rede ist: »Genau. Denn ich schlafe nicht. Ich liege nur da und denke darüber nach, wie ich noch alles besser machen kann. Die Buta-Ornamente sind alte Ornamente. Ich erfinde neue. Satq, mein Bruder, hilft mit. Aber er arbeitet immer zu Hause. Er möchte sich nicht öffentlich zeigen.«

Kaum hat Vahid seinen Namen erwähnt, steht der Bruder in der Tür. So erfahre ich, dass auch Vahids Bruder nachts keinen Schlaf findet, weil ihm immer wieder neue Muster einfallen. Dann steht er auf und vollendet noch in der Nacht die Zeichnung.

»Und wird immer zuerst eine Zeichnung gemacht?« – »Nicht immer. Oft beginne ich auch mit einem Ornament. Und dann erweitert sich dieses Ornament.«

Selbst Vahid träumt manchmal Muster. Das Wichtigste ist für ihn, dass es schön wird: »Wenn ich arbeite, dann stelle ich mir schon bei der Arbeit vor, wem es vielleicht gefallen könnte. Manchmal arbeite ich acht Stunden, manchmal zehn Stunden oder noch länger. Wir arbeiten so lange, bis das Stück fertig ist.«

Während wir erzählen, kommen immer wieder Interessenten herein, Aserbaidschaner, Australier, Österreicher ... Vahid verkauft in dieser Zeit, in der ich mit in der Werkstatt sitze, zwei Teller und drei Metallarmbänder. Als ich mich von ihm verabschiede, sagt er: »Bitte kommen Sie wieder. Wenn Sie hier sind, verkaufe ich so gut.«

Und ich antworte: »Inschallah! Wenn Gott es erlaubt!«

Wir lachen wie eins.

In der Bibliothek

Und weiter geht es, den zentralen Weg entlang. Eine Tür steht offen und ich sehe innen Regale stehen, Regale voller Bücher. Es ist eine Bibliothek, und ich trete ein. Mir folgt ein Junge mit einem Buch in der Hand. Dieses Buch reicht er der Bibliothekarin über den Tisch, sie notiert alles handschriftlich, während der Junge zielgerichtet schon das nächste Buch aus einem der Regale zieht. Ich bin neugierig und bitte darum, das Buch, das er ausgewählt hat, sehen zu dürfen: Es ist *Baron Münchhausen*, der große Geschichtenerzähler.

Nun klemmt sich der Junge seinen *Münchhausen* unter den Arm und steht schon in der Tür, als die Bibliothekarin noch etwas zu ihm sagt. Kurz innehaltend, antwortet ihr der Junge sogar mit einer kleinen, dramaturgischen Pause. Dann ist er verschwunden und die Bibliothekarin bleibt lachend zurück.

»Was hat er gesagt?«, möchte ich wissen.

»Ich habe zu ihm gesagt«, erzählt sie, »er soll nicht vergessen, das Buch in einer Woche zurückzubringen. Und er hat geantwortet: *Ja, in Ordnung. Ich bringe es Ihnen.* Und dann hat er so eine kleine Pause gemacht und gesagt: *Im nächsten Jahr*.«

Als ich aus der Bibliothek hinaus wieder auf den zentralen Weg trete, ist da plötzlich Rustam. Aber er ist allein. Mir ist unklar, wie das zugegangen ist. Zugleich fühle ich mich erleichtert, denn zu dritt wäre es mit meiner Art der Materialsuche einfach zu schwer geworden.

Im Hammam

Das Bergdorf ist verwinkelter, als es im ersten Moment erscheinen mag. Und diesen Hammam hätte ich allein nie gefunden. Die Tür ist verschlossen. Rustam weiß, dass der Schlüssel *hinter einem Stein* versteckt ist. »Aber hinter welchem?«, fragt er sich und sucht eine ganze Zeit. Dann ruft er, lächelnd, die Frau an, die sich im Hammam um alles kümmert und die auch den Schlüssel für ihn hinterlegt hat. Jetzt erfährt er Genaueres. Hinter einem losen Stein findet er eine Streichholzschachtel, die schon *viel erlebt* hat. Und in dieser Schachtel liegt der Schlüssel.

Dieser Hammam ist über zweihundert Jahre alt. Ein reicher Mann aus Lahidsch hat das Bad dem Dorf geschenkt. Jeder darf es besuchen. Der Eintritt kostet zwei Manat.

Im Hammam gibt es zwei Räume – der eine dient als Umkleideraum und ist auch mit einem Kaltwasserbecken ausgestattet, der andere wird vom Nebenraum her beheizt, wie Rustam es betont: »Jeden Morgen.« Alles ist hier genauso wie vor zweihundert Jahren, ausgenommen vielleicht die Haken zum Aufhängen der Bekleidung. Als wir den zweiten Raum betreten, wird es mir unmöglich, ein Foto zu machen, so heiß ist es dort – noch oder schon. Meine Brille und auch die Linse des Fotoapparates sind sofort beschlagen. Wir stehen im Nebel.

Als wir wieder hinaus auf die Straße treten, ist da plötzlich Mailin. Mit dem Besuch des Hammam ist der Rundgang ohnehin beendet. Wir begrüßen uns, freudig überrascht. Mailin fragt: »Wo seid ihr gewesen? Ich habe euch nicht mehr gesehen.«

Rustam sagt nichts, sondern schaut sie nur, ganz in seiner Art, freundlich an. Und langsam beginne ich zu ahnen, durch welche Gestalt Allah diesmal agiert hat.

Tag 32

Spielend und heilsam

Die Rose

Lahidsch ist eine der ältesten Siedlungen Aserbaidschans. Es ist ein Handwerkerdorf. Und wie es heißt, waren hier einst so viele verschiedene Gewerke im Dorf ansässig, dass man vierzig verschiedene traditionelle Gegenstände herstellen konnte. Es gab Juweliere, Zimmerleute, Graveure, Maler, Gerber. Schmiede, Schuhmacher, auch Bastschuhmacher ...

Und wie ich durch die engen Straßen spaziere, kommen dann auch wieder die Kinder angerannt; diesmal sind es nur fünf: »Hello. What's your name?« Und was ist? Ich habe alle ihre Namen vergessen! Das Spiel beginnt von vorn.

Als ich weitergehe, fällt mir auch endlich ein, weshalb mir die obere Moschee und der dazugehörige Platz so bekannt vorgekommen sind: Ich kenne beides aus dem Film *Absurdistan* des deutschen Regisseurs Veit Helmer. Zwar spielt der Film als solcher nicht in Aserbaidschan, sondern *an einem märchenhaften Ort*. Zugleich wurde der Film an Orten gedreht, die durchaus von dieser Welt sind und zudem in Aserbaidschan liegen, und zwar in Scheki und – in Lahidsch.

Absurdistan entstand im Jahr 2006 und beruht auf einer wahren Begebenheit, geschehen in einem türkischen Dorf. Kurz zusammengefasst geht es darum, dass die Frauen des Dorfes sich ihren Männern so lange verweigern, bis diese endlich die defekte Wasserleitung des Dorfes repariert haben.

Natürlich fuhr Veit Helmer, der Regisseur, zuerst in dieses türkische Dorf, in dem sich alles das tatsächlich zugetragen haben soll. Aber er fand, dass dieser Ort viel zu grün war, um dort einen Film über eine Not im Zusammenhang mit Wasser zu drehen. Veit Helmer begann nach einem Ort zu suchen, der besser passte, und irgendwann kam er nach Lahidsch …

»Wo immer ich drehe«, sagt er, »gibt es eine Art Befremden, weil die Menschen an den Orten selber nicht verstehen, dass sie quasi in einem Paradies wohnen. Aber sie sind sehr hilfsbereit, manchmal auch etwas skeptisch. Gerade, wenn ich eine Liebesgeschichte drehe, dann ist schnell die Sorge da, es könnte sich um einen pornografischen Inhalt handeln. Erster Ansprechpartner ist oft der Imam. Wenn der aber nickt, dann hat man auch die Gläubigsten im Ort auf seiner Seite.«

Ja, und zurück zur Wirklichkeit: Hinter den Kindern taucht plötzlich ein junger aserbaidschanischer Mann auf. Er kommt mir entgegen; ich kenne ihn nicht. Und im Vorübergehen schenkt er mir nicht nur sein Lächeln, sondern dazu noch eine rote Rose.

Asan Khidmät

Mailin ist abgereist und eine aserbaidschanische Familie angereist. Zeynab ist die Familienmutter; sie ist Lehrerin. Gerade sind Ferien. Zeynab erzählt ruhig und langsam, denn sie achtet darauf, dass ich auch alles verstehe. Es ist Abend, und wir sitzen im holzgetäfelten Gastraum mit Rustam zusammen.

»Unser Land verändert sich«, ist Rustam dabei zu erzählen. »Und *Asan Khidmät* gibt es nun seit fünf Jahren. Der Begriff bedeutet: *Einfacher Service*.«

Im Juli 2012 wurde die staatliche Agentur für den öffentlichen Dienst und soziale Innovationen durch Erlass des Präsidenten Ilham Aliyev ins Leben gerufen. Die Zufriedenheit der Bürger mit dem öffentlichen Dienst sollte verbessert und Missbrauch und Korruption in diesem Bereich zukünftig verhindert werden. Seitdem funktioniert nun *Asan Khidmät*.

Zeynab nickt. Sie sieht es genau wie Rustam und meint: »Ja, das ist für uns eine Verbesserung, eine große Erleichterung. Denn es funktioniert gut. Du bekommst alles, was du brauchst in kurzer Zeit – den neuen Pass, Führerschein oder notarielle Dokumente. Du musst nicht Wochen warten, so wie früher; du musst auch nicht nachfragen oder ein extra Geld geben, damit es schneller geht oder überhaupt etwas wird. Heute funktioniert das ohne Probleme und ist für jeden Menschen gleich. *Asan Khidmät* ist ein wirklicher Service für uns.«

Die Angst

Bei all meinem Interesse an Geschichte fehlt mir ein Zugang zur Politik.

Die Wolke ist grau. Aber den Regen kannst du erst dann sehen, wenn er fällt.

»Noch einen Tee?«, fragt Rustam und steckt den Wasserkocher an. Er interessiert sich: »Und wie wird Ihr Buch werden?«

»Ich erzähle Geschichten«, erkläre ich Rustam, Zeynab und ihren beiden erwachsenen Kindern den Prozess des Schreibens, einen Prozess, der letztlich gar nicht zu erklären ist. Alle vier hören interessiert zu. Wir mögen uns und vertrauen einander. Also erzähle ich ihnen als Beispiel die bescheidene Geschichte einer jungen Aserbaidschanerin und eines jungen Armeniers, *einfach nur so junge Leute,* die beide im georgischen Gudauri Ski fahren und die sich treffen und sofort wieder trennen, als sie erfahren, woher sie jeweils kommen und dass sie nicht *einfach nur so junge Leute* sind.

Ich erzähle und ahne nicht, was ich damit eröffne. Selbst der sanftmütige Rustam wird jetzt unruhig: »Sie müssen die Ursachen sehen. Es gibt dort diese eine Partei. Und die will ein großes Armenien. Dazu würde dann auch Aserbaidschan gehören.« Ich schiele zum Wasserkocher. Diesmal explodiert er nicht.

Am Ende, kurz vor unserem Abschied, meint Zeynab leise: »Ich höre schon keine Nachrichten mehr.« Und Rustam gibt mir noch mit: »Sie haben da eine wichtige und schwierige Aufgabe, wenn Sie über unser Land schreiben. Und wenn Sie versuchen, sogar über die Seele unseres Landes zu schreiben, ergibt sich noch eine ganz andere Sicht. Da kann es sein, dass sich auch für uns neue Erkenntnisse ergeben, weil Sie vielleicht etwas sehen, was wir nicht sehen, jetzt noch gar nicht sehen können.«

Unterwegs

Ich möchte in Aserbaidschan auch das Dorf der Molokanen besuchen. Es heißt Iwanowka und liegt nur fünfzig Kilometer von Lahidsch entfernt.

Rustam ruft Shamo an. Er soll mich fahren. Die beiden verhandeln. Rustam fragt bei mir nach: »Fünfzig Manat?« Ich bin ein Mensch, dem das Feilschen nicht liegt. Deshalb wundere ich mich über mich selbst, wie klar und energisch ich zu Rustam sage: »Fünfunddreißig.« Shamo ist sofort einverstanden. Rustam ebenso. Er sagt zu mir: »Ich weiß, Sie haben ein knappes Budget.«

Shamo ist ein junger Mann, eine gute Seele; er agiert mit natürlicher Höflichkeit und strahlt, ohne dabei lächeln zu müssen. Wir fahren los, unsere gemeinsame Geschichte beginnt. Ich schaue aus dem Fenster und nehme unterwegs die Berge, die Schlucht, die Felsen noch einmal in mich auf.

»Fotografieren?«, fragt Shamo.

Erstmals kann ich all das in Ruhe fotografieren. Und von dieser Seite des Weges zeigt sich in passender Distanz das Machtvolle des Naturareals auch besonders eindrucksvoll.

Während wir weiterfahren, schweigen wir vor allem; das aber – möchte ich behaupten – in ein und derselben Welt. Und ich frage: »Liebst du Musik?« Shamo möchte das Radio einschalten. Gleich frage ich weiter: »Spielst du ein Instrument?« – »Mein Vater spielt die Saz. Möchten Sie es hören?« Was für eine Gelegenheit!

Ich nicke also; er ruft seinen Vater an und sagt schließlich: »Vater ist zu Hause! Er erwartet uns.« Wir fahren, schweigen wieder, durchfahren Ismailly, und schließlich erklärt mir Shamo, mit Blick auf eine Siedlung: »Und das ist mein Dorf. Möchten Sie?« Ich klatsche besiegelnd einmal in die Hände, so wie ich es von Ashurey gelernt habe. Mein junger Fahrer lacht und biegt von der Hauptstraße ab.

Allen voran tritt Shamos Vater aus dem Haus. Der Vater ist genauso schlank wie der Sohn, genauso ernst und strahlend. Nach ihm treten auch seine Mutter sowie seine junge Frau aus dem Haus. Wir Frauen küssen uns zweimal – einmal rechts, einmal links.

Shamos Vater bietet mir einen Platz auf dem Sofa an. Dann holt er seine Saz, setzt sich auf das Sofa, das gegenübersteht, und beginnt das Instrument zu stimmen.

Shamos Vater möchte nicht, dass ich fotografiere; aber wenn er dann spielt, darf ich die Musik mit dem Diktafon aufnehmen. Shamos junge Frau bringt Tee und das süße Konfekt. Sie deckt den Tisch.

»Zuerst trinken wir Tee«, entscheidet der Vater. »Danach spiele ich für Sie.«

Wir trinken Tee und erzählen. Einmal lacht Shamos Mutter auf, weil der Vater einen Fehler auf Russisch gemacht hat. Sie selbst spricht nicht. Aber der Vater sagt: »Früher haben wir alle Russisch gesprochen. Heute muss man es nicht mehr, und wir vergessen es gern.«

»In Aserbaidschan wird noch mehr Russisch gesprochen als in Georgien«, sage ich. Worauf der Vater meint: »Das ist doch klar. Die Russen haben dort Teile des Landes okkupiert. Dann möchte man diese Sprache nicht unbedingt sprechen. – Möchten Sie mit uns Mittagessen?« Wahrscheinlich ist es mir nicht anzusehen, aber in meiner Scham rutsche ich regelrecht in mir zusammen: Da habe ich, die ich sonst nie feilsche, so sicher und erfolgreich gefeilscht. Und jetzt lädt man mich sogar noch zum Mittagessen ein!

»Ja, aber wenn wir bei Ihnen zu Gast wären, würden Sie das doch genauso tun«, sagen sie.

Schließlich ist die Saz bereit, der Vater ist es auch. Und bevor er mit dem Spiel beginnt, frage ich ihn: »Früher gab es im Orient Krankenhäuser, in denen musiziert wurde. Gibt es solche heilende Musik vielleicht auch heute noch in Aserbaidschan?«

»Nein, das gibt es hier nicht – extra heilende Musik. Wir spielen nur Volkslieder. Aber vielleicht gefallen Ihnen gar keine aserbaidschanischen Volkslieder?« – »Ich freue mich darauf, die Musik zu hören«, versichere ich. Und der Vater beginnt.

Die Seele spielt zarte Töne. Spiel, spiel, Spielmann deines Lebens.

»Vielen Dank. Ihre Musik hat mein Herz berührt. Und ich denke, das ist gesund.« – »Ja, die Musik erreicht das Herz.« – »Sind Sie ein Aschik?« – »Nein, ich spiele nur für mich, zur Freude.«

Tag

33

Historisch und bewahrt

Unterwegs nach Iwanowka

Nach der Ebene von Ismailly kommen wir an großen, frisch gepflügten Feldern vorbei. In Iwanowka befindet sich der letzte Kolchos in ganz Aserbaidschan, eine landwirtschaftliche Genossenschaft. Produkte aus Iwanowka – Obst, Gemüse oder auch Joghurt – werden bis nach Baku gebracht und dort verkauft. Diese Produkte sind bekannt für ihre Qualität.

Als wir Iwanowka erreichen, fallen mir vor allem die Straßen auf, die so breit sind, dass drei Autos aneinander vorbeifahren könnten oder der Weg frei wäre für eine landwirtschaftliche Maschine. Momentan ist außer uns niemand zu sehen. Nur weiter vorn spielen – mitten auf der Straße – zwei Mädchen mit ihrem kleinen, schwarz-weiß gefleckten Hund.

Die Häuser sind einstöckig, zur Straße hin mit geräumiger Holzveranda und auf der hinteren Seite mit einem großen Garten. Das Grün fällt auf. Entlang der Straße und bis hinein in die Gärten stehen hohe Laub- und Nadelbäume bunt gemischt. Auf einer Bank vor einem der Zäune, der jedes Haus umgibt, sitzt eine alte Frau mit weißem, am Kinn gebundenen Kopftuch neben einem Alten mit langem weißem Bart. Beide erinnern mich an Figuren aus einem russischen Märchenfilm.

Der Hausherr des Gästehauses ist genauso jung wie Shamo. An sich stammt er aus Baku, hat aber eine junge Frau aus Iwanowka geheiratet. »Viel Spaß«, sagt der Quartiervater zu mir, als ich mich auf den Weg mache, um durch das lang gestreckte Dorf zu spazieren: »Ja, schauen Sie sich um in diesem Museum!« *Museum* ist ein gutes Stichwort, denke ich, schließlich bin ich auf der Suche nach dem regionalen Historischen Museum.

In Iwanowka fühle ich mich fremd. Zwar bin ich auch in Lahidsch fremd gewesen, war insgesamt aber schon *aserbaidschanisch adaptiert*. Jede Adaption braucht Zeit. Und hier in Iwanowka müsste ich mich jetzt *russisch adaptieren*, eben völlig neu. Innerhalb eines einzigen Tages ist das kaum zu machen.

Das Museum. Nadeshda Shabina

In Iwanowka gibt es alles – Schule, Poliklinik, Fernsehstation, Post, Kindergarten, Kolchos, Kulturhaus und *Kontora*, also das Rathaus. Im Dorf leben um die 3000 Einwohner. Das Historische Museum soll sich in der Schule befinden.

Es sind Schulferien. Und die Schule ist geschlossen. Aber: *Inschallah!* Wobei es hier in Iwanowka wahrscheinlich eher heißt: *Bog dast. Gott wird es geben*.

Es ist ein trüber Tag; der Himmel ist zugezogen. Und gerade als ich das *Kontora* erreiche, setzt Regen ein. Ich stelle mich unter und warte. Es regnet immer weiter.

Am Rathaus spricht mich ein älterer Mann an, der einen dunkelbraunen Anzug aus fein glänzendem Tuch trägt. Ich halte ihn für den Bürgermeister oder seinesgleichen und trage mein Anliegen vor. Wer auch immer er ist, nimmt er die Dinge in die Hand und bittet einen etwas jüngeren Mann, der gerade aus dem Rathaus kommt, mich zu Nadeshda Shabina zu begleiten. Diesen Namen kenne ich bereits. Nadeshda Shabina hat besagtes Historische Museum Iwanowka gegründet. Sie ist Chronistin.

Wir machen uns auf den Weg. Ich habe einen Schirm dabei, der jüngere Mann aber nicht. Als ich ihn einlade, mit unter meinen Schirm zu kommen, versichert er mir, dass er das nicht braucht. Nach einer halben Stunde zu Fuß haben wir das Haus von Nadeshda Shabina erreicht.

Auch Nadeshdas Haus hat zur Straße hin diese typische verglaste Holzveranda. Und in dieser Veranda nehmen wir dann Platz. Es ist trocken und warm. Gleich kommt der Tee. In der Zwischenzeit verfolge ich mit meinem Blick fünf rotfellige Kätzchen, die keine drei Wochen alt sind. Stolpernd über die eigenen Beinchen kommen sie auf den glatten Holzdielen kaum voran.

Der Tisch ist gedeckt mit Süßem, geschmorten Äpfeln und Honigmelone; der Tee dampft, der unangekündigte Gast ist zweifellos willkommen.

Nadeshda – das ist ein russischer Name, und er bedeutet *Hoffnung*. Frau Shabina studierte in Baku an der Staatlichen Universität Geschichte. Im Jahr 1975 schloss sie ihr Studium ab. Und als sie dann zurück nach Iwanowka kam, gründete sie an der hiesigen Schule einen historischen Kreis. Seitdem erforschten interessierte Schüler gemeinsam mit ihr die Geschichte des Ortes und erfuhren so nach und nach, wie ihre russischen Vorfahren überhaupt hierhergekommen sind.

Molokanen, das heißt übersetzt so viel wie *Milchtrinker*. *Moloko* ist im Russischen die *Milch*. Denn an Fastentagen nahmen die Vorfahren Milch zu sich. Sie kamen vor allem aus dem zentralen Teil

Russlands. Im Jahr 987 ließ sich der russische Zar Wladimir der Große taufen und wurde bereits im Folgejahr die russisch-orthodoxe Religion zur bestimmenden Religion in seinem Herrschaftsbereich.

Die Molokanen waren spirituelle Christen und wollten ihrem eigenen Glauben treu bleiben. Sie sahen und sehen sich in der Folge des Urchristentums. Ihr Glaube ergibt sich aus dem Vater, dem Sohn und dem Heiligen Geist als einem. Eine Taufe mit Wasser gibt es nicht. Und bei ihren Gottesdiensten gibt es weder Priester noch Ikonen. Man sitzt nur im Kreis um den Ältesten herum und singt Lieder zum Lob Gottes.

Anfang des 19. Jahrhunderts herrschte Jekaterina II. Sie war eine strenge Herrscherin und bestimmte schließlich: Wer nicht zum russisch-orthodoxen Glauben konvertieren möchte, der sollte umsiedeln – nach Sibirien oder in den Kaukasus.

Die Vorfahren derer aus dem heutigen Iwanowka machten sich auf den Weg und fanden einen ersten aserbaidschanischen Ort. Aber dort gab kein Einvernehmen mit den bereits Ansässigen.

Auch am zweiten Ort blieben die Vorfahren nur für wenige Jahre, denn an diesem zweiten Ort gab es, wie Nadeshda es zusammenfasst, *nichts Gutes*: Das Wasser war nicht gut und das Klima schwer.

Und schließlich kamen sie an einen dritten Ort, nach Qaftavan Qara, in das heutige Iwanowka. Iwan Perschin, einer der ihren, hatte alles getan, um endlich den passenden Ort für die Gemeinschaft zu finden; und er fand diesen Ort als einen, der völlig ohne Besitzer war. Seit 1837 leben sie nun hier. Zur Erinnerung an Iwan Perschin wurde der Ort Iwanowka genannt.

Die einstige Molokanen-Kirche in Baku

Auf der Busfahrt nach Baku fällt mir ein, dass es in Baku einst auch eine Molokanen-Kirche gab. Diese Kirche wurde 1913 im zentralen Stadtteil Sahil erbaut. Und dass es diese Kirche überhaupt gibt bzw. gab, erfuhr ich nicht über ein Tourismusinformationszentrum, sondern über die sozialen Medien: Im Frühsommer 2019 ergab sich die Gefahr, dass diese einstige Molokanen-Kirche abgerissen werden sollte. Aber ganz offiziell hatten sich junge Leute bereits seit Januar desselben Jahres im Gebäude eingemietet, sicherten das Gebäude notdürftig und nutzen es bis heute für kulturelle Zwecke. Auch wenn es zwischendurch zu problematischen Situationen kommt, kann am Ende des Jahres darauf verwiesen werden, wie sich das *Kino Salaam*, das hier inzwischen beheimatet ist, zu einem kulturellen Zentrum Bakus entwickelt hat – mit fast hundert Filmvorführungen, Gesprächen und Präsentationen, neun Workshops und drei Ausstellungen, und das alles im – *Molokan Center (historic) – Salaam Cinema.*

Ziel der jungen Leute, die sich für das *Kino Salaam* engagieren, ist vor allem, dass das historische Gebäude erhalten bleibt – einerseits im Zusammenhang mit der Geschichte der Religionsgemeinschaft der Molokanen und andererseits als Zeichen der historischen Vielfalt von Ethnien und Religionen in Aserbaidschan.

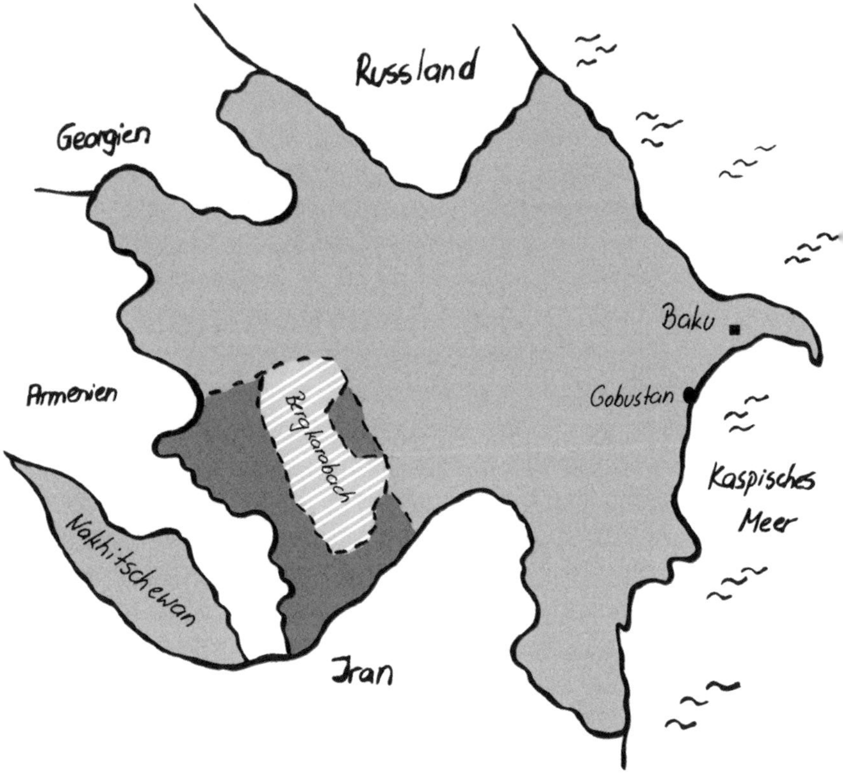
Russland
Georgien
Baku
Armenien
Gobustan
Bergkarabach
Kaspisches Meer
Nakhitschewan
Iran

Tag 34

Altmodisch und universell

Die Suche nach Shanghai

Ich habe inzwischen wirklich das Gefühl, nach Hause zu kommen. Zurück aus Lahidsch und Iwanowka, werde ich von Ashurey mit meiner Lieblingsspeise empfangen – mit den *drei Schwestern*. Wir essen, trinken Tee, lachen, tauschen uns aus.

Ashurey hat einige Tage frei, und wir planen eine kleine gemeinsame Reise: Wir wollen Ulviya in Guba besuchen und von dort aus hinauf in das Bergdorf Khinaliq fahren.

Und weil Ashurey auch heute Abend frei hat und gern noch etwas mit mir unternehmen möchte, schlage ich vor, dass wir uns auf den Weg nach Shanghai machen. Shanghai? Das klingt fantastisch. Und das ist es auch ...

Der Regisseur und Produzent Veit Helmer hat für seinen Film *Vom Lokführer, der die Liebe suchte* gemeinsam mit Leonie Geisinger das Buch geschrieben. Veit Helmer sagt über sich: »Ich bin so eine kleine Filmmanufaktur. – Und ich sehe mich ein bisschen wie jemand, der Welten baut. In meinen Filmen geht es darum, dass ich ein Universum kreiere. Und dafür ist der Kaukasus eine perfekte Blaupause.«

Vom Lokführer, der die Liebe suchte ist ein Film, der zwar absolut in der Welt der Fantasie spielt, also nicht in Aserbaidschan, der 2018 aber in weiten Filmpassagen in Aserbaidschan gedreht worden ist, konkret in Khinaliq sowie in Baku, und in Baku konkret wiederum an einem Ort, den es heute gar nicht mehr gibt, nämlich in Shanghai.

»Dieser inspirierende Ort ist ein unbekannter, versteckter Stadtteil mit dem abstrusen oder kuriosen Namen Shanghai«, erzählt der ambitionierte Regisseur, für den der *Lokführer* sein siebter Spielfilm ist. »Und der andere Ort, das Heimatdorf des Lokführers, das ist das Dorf Khinaliq in den Bergen. – Für jeden Film mache ich zum Teil sehr umfangreiche Motivsuchen. Und es gibt dann immer so Glücksmomente, dass man an einem Ort anlangt und – das Herz schreit vor Glück, weil der Ort einen quasi auffordert, einen Film dort aufzunehmen.«

»Und wie hat Veit Helmer dieses Shanghai gefunden?«, fragt Ashurey, die, so lange sie schon in Baku wohnt, noch nie von einem Ort dieses Namens gehört hat.

»Seit ich *Absurdistan* gedreht habe, zieht es mich in diese Gegend. Und auf der Webseite *Radio Free Europe/Radio Liberty* gab es vor fünf Jahren einen Beitrag, in dem angekündigt wurde, dass dieses *Shanghai* abgerissen werden sollte. Das sprang mir ins Auge – als so ein Viertel, in dem die Züge mit einer Handbreit Abstand an den Häusern vorbeirasen. Das hat mich sofort zu dieser Geschichte inspiriert über einen Lokführer, der dort Fundsachen, die seine Lok von den Wäscheleinen reißt, abends zurückbringt – kulminierend in einem gefundenen BH und der Suche nach der Besitzerin.«

Ashurey ist sofort einverstanden bzw. angesteckt, nach den Spuren zu suchen, die an diesem Ort möglicherweise bis heute zu finden sind. Wie es heißt, liegt Shanghai am anderen Ende von Baku, in der Nähe der Bahnstation *Keschla*. Kompliziert klingt das erst einmal nicht. Um es dann noch einfacher für uns zu machen und den Ort überhaupt vor dem Dunkelwerden zu erreichen, nehmen wir ein Taxi und sind eine knappe Stunde unterwegs. Es bleibt genug Zeit, um sich mit dem Fahrer austauschen.

»Shanghai ist ein Viertel, das selbst Taxifahrer nicht kannten. Man musste immer noch Schäfa-Stadion dazu sagen. Und die letzten zweihundert Meter ging es dann zu Fuß, weil, wie gesagt, es dort keine Straßen und keine Bürgersteige gab, sondern die Menschen haben die Gleise benutzt, um zu ihren Häusern zu kommen. Das war etwas ziemlich Einmaliges. Ich denke, dass das zum Teil viele Binnenflüchtlinge waren, die dort lebten. Ich sag mal so: Als der Bergkarabach-Konflikt ausbrach, war Wohnraum knapp. Da waren selbst so kleine Flecken neben den Eisenbahngleisen auf einmal begehrte Baugrundstücke. Zudem waren diese Häuser an Gas und Strom und Wasser angeschlossen und wurden versorgt. Bloß hatte man jetzt beschlossen, die Häuser aus Sicherheitsgründen abzureißen. Da sind Menschen gestorben. Da sind Leute überfahren worden, auch Kinder. Ich finde es zwar grässlich, dass viele der alten Viertel abgerissen werden, aber bei diesem Viertel, da kann man schon sagen, es hat notgetan.«

Unser Fahrer kennt den Weg zur Bahnstation Keschla; *Shanghai* aber kennt auch er nicht. Also ruft er unterwegs seinen Bruder an, um nach dem Weg zu fragen. Auch sein Bruder fährt Taxi und kennt sich aus. Soweit es mir Ashurey übersetzt, verläuft das Telefonat in etwa so: »Weißt du, wo Shanghai ist?« – »Warum willst du das wissen?«

An dieser Stelle regt sich Ashurey erst einmal auf und flüstert mir zu: »Das ist *so typisch* bei uns: Du fragst etwas. Und der andere fragt immer erst einmal zurück: *Warum willst du das wissen?* – Ich verstehe das nicht: Was hat das mit der Frage zu tun?«

Nun geht es weiter bei den Brüdern: »Hier ist eine Deutsche«, erzählt der Fahrer seinem Bruder. »Und sie sagt, die Deutschen haben in Shanghai, nahe der Bahnstation Keschla, einen Film gedreht.« Daraufhin spricht der andere, wir aber hören nur die Fahrgeräusche des Wagens. Nach dem Telefonat sagt unser Fahrer froh: »Das ist jetzt Schicksal: Mein Bruder ist gerade bei der Bahnstation Keschla. Er kann uns helfen. Er weiß, wo das ist.«

Und tatsächlich erwartet uns der Bruder schon. Zu viert begeben wir uns auf die Suche nach Shanghai. Die Bahnstation Keschla wurde modernisiert. Eine Gruppe Reisender steht auf dem Bahnsteig. Ashurey fragt in die Gruppe hinein nach Shanghai. Eine der Frauen ruft sofort begeistert, überzeugt sowie überzeugend: »Das kenne ich! Ich weiß, wo das ist.« Wir freuen uns über unser Glück. Und Ashurey fragt weiter: »Und? Wo ist es?« – »In China!«, ruft die Frau. Sie freut sich so, dass sie uns helfen konnte. Und wir danken ihr auch sehr. Mit einigem Abstand prusten wir los wie zwei Schulmädchen. Die beiden Brüder schauen inzwischen auf die Gleise. Es sind zwei Gleise, die direkt nebeneinanderliegen. Für Shanghai suchen wir nach einem eingleisigen Schienenweg.

Drehort Shanghai

Die zentrale Einstellung im Film ist die folgende: Ismail, ein kleiner Junge, rennt mit einer Trillerpfeife im Mund, pfeifend und immer mit Abstand vor dem Zug, das Gleis entlang. Und die Menschen, die da im Film ihre Wäscheleinen quer über die Schienen gespannt haben, ziehen diese hastig wieder ein, die Wäsche unter den Arm geklemmt.

Ashurey hat auf ihrem Mobiltelefon jetzt auch ein Szenenfoto aus dem Film gefunden. Vielleicht hilft das ja weiter. Auf diesem

Foto ist das Gleis zu sehen, der Bahndamm und eine schöne, blonde Frau, die nahe dem Bahndamm an ihrem Haus steht. Sofort ist der Bruder unseres Fahrers hellwach: »Diese Stelle kenne ich. Aber die Frau kenne ich nicht. Sie ist nicht von hier!«

Natürlich ist sie nicht von hier, schließlich ist sie eine Schauspielerin.

»Ich mache gern Filme ohne Dialoge. Und das ermöglicht es mir, Menschen aus der ganzen Welt zu besetzen, die in ihren Ländern zum Teil Stars sind. Ohne Dialoge wird die Geschichte dem Zuschauer nicht so erzählt, wie man es gemeinhin kennt – in Worten. Dadurch muss man sich aktiv, wie bei einem Bilderrätsel, mit einbringen, sonst würde man den Faden verlieren. Die Menschen genießen das. Das ist eine neue Erfahrung, eine andere Erfahrung des Kinos.«

Ashurey und ich, wir sind gespannt auf das, was wir zu sehen bekommen, obwohl wir ja wissen, dass Shanghai bereits abgerissen wurde. Dennoch hinterlässt jeder Ort auch seine Geschichte, seine Energie. Der Bruder unseres Fahrers geht voraus, und wir folgen ihm. Er kennt die Stelle tatsächlich. Wir müssen nur auf den stillgelegten und mit Gras überwucherten Schienen entlanggehen, an denen noch Bauschutt liegt. Kaum sind wir unter der Brücke hindurch, flachen die Hänge beiderseits ab. Hinter der Brücke gabelt sich der Schienenweg. Vor uns eröffnet sich das Areal, auf dem die Häuser gestanden und die Menschen einst unmittelbar an den Strecken gewohnt haben. Und das ist das Areal, an dem Veit Helmer seinen Film gedreht hat. Die Abenddämmerung geht schon in Dunkelheit über. Weiter kommen wir nicht.

Etwas Schönes

»Für mich ist Shanghai etwas Schönes. Und das ist die große Diskrepanz zwischen mir und den offiziellen Leuten in Baku, für die Shanghai etwas sehr Armes und Hässliches gewesen ist. Also wollten sie mich dort nicht drehen lassen, weil ich dieses mehr oder weniger arme Viertel zur Schau stellen würde vor der ganzen Welt. Aber ich finde nicht, dass ich das Viertel als arm darstelle. Ich denke, ich zeige seine Schönheit.«

Sofort erinnere ich mich an das Gespräch mit Tarlan Gorchu, dem Direktor des Marionettentheaters, und daran, dass er es für möglich hält, dass man in *allem* Schönheit finden kann: »Wirklich in *allem*. Für die Kreativität bedeutet das: Du musst es selbst sehen und dann für die anderen sichtbar machen.«

Inzwischen ist das geschehen, was selbst ich kaum für möglich hielt: Veit Helmers Film wurde bereits in Baku öffentlich gezeigt, sogar schon mehrfach. Diese besondere Schönheit des Ortes hat sich mit dem Film also tatsächlich offenbart.

Dabei weiß ich auch, durch den dokumentarischen *Film zum Film*, dass nicht allein die offiziellen Leute irritiert gewesen sind, sondern auch einige Anwohner: »Wie kann man seine Wäsche so quer über die Gleise hängen?«, begehrt einer der Anwohner auf. »Das machen Dummköpfe! Was ist das überhaupt für Wäsche?« Und in Anbetracht eines öffentlich aufgehängten roten BHs mit weißen Tupfen meint der Mann, während er den BH gleich wieder von der Wäscheleine nimmt: »Und das hängt hier vor den Augen der Kinder. Dreht nachts!«

Veit Helmer möchte unbedingt, dass möglichst viele der Anwohner den Spielfilm bei der ersten Aufführung in Baku ansehen können: *Vom Lokführer, der die Liebe suchte.* Sie sollen sich selbst sehen können, und sie sollen mit eigenen Augen sehen, dass in diesem Film kein Mensch blamiert wird, auch keiner der ihren.

So gibt es dann also diese große Filmpremiere in Baku: »Ja, ich habe dafür gesorgt, dass die Bewohner von Shanghai kommen konnten. Und sie kamen mit ihren Kindern. Das war so ein richtiges kleines Volksfest. Sie haben dann immer geschrien, wenn sie sich oder irgendeinen Bekannten auf der Leinwand gesehen haben, denn in der einen oder anderen Nebenrolle waren auch Anwohner mit dabei.«

Veit Helmer und sein Team hatten den Jungen Ismail im Viertel entdeckt. Der Junge passte genau für diese Rolle, weil er eine gewisse Einsamkeit und Traurigkeit verkörperte. Zugleich war Ismails Vater eine Respektsperson im Viertel, sodass er, ähnlich wie der Imam an anderer Stelle, den Leuten vom Film helfen konnte, die Bewohner zu beruhigen. Er konnte ihnen versichern, dass, auch wenn da viele BHs auf der Wäscheleine hingen, die Frauen im Film nicht alle nackt herumliefen ...

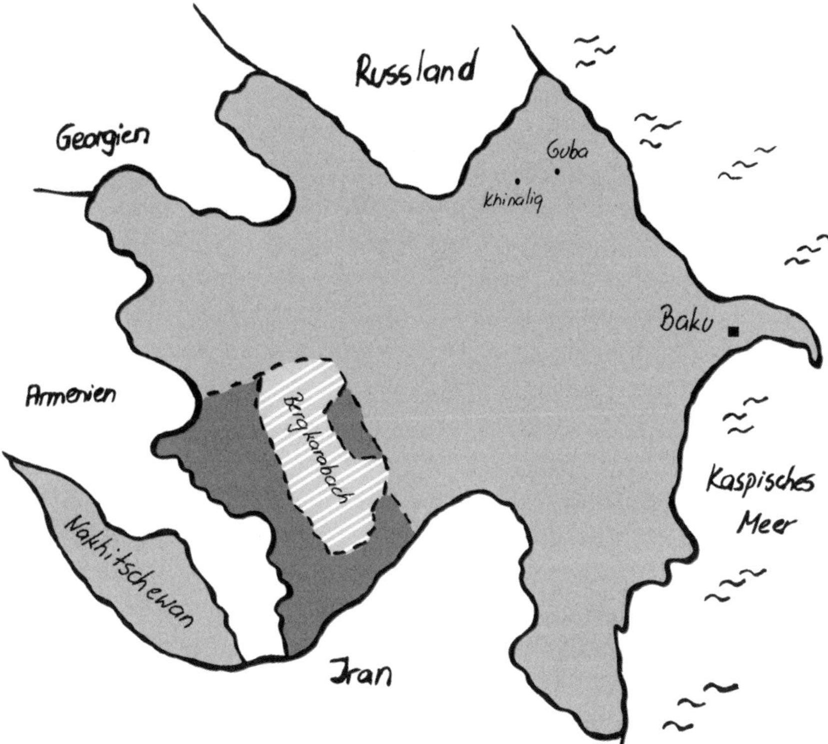

Russland
Georgien
Guba
Khinaliq
Baku
Armenien
Bergkarabach
Nakhitschewan
Kaspisches Meer
Iran

Tag 35

Verloren und versüßt

Ich möchte auch gern einmal nach Khinaliq«, meint Ulviya entschlossen, »dorthin, wohin die Ausländer gehen.« Ulviya arbeitet in Guba in einem Luxushotel, schläft selbst aber im *Olympischen Dorf*. Dort hat sie auch für uns ein Zimmer gebucht. Selbst Ashurey als Reiseleiterin ist noch nie in Khinaliq gewesen. Ohnehin unternimmt kein Aserbaidschaner für sich allein einen Ausflug, sondern immer mit der Familie oder gemeinsam mit Freunden.

Guba wird unsere Zwischenstation sein, bevor es dann hinauf in das fünfzig Kilometer entfernte Khinaliq geht, auf eine Höhe von 1200 Metern.

Von Baku aus sind es bis Guba knapp zweihundert Kilometer. Über die gut ausgebaute Straße bedeutet das mit dem Bus keine zwei Stunden Fahrt. Als wir uns der Stadt nähern, erzählt mir

Ashurey von den Äpfeln: »Guba ist bekannt für seine Äpfel, für Äpfel, aber auch für Nüsse.« Draußen, entlang der Straße, werden neben Weintrauben wahrhaftig jede Menge Äpfel angeboten, rote Äpfel, grüne Äpfel, gelbe Äpfel ... An anderer Stelle steht ein Metallgestell, an dem kopfüber ein Schaf hängt und unmittelbar an der Straße gehäutet wird.

»Für die Menschen ist vor allem wichtig«, meint Ashurey, »dass das Fleisch frisch ist. Sie kaufen es kiloweise, und nicht nur am Wochenende. – Wer hier lebt, lebt von der Viehzucht oder vom Obst- und Gemüseanbau. Viele arbeiten auch in Russland.«

Und je näher wir der Grenze zu Russland kommen, umso mehr russische Autos sind unterwegs. 1805 wurde das Khanat Guba von Russland annektiert, wie ich im Nachhinein erfahre. Vorher weiß ich es nicht: Schließlich will ich mich ja immer überraschen lassen, unvoreingenommen an Orte kommen, als könne ich mich allein auf diesem Wege etwas Wesentlichem nähern.

Am *Olympiazentrum* steigen wir aus. Auf meinem Weg durch Aserbaidschan habe ich immer wieder Hinweise auf eine *Olympiade* gesehen, weshalb ich schon die ganze Zeit überlege, wann in Aserbaidschan jemals eine Sommer- oder Winterolympiade stattgefunden haben könnte.

1996 nahm Aserbaidschan erstmals als unabhängiger Staat an den olympischen Sommerspielen teil, zwei Jahre später an den Winterspielen ... Im Juli 2019 finden im Sommer dann erstmals die Europäischen Olympischen Jugendspiele statt. Auf alle diese olympischen Spiele müssen sich die Sportlerinnen und Sportler vorbereiten. Und dafür werden, wie ich von Ulviya noch erfahre, diese *olympischen Dörfer* und Sportanlagen genutzt.

»Ich dachte, ich hätte heute frei«, bedauert Ulviya, die wir gleich nach unserer Ankunft anrufen. »Und morgen früh muss ich zurück nach Baku. Leider kann ich nicht mit nach Khinaliq kommen. Aber wir sehen uns am Abend. Schaut euch erst einmal in Guba um.« Sie empfiehlt uns Mamed als Fahrer, der mit ihr und Ashurey in einem Alter ist.

»Wir möchten gern die Rote Siedlung der Bergjuden sehen. Und die Synagoge ...«

Rote Siedlung

»Ich zeige Ihnen alles, was Sie sehen wollen«, versichert uns Mamed, als er seinen Wagen, ein älteres Baujahr, startet. »Niemand soll sagen, ich hätte Sie einfach nur schnell durch die Stadt gefahren.« Mamed fährt los und das – schnell.

Die Stadt Guba liegt am Fluss Qudyal und entstand aus einem Dorf gleichen Namens – Qudyal. Wir fahren durch die Straßen der Stadt. Auffällig an der Bauweise der Häuser ist, dass die auf das Erdgeschoss aufgesetzte zweite Etage mit ihrem Balkon bzw. der Holzveranda ein Dach über dem Hauseingang bildet. Alles wirkt abgewohnt, aber intakt.

Mamed steuert stumm seinen Wagen. Wir kommen an einem Mann vorbei, der sein Auto repariert. Mamed hält kurz bei ihm, um zu fragen, was los ist. »Etwas ist kaputt«, sagt der Mann. »Na«, antwortet darauf unser Fahrer: »Hauptsache, du bist gesund!«, und fährt weiter.

Ashurey und ich müssen lachen. Unser Lachen steckt auch Mamed an. So kommen wir, gut gelaunt, voran, aber, wie ich plötzlich bemerke, aus der Stadt heraus: »Und wo ist die Rote Siedlung?« – »Da sind wir doch vorbeigefahren.« – »Und wo ist das gewesen?« – »Na im Zentrum. Dort wo die roten Häuser standen.« Richtig, da waren auch rote Häuser. Aber wie hätten wir als Fremde ahnen können, dass ausgerechnet *das* die berühmte Rote Siedlung war?

Ashurey diskutiert mit Mamed, auf Aserbaidschanisch, insgesamt energisch, aber zwischendurch auch immer mit einem Witz. Sie ist da wirklich gut. Und Mamed lenkt ein bzw. dann um. Wir fahren zurück in die Stadt; Mamud zeigt uns die Rote Siedlung, die dem Anschein nach an sich nichts Spektakuläres ist, sondern aus einigen Backsteinhäusern besteht sowie Häusern mit roter Fassade. Von der Künstlerin Sabina Shikhlinskaya, die ich erst später kennenlernen werde, erfahre ich dann: »Krasnaja Sloboda ist eine Siedlung, die im Mittelalter von Bergjuden mit Unterstützung der aserbaidschanischen Khans gegründet wurde.«

In unserem Wagen baut sich eine gewisse Spannung auf. Ich weiß ja, ich hätte salomonischer reagieren sollen, im Sinne von: *Ach, das macht doch nichts. Ja, da waren rote Häuser, und ich habe sie auch gesehen. Vielleicht könnten wir trotzdem auf dem Rückweg noch einmal …* Ich hatte einfach nicht mit einer solchen Situation gerechnet.

Der Tatra

Dann sehe ich vor uns einen LKW der Marke *Tatra.* Und obwohl dieser Laster alt und verschmutzt ist, wird mir innerlich warm zumute. *Das ist meins,* hätte Ashurey vielleicht zu dieser Sorte Wärme gesagt. Dabei bin ich nie in der polnischen oder slowakischen Tatra gewesen. Aber ein PKW der Marke *Tatra* gehört zu meinen Kindheitserinnerungen. Hinzu kommt sicherlich noch, dass es eine tschechische Automarke ist und mein Vater aus Tschechien stammt … Wie auch immer: Jetzt packt es mich. Ich bin zu hundert Prozent euphorisiert.

»Ein Tatra!«, rufe ich aus. »Da!« Und ich versuche, den LKW, der vor uns fährt, zu fotografieren. Bloß – mein Fotoapparat streikt. Das hat er noch nie getan. Aufgeregt beginne ich zu hantieren. Ashurey bekommt meine Aufregung mit und schlägt vor: »Ich fotografiere. Worum geht es eigentlich?« – »Na, um diesen Laster vor uns. Es ist ein *Tatra*!«

Kaum ist sie so weit und könnte das Foto machen, biegen wir auf die Nebenstraße ab und der Tatra fährt uns auf der Hauptstraße davon. Ashurey und ich stöhnen auf wie bei einem verpatzten Schuss ins Fußballtor. Durch unser Aufheulen wird jetzt Mamed munter. Ashurey erklärt ihm eilig, worum es geht, und er versteht sofort: Begeistert von diesem Auftrag, bei dem er vor allem schnell fahren *muss,* drückt er aufs Gas und beugt sich übers Lenkrad. Wir preschen auf der Parallele zur Hauptstraße entlang und stoßen nach einer gewissen Strecke auf dieselbe zurück. So hängen wir wieder an ihm – am *Tatra*. Ashurey macht mehrere Fotos von seiner hinteren Ansicht. Wunderbar. Endlich sind wir drei wieder miteinander verbunden; die Spannung hat sich in Luft aufgelöst. *Tatra sei Dank*.

Die Synagoge

In Guba leben auch heute noch einige Bergjuden. Deshalb ist nach der Roten Siedlung die Synagoge unsere nächste Station. Wir wissen zwar nicht, wie sie aussieht, aber wir haben ja unseren an sich ortskundigen Fahrer. Wir fahren kreuz und quer durch die Straßen und passieren dabei ein Haus mit mehreren Davidsternen. Ashurey und ich bemerken die Sterne fast zugleich: »Halt! Hier!«

Essad Bey, selbst jüdischer Herkunft, schreibt 1930 in seinem Buch *12 Geheimnisse im Kaukasus* über das einstige Leben der Bergjuden: »Alles im Haus richtet sich nach dem Alten Testament. Andere Gesetze kennen die Bergjuden nicht. In der Woche tragen sie Säbel und Dolch und legen ihre Waffen nur am Sabbat ab. Sie bearbeiten gleich den anderen Kaukasiern mehr Feld, als sie brauchen, um dem Dieb und den Armen, die nicht betteln, etwas zu bieten.« (47)

Das, was wir zunächst für die Synagoge halten, ist ein jüdisches Zentrum. Wir hören Stimmen und treten ein. Die Tür zum Nebenraum steht offen. An einem langen Tisch sitzen junge Männer mit schwarzen Kippot auf dem Kopf; sie essen und trinken, erzählen und schauen immer wieder neugierig zu uns herüber.

»Kommen Sie herein!« Ein Rabbiner begrüßt uns offen und freundlich. Er stammt nicht von hier, sondern kommt aus den USA. Für eine Zeit bleibt er in Aserbaidschan. Es ist Samstag, und es ist Sabbat.

Einst lebten über 2000 Bergjuden in dieser Region, heute sind es höchstens noch dreihundert. Draußen vor dem Haus kommen wir später mit ein paar der Jungs ins Gespräch und erfahren, dass dies ihre Religionsschule ist: »Wir werden unterrichtet – in Fremdsprachen, der Thora, in Mathematik, Sport ...« – »Sport?« – »Ja, in der zweiten Etage befindet sich eine Turnhalle.«

Die Jungen erklären uns den Weg zur Synagoge. Und gleich darauf irrt Mamed erneut kreuz und quer durch die Rote Siedlung, von der wir jetzt wohl auch das letzte der roten Häuser gesehen haben dürften. Unser junger Fahrer, der nach der Tatra-Verfolgung deutlich mehr Freund als einfach *nur* Fahrer ist, fragt sich aufs Neue durch, bis wir die Synagoge erreichen. Dort versehen drei hochbetagte Männer ihren Dienst. Sie lassen uns ein. Mamed wartet im Auto.

Ashurey und ich schauen uns in der Synagoge um, bleiben aber nur kurz. Denn die drei Männer mustern uns unverhohlen. Beim Hinausgehen erfahren wir immerhin noch: »Wir beten dreimal am Tag. Und wenn es so weit ist, dann kommen die anderen aus der Teestube herüber.«

»Haben Sie alles gesehen, was Sie sehen wollten? Dann könnten wir doch jetzt an den See fahren«, schlägt Mamed vor. »Und in den Gäschräsch-Wald!« Wir sind einverstanden. Auf dem Weg aus der Stadt hinaus erfahren wir: Unser Fahrer ist einunddreißig Jahre alt. Als er sechszehn war, starb seine Mutter. Gleich nach ihrem Tod heiratete er und ist heute Vater von einem Sohn und einer Tochter. Der Sohn ist bereits dreizehn Jahre alt. Mamed verdient als Fahrer den Unterhalt für die Familie.

Wir erreichen den Gäschräsch-Wald. Der Wald steht voller Buchen, Nussbäume und Hagebutten. Als wir weiterfahren, in

Richtung des Sees, beginnen Ashurey und Mamed plötzlich von einem Friedhof zu sprechen, den wir uns auch noch anschauen könnten. Ashurey glaubt, sich an die Entdeckung eines alten Friedhofs aus dem 16. Jahrhundert zu erinnern: »Sie haben im Fernsehen die Fotos gezeigt, als sie die Toten gefunden haben.«

Mamed fragt mich: »Wollen Sie diesen Friedhof sehen?« Ich weiß es nicht. Mir fehlt der Bezug dazu. Das Ganze ist mir neu. Daraufhin tauscht sich Ashurey noch einmal ausführlicher mit unserem Fahrer aus, bis sie resümiert: »Mamed möchte uns den Friedhof zeigen. Das ist ihm wichtig. Und dafür möchte er auch kein Geld extra.«

Wir erreichen einen See, den Tschänlibel-See. Hier soll es einen Volkshelden gegeben haben, Köroghlu, den Sohn einer Blinden. Und dieser Köroghlu – ursprünglich aus der mündlich tradierten türkischen Volksliteratur stammend – ist ein Held solcher Art, der von den Reichen genommen und den Armen gegeben hat. Und ein Pferd besaß er, das konnte sogar fliegen.

Am See könnten wir Tee trinken oder mit einem Boot fahren oder auf einem der Pferde reiten. Jeder hofft auf Kundschaft. Wir aber wollen zurück, denn da ist ja noch dieser Friedhof – *aus dem 16. Jahrhundert*. Kurz bevor ich in den Wagen steige, bemerke ich das aufgesetzte Schild auf Mameds Wagen: Und das ist kein Taxizeichen, sondern die Jahreszahl *1918*. Sofort denke ich an 1918 als dem Gründungsjahr der ersten aserbaidschanischen Republik.

Der Friedhof stellt sich dann als ein *Genocide Memorial* heraus. Die Anlage erstreckt sich auf einem weiten, grünen Feld in einem Tal, ist besetzt mit schwarzen Gedenkquadern und begrenzt von einer Reihe junger Pappeln. Es geht hier nicht um das 16. Jahrhundert, sondern um ebendieses Jahr 1918.

Ich komme nicht so schnell mit. Sicher liegt es an mir, und ich hatte irgendetwas missverstanden. Das ändert aber nichts. Denn nun bin ich hier und mit dem, was mir mit diesem Friedhof gegenübersteht, fühle ich mich überfordert. Bei Wikipedia kann ich es später in Ruhe nachlesen: Die Jahre 1917 und 1918 bilden einen Zenit blutiger aserbaidschanisch-armenischer Auseinandersetzungen.

Wir gehen über den Platz und betreten eine weiträumige Halle – das Museum. Das einzige Licht im Raum stammt von der Hintergrundbeleuchtung der großen Fotos zur aserbaidschanischen Geschichte. »Das habe ich gemeint«, sagt Ashurey und zeigt mir ein Bild, auf dem ein Haufen menschlicher Knochen gezeigt wird, Knochen und Schädel.

Körperlich gehe ich weiter, mental bleibe ich bei den Toten, wer immer sie im Einzelnen gewesen sein mögen. Ashurey als erfahrene Reiseleiterin bemerkt meinen Zustand sofort. So jung sie ist, so einfühlsam ist sie auch. Also klatscht sie, kaum haben wir das Memorial verlassen, einmal kräftig in die Hände, um gleich darauf bekannt zu geben: »Und jetzt gibt es etwas Süßes. Hier in Guba gibt es die berühmten Baklava.«

Im nächstbesten Laden kauft Ashurey ein, und anschließend fährt uns Mamed zu einem Restaurant, wo wir im Garten, von einer Laube aus, einen schönen Blick ins Tal und auf den Fluss haben. Auch um alles Weitere kümmert sich Mamed. So dauert es nicht lange, bis der Kellner uns den Tee bringt, dazu Teller und Kuchengabeln für die mitgebrachten Baklava. Und Ashurey schiebt mir vom Süßen des Lebens zu: »Iss! Es ist sehr gut. Du musst es probieren.«

Sie selbst isst auch ein wenig. Mamed verzichtet. Das Süße tut tatsächlich seine seelische Wirkung, und langsam kehre ich von den Toten zurück. Endlich fühle ich mich imstande, Mamed zu fragen: »Warum war es für Sie wichtig, mir dieses Monument zu zeigen?« Mamed denkt nach. Schließlich sagt er, ruhig und klar: »Weil es Menschen aus meiner Stadt geschehen ist, aus meiner Heimat. Deshalb ist es für mich wichtig.«

Diese eine Generation

Abends sitzen wir noch ein wenig zusammen, zu dritt – gemeinsam mit Ulviya. Ulviya und Ashurey lachen viel miteinander und lernen sich kennen. Bisher hatten sie immer nur durch mich voneinander gehört. Die beiden stellen schnell fest, dass sie im selben Jahr zur Welt gekommen sind.

»Auch 1990? Das gibt es doch nicht! Dann gehörst du auch zur *verlorenen Generation*«, meint Ashurey. Ulviya nickt. Und was verstehen die beiden darunter?

»Wir wurden an der zeitlichen Grenze zwischen UdSSR und der Aserbaidschanischen Demokratischen Republik geboren. Alles hat sich geändert. Die Republik war noch nicht fertig, die Präsidenten wechselten, die Karabach-Geschichte hatte begonnen, der Krieg ...«

»Ja, und wir verloren sehr viel Zeit. Es brauchte einige Jahre, bis wir besser verstanden, was wir sind und was wir in dieser Welt überhaupt machen.«

»Zum Beispiel bei mir: Ich habe während meiner ganzen Jugendzeit gekämpft, mit den Menschen, die anders waren als ich. Sie waren immer unzufrieden mit dem, was wir jungen Frauen machten; und wie wir unsere Zeit verbringen; dass wir Freunde haben; und dass unter unseren Freunden auch junge Männer sind.«

»Dabei sind es einfach nur Freunde; nicht mehr. Aber die Leute haben sich dabei gleich immer etwas gedacht.«

»So ist es. So ist das bei uns gewesen. Heutzutage wird es leichter. Die Menschen verstehen schon mehr, wenigstens im Zentrum oder in Baku. In den Regionen ist es immer noch schwierig. Dort haben sie eine eigene Welt.«

»Damals wurden wir auch Opfer der Armut, wir und viele andere Kinder. Zum Beispiel gab es kaum Zucker.«

»Und auch in der Schule: Zuerst war das Alphabet noch kyrillisch, dann wurde es lateinisch.«

»Richtig. Das hatte ich schon vergessen. Und die Technologie hat sich so schnell entwickelt. Wir kannten keinen Computer, kein Mobiltelefon.«

»Vorher war unser Leben langsam, und ganz plötzlich wurde es so schnell. Und nichts, aber auch gar nichts konnten wir daran ändern.«

Tag 36

Verdient und willkommen

Und zwar: Es regnet. Und kaum ist das Dach kaputtgegangen, klopfen siebzehn Wanderer an die Tür und bitten um ein Obdach.

»Kommt herein«, sagt der Hausherr, »kommt ins Trockene!«

Die siebzehn Wanderer treten ein, füllen das kleine Haus, und sofort hört der Regen auf und die Sonne kommt heraus. Die Frau des Hauses bewirtet die Gäste. Nach drei Stunden ist alles getrocknet, auch das Dach.

»Unser Haus ist euer Haus«, sagt der Hausherr. »Ihr schlaft im Haus. Und wir schlafen auf dem Dach. Aber das Dach ist kaputt. Könnt ihr uns helfen?«

Keine Frage: Die Männer beginnen mit der Reparatur. Vier der Wanderer sind besonders große Männer. Später ist sich die Frau des Hauses sicher: »Diese Wanderer wurden uns von Allah geschickt. Wir besitzen keine Leiter. Aber die Männer waren so groß, dass sie keine Leiter brauchten, um ans Dach heranzukommen.«

Unterwegs

Rustam Xinaliqli, unser Gastvater in Khinaliq, hat gerade in Guba zu tun. Von hier nimmt er uns mit. Rustam ist ein Mann von schlanker und kleinerer Statur, dunkelhaarig, er wirkt vergeistigt; zugleich steht er mit beiden Beinen auf der Erde bzw. lenkt uns sicher über jede Serpentine, immer weiter hinauf in die Berge. Die ganze Fahrt über hören wir Mugham-Musik, wie sie traditionell für eine Hochzeit gespielt wird. Rustam sagt: »Ich liebe es.« Und Ashurey kündigt mir an: »Das kann Stunden so gehen.«

Noch vor Jahren lag Khinaliq als höchstgelegenes Bergdorf Aserbaidschans oft abgeschnitten und war manchmal nur für drei Monate *offen*. Der Winter beginnt Ende September und dauert sieben Monate oder noch länger. Inzwischen gibt es eine befestigte Straße, sodass die Strecke lediglich bei Steinschlag oder an strengen Wintertagen gesperrt ist, wobei Rustam versichert, dass noch nie ein Auto oder gar ein Mensch von solch einem Steinschlag getroffen worden ist.

Man geht davon aus, dass in Khinaliq seit 5000 Jahren Menschen siedeln. Zugleich wurden Muscheln in der Region gefunden. Es muss hier einmal also auch ein Meer gegeben haben. Khinaliq liegt abgeschieden. Kaum ein Eroberer schaffte es bis hierher.

Heute leben an die 2000 Menschen im Ort. Sie sprechen eine eigene Sprache – Khinaliq bzw. Khinalugisch, eine nordostkaukasische und vom Aussterben bedrohte Sprache, die mit zur lesgischen Untergruppe gehört. Es wird versucht, durch gezielten Unterricht dem Aussterben der Sprache entgegenzuwirken.

Lesgische Untergruppe? Wunderbar, denn Ashurey ist ja zur Hälfte Lesgierin. Und tatsächlich zeigt sich schon während der Autofahrt hinauf in die Berge, dass sich die Temperamente der beiden bestens ergänzen, vor allem in puncto Humor. Rustam spricht außer Khinaliq nur noch Aserbaidschanisch. Und ohne Ashurey hätte ich mich dort oben weder mit Russisch noch mit Englisch verständigen können. Die Gastfreundlichkeit der Menschen ist uns aber in jedem Fall sicher.

Der Anfahrtsweg führt uns zunächst durch eine breite Schneise, gebildet aus vulkanischem Gestein. Je höher wir steigen, umso karger wird das Land. Zugleich wirkt die Landschaft imposant – mit Kratern, Bergen, mehrstufigen Felsformationen. Und mittendrin immer dieses naturbelassene, breite Flussbett, in dem der Fluss die meiste Zeit wie ein Rinnsal wirkt. In der Zeit des Schmelzwassers jedoch bedarf der Fluss zweifellos dieser Breite.

Überraschend verlässt Rustam die Straße und fährt über das Gelände zu einer der vielen Höhlen, die es hier gibt: Zangar. Er erklärt, dass diese Höhle in prähistorischer Zeit bewohnt gewesen ist. Dabei wirkt der Ort unberührt.

Die Höhle als die gewölbte Hand des Gebens über dir. Der Berg besitzt Gestalt.

Als wir in der Höhle sitzen, meint Ashurey versonnen: »Hier sprechen sogar die Berge.«

In Khinaliq

Khinaliq wurde auf einem Hügelberg erbaut, mit kastenförmigen Häusern aus dunkelgrauem Stein oder aus Lehm, Häuschen, die sich regelrecht an den Berg schmiegen. Einige von ihnen fallen farblich heraus – mit dem Hellblau oder Hellgrün ihrer Fassade. Rustams Haus ist hellgrün.

Als wir Rustams Haus betreten, sehen wir, dass im Haus wiederum die Rottöne dominieren. Die Sockel an den Wänden sowie jede Tür ist karminrot gestrichen. Überhaupt scheint es mir, als lieben die Menschen hier kräftige, klare Farben. Die Frauen tragen bunte Kopftücher, orientalisch um den Hals gewunden und im Nacken geknotet wie zum Schmuck. Das Haar, ob fast schwarz, wie bei Rustams Frau, oder schon grau, wie bei Rustams

Mutter, schaut immer hervor. Die Kinder tragen Wollmützen. Und Rustam trägt eine Schiebermütze. Auf den ersten Blick wirkt es wie traditionelle Kleidung, eigentlich aber wird alles bunt durcheinander und übereinander getragen, je nach Temperatur – Westen, Pullover, Jacken, Tücher ...

Viele der traditionellen Häuser bestehen nur aus einem einzigen Raum. Rustams Haus allerdings hat mehrere Räume. Er bietet Räume an für seine Gäste. Im Foyer gibt es einen langen Tisch mit Stühlen. Da Ashurey und ich zurzeit die einzigen Gäste sind, dürfen wir mit ins Familienzimmer, wo auch der Fernseher steht sowie der niedrige Tisch zum Essen; im hinteren Bereich liegen übereinandergestapelt Matten und Schlafdecken. Abgesehen vom Tendir zum Brotbacken befindet sich im Familienzimmer der einzige Ofen im gesamten Haus.

Als Rustam vier Jahre alt war, starb sein Vater. Und die Mutter blieb mit sechs Kindern allein zurück. Inzwischen hat Rustam seine eigene Familie, ebenso mit sechs Kindern. Seine Mutter lebt bei ihnen.

In Khinaliq ist es üblich, dass die Mädchen mit siebzehn Jahren heiraten und die Jungen mit achtzehn. Als Rustams Frau siebzehn Jahre alt war, hat sie das erste Kind bekommen und mit dreißig Jahren das sechste. Sie lacht, als sie davon erzählt. Und sie strahlt vor Freude und Stolz: »Jede Geburt war für mich leicht. Dreißig Minuten hat es gedauert, nie länger, und schon war das Kind da. Während der Schwangerschaft habe ich immer gearbeitet. Dadurch ging auch die Geburt so leicht. Alle Kinder habe ich zu Hause bekommen. Die Schwiegermutter war dabei und hat die Nabelschnur durchgeschnitten.«

Nach dem Tee führt uns Rustam durchs Dorf. Hinter seinem Haus geht es bergauf. Unterwegs fragt er, ob uns die Luft knapp wird, genauer gesagt – der Sauerstoff. Wir verspüren beide keine Probleme. Von einer Anhöhe schauen wir hinab auf einen großen Friedhof. Und während wir oberhalb und weiter entlang dieses Friedhofs gehen, erzählt uns Rustam von der schweren Zeit des Krieges in Bergkarabach: »Die Menschen begannen, von hier wegzugehen. Die 90er-Jahre waren sehr schwer. Für ein Schaf bekam man einen Sack Mehl. Fünfzig Familien sind von Khinaliq weg, nach Russland, die anderen sind nach Baku. Aber dann begann der Tourismus. Das hat die Situation beruhigt. Wir bewahren unsere Traditionen; wir haben eine eigene Geschichte. Und ich sage Ihnen: Wenn man der Geschichte von Khinaliq nachgeht, geht sie zurück bis zu den Zeiten Noahs. Heute sind wir ein touristisches Bergdorf. Wir sind freundliche Menschen. – Ja, und wir haben unsere eigene Sprache mit einem eigenen Dialekt. Sieben Kilometer entfernt liegt schon das nächste Dorf, aber mit einem völlig anderen Dialekt. Erinnern Sie sich: Unterwegs fuhren wir durch das Dorf Tschek. Wissen Sie, warum das so heißt?«, fragt Rustam, und in seinen Augen blitzt es schelmisch: »Ganz einfach: Jack London war hier! Jack – Tschek!«

Als wir eine Art Bergkamm überqueren, liegt auf der linken Seite das Dorf und sind jetzt auch neuere Häuser zu sehen, die, im Gegensatz zu den traditionellen Lehm-Stroh-Holz-Dächern, ein Dach aus Blech haben. Vor allem die U-Form der neuen Schule sticht hervor. Auf der anderen Seite erstreckt sich die Welt der Berge; die Gipfel sind noch oder schon wieder mit Schnee bedeckt. Und eine Höhle ist zu erkennen; wie ich erfahre, ist es eine Pilgerhöhle. Rustam erzählt:

... und zwar sind in dieser Höhle vor langer Zeit vierzig Großväter gestorben. Sie starben an ein und demselben Tag. Es waren spirituelle Menschen. Keiner weiß, wie sie gestorben sind und warum. Aber seitdem diese vierzig Männer hier gestorben sind, ist es ein heiliger Ort – ein Pilgerort.

Im Weitergehen erfahren wir – und dies ist nun ein thematischer Sprung –, dass im Oktober 2006 der Präsident Ilham Aliyev Khinaliq besucht hat und dass es seitdem im Dorf Internet und diese neue Schule gibt. Als ich an dieser Stelle nach der medizinischen Versorgung frage, höre ich, dass eine Krankenschwester in Khinaliq ihren Dienst tut. Ist es etwas Ernsteres, dann ist es allerdings besser, direkt einen Arzt aufzusuchen. Der nächste ist in Guba.

Zeit

Es ist merkwürdig: Aber wir haben so viel Zeit. Nachdem wir das liebevoll eingerichtete Regionalmuseum besucht haben, gehen wir zurück *nach Hause,* wir erzählen, wir spazieren – und immer haben wir noch so viel Zeit! Ich denke fast, wir befinden uns in einer Zeitschleuse, in der es sogar Internet und Fernsehen gibt. Auch Rustam und seine Leute wirken entspannt und mit ebenso viel Zeit. Sogar für eine Soap Opera aus Indien findet Rustams Frau ein halbes Stündchen. Und auch die Kinder sitzen dabei und verfolgen Liebesglück und Liebesleid der farbenfroh gekleideten Menschen in den Palästen des fernen Landes.

»Ich schaue gern fern«, sagt Rustams Frau. »Fernsehen beruhigt mich.«

In der Zwischenzeit bäckt Rustams Mutter das Brot. Sie hat nichts dagegen, dass wir sie dabei fotografieren. Ein großes, sauberes Tuch liegt ausgebreitet auf dem Boden. Auf diesem Tuch legt sie die Brotlaibe ab, die gleich darauf im Holzkohleofen gebacken werden.

Später sitzen wir, auf Kissen, um den niedrigen Tisch herum. Rustam erklärt uns, dass es gut ist, an so einem Tisch zu sitzen und zu essen: »Denn da ist der Bauch immer eingedrückt und man hat nicht so viel Hunger.« Obwohl es wie ein Scherz klingt, merke ich beim Abendbrot: Der Mann hat völlig recht.

Rustam, seine Frau und Ashurey erzählen und lachen viel miteinander. Zwischendurch übersetzt mir Ashurey in Kurzform, worum es gerade geht. Vor allem der Zugang zum Internet bringt offensichtlich nicht nur Neues ins Dorf, sondern auch – wenn man so vertraut familiär damit umgeht wie hier – gute Stimmung ins Haus.

»Da ist eine Frau aus Afrika«, sagt Rustam plötzlich in die Runde und löst dabei kaum den Blick vom Smartphone. »Und diese Frau sagt, dass sie mich liebt.« Rustams Frau scherzt sofort mit ihm: »Sag ihr, sie kann dich haben. Ich habe dich jetzt lange genug gehabt.«

Das Interview

Schließlich frage ich Rustam, ob ich ihn interviewen darf. Er ist bereit. Und dank Ashurey ist das Gespräch auch möglich, denn sowohl sprachlich als auch menschlich ist sie die Brücke, die uns verbindet.

»Der Gast gehört zur Familie«, beginnt Rustam. »Wir fühlen uns unseren Gästen nah – so wie der Mutter, wie dem Bruder. In Khinaliq sind wir alle gastfreundlich. Immer. Auch wenn jemand aus einem anderen Dorf zu uns kommt, sind wir gastfreundlich; nicht nur wenn jemand aus einem anderen Land kommt. Ein Gast gehört zur Familie. Er soll sich wohlfühlen.«

Ich erzähle, dass es in Deutschland Leute gibt, die nicht so oft Gäste haben. Rustam reagiert mit großem Verständnis: »Ich verstehe, dass das so in Deutschland ist und der Gast dort vielleicht manchmal auch stört. Denn die Deutschen haben viel zu tun. Mir als Gast wäre das egal. Man müsste sich nicht um mich kümmern. Hauptsache, man nimmt mich als Gast herzlich auf. Das müsste ich fühlen können. Dieses Gefühl muss man mir geben, sonst würde ich niemals bleiben.«

Und wenn es nun mit einem Nachbarn einen Streit gab und der steht plötzlich als Gast vor der Tür: »Würden Sie ihn hereinbitten?«

Rustam lacht erst einmal über mein Beispiel, bespricht sich dann mit Ashurey und mit seiner Frau, bevor er antwortet: »Also, was gibt es da zu überlegen? Der Gast ist gekommen! Und das bedeutet: Er hat den Streit vergessen. Wir müssen also nicht mehr über den Streit sprechen. Und wenn Sie zum Beispiel zurück nach Deutschland gehen, und Sie sagen dann: *Ich war dort und dort, aber bei den Leuten war es sehr unangenehm, keiner hat mir geholfen, ich habe dort überhaupt keine guten, gastfreundlichen Menschen getroffen.* Das wäre doch nicht gut. Die Menschen müssen zufrieden sein, wenn sie gehen.«

»Und was ist wichtig für das Verhältnis zum Nachbarn?«

»Bei uns in Aserbaidschan gibt es ein Sprichwort: *Die Verwandten sind weit weg, aber die Nachbarn sind nah.* Wenn ich zum Beispiel ein Problem habe und der Verwandte ist weit weg: Wer kommt mir dann zur Hilfe? Es kommt der Nachbar! Hier gibt es weder Apotheke noch Krankenhaus. Wir müssen mit allem allein zurechtkommen. Wir sind verantwortlich füreinander und helfen uns gegenseitig – in der Landwirtschaft oder mit dem Geld oder wenn jemand etwas baut. Eines Tages kommt die gute Tat zu dir zurück. Wenn zum Beispiel jemand viele Kinder hat, dann muss man ihm helfen. Und später helfen einem diese Kinder.«

»Und wie wichtig sind für Sie Ihre Kinder?«

Ashurey übersetzt meine Frage und alle lachen erst einmal wieder herzlich. Dann sehen sie, dass es mir ernst ist, und Rustam antwortet: »Wir leben für unsere Kinder. Sie sollen eine schöne Zukunft haben. Und egal ob nun Mutter oder Vater – alle sind für die Kinder da. Man muss den Kindern die eigene Kultur vermitteln und beibringen. Alles beginnt mit der Kultur. Man muss viel Empathie haben, man sollte klug sein. Das ist wichtig, dass wir versuchen, unsere Kinder in diesem Sinne zu erziehen und zu unterrichten. Wir erziehen unsere Kinder genauso, wie wir selbst erzogen worden sind.«

... und zwar ist es so: Wenn ein Kind geboren ist, dann darf man ihm vierzig Tage lang weder die Haare noch die Nägel schneiden. Und hier in Khinaliq ist es so, dass, wenn jemand geheiratet hat, die Tochter auch vierzig

Tage lang nicht zurück zum Vaterhaus kommt. Erst nach vierzig Tagen lädt ihr Vater sie ein, und dann kommt sie gemeinsam mit ihrem Mann zu Besuch in ihr Elternhaus.

Meine Frage nach der Bedeutung des Geldes löst, vor allem bei Rustam, einen nächsten Lachanfall aus. Aber dann antwortet er ernsthaft und wieder mit einem Sprichwort: »Bei uns heißt es: *Nicht das Geld verdient uns, sondern wir verdienen das Geld.*«

Zum Schluss frage ich, ob Rustam mir und uns von sich aus noch etwas sagen möchte. Daraufhin lacht er nicht und weiß sofort, was er uns wünscht: »Ein langes Leben und Gesundheit!«

Es ist kalt hier oben in den Bergen. Und in dem Zimmer, in dem Ashurey und ich quartieren, gibt es zwar keinen Ofen, aber jede Menge Decken. Wir richten uns ein. Bevor wir einschlafen, flüstert Ashurey ins Dunkel hinein: »Alles hier erinnert mich an die Zeit, als ich ein Kind gewesen bin, in Zaqatala. Es erinnert mich an meine Familie. Meine Familie ist nicht groß: Wir sind vier Personen. Und auch wir waren oft alle zusammen in einem Zimmer. Jeder machte seine kleine Arbeit und war dabei in seinem Eckchen. Es war das einzige Zimmer mit einem Ofen. Die Kälte in den Bergen, daran erinnere ich mich hier.«

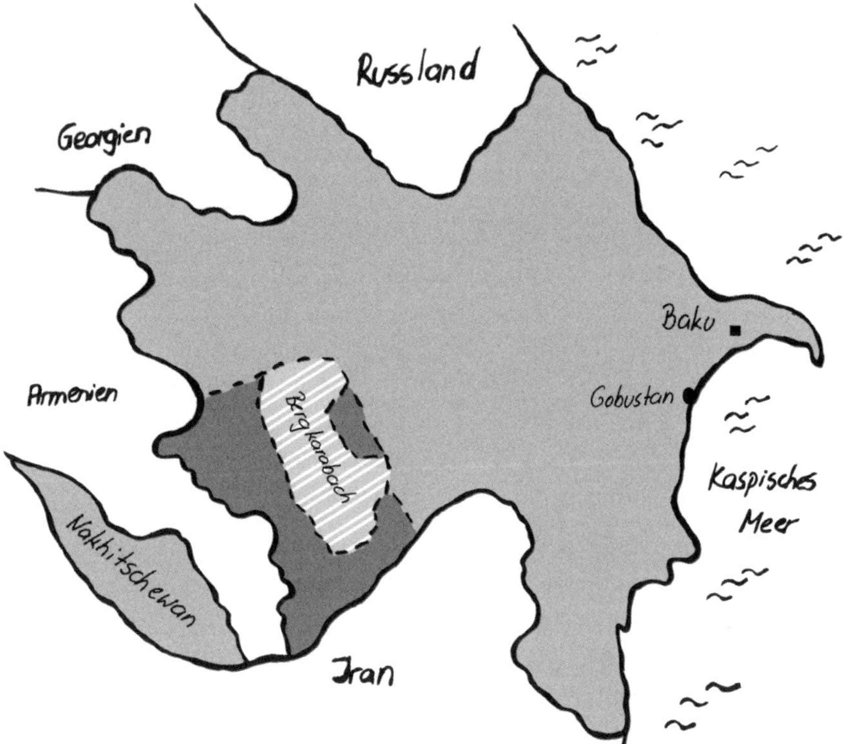

Russland
Georgien
Baku
Armenien
Gobustan
Bergkarabach
Kaspisches
Meer
Nakhitschewan
Iran

Tag 37

Außerirdisch und außerordentlich

Tarlan Manafov sagt: »Als der einzige und letzte Schamane bin ich der Wächter von Gobustan.«

Gobustan ist ein Dorf östlich des gleichnamigen Nationalparks gelegen, dessen steinzeitlichen Felszeichnungen – es sind mehr als 6000 – zum UNESCO-Weltkulturerbe gehören. Der Gobustan-Nationalpark ist vulkanisches Gebiet und zog schon in alten Zeiten die Menschen an, sodass Unterstände, Kurgane, also Hügelgräber, sowie Höhlen uns als Spuren einstiger menschlicher Siedlungen hinterlassen worden sind.

»Seit 20.000 Jahren leben hier Menschen«, weiß Tarlan.

Wer heute nach Gobustan kommt, dem fällt zuerst der Tafelberg auf. Er sieht aus, als wäre seine Oberfläche waagerecht abgeschliffen worden. Diesen Berg haben, wie Tarlan erzählt und wie es auch im Gobustan-Museum dargestellt ist, die Vorfahren genutzt, um für Nahrungszwecke Tiere zu jagen. Sie jagten die Tiere so lange über die Ebene des Tafelberges, bis sie in die Tiefe stürzten.

Dem Eingang des Nationalparks genau gegenüber steht eine Jurte. »Das Nomadenleben war der Anfang«, führt Tarlan aus. »Diese Jurten waren und sind ein Mikrokosmos.« Wie ich es verstehe, steht die Jurte als Mikrokosmos für den Tengrismus, die älteste polytheistische Religion Zentralasiens, welche wiederum hervorgegangen ist aus dem Schamanismus des Altai. Es geht um den völligen Respekt gegenüber der Natur; es geht um den Einklang mit der Natur.

Auf dem Weg nach Gobustan

Um gemeinsam nach Gobustan zu fahren, bin ich mit Tarlan in Baku an der Uferpromenade verabredet, an einem Springbrunnen. Aber dort gibt es mehrere und zunächst warte ich am falschen. Das stellt sich schnell heraus. Der eigentliche Brunnen ist keine fünf Minuten Fußweg entfernt. Ohne dieses Missverständnis hätte mich wiederum dieser Fremde nicht begleiten können, ein hoch aufgeschossener Mann, weder jung noch alt. An sich wirkt er selbst so, als wäre er hier fremd. Aber er kennt den Weg.

»Gut, dass Sie Russisch sprechen«, meint er. »Englisch hätte ich nicht verstanden. So aber kann ich Ihnen helfen. Die Welt verändert sich. Heute wird immer mehr Englisch gesprochen. Und immer geht es ums Geld. Die einen haben Geld, viel Geld, aber sie haben keine Zeit. Die anderen haben Zeit, aber kein Geld. Und dann gibt es Menschen, die besonders viel Geld haben; sie sind reich, haben aber kranke Kinder. Gott erzieht uns alle.«

Tarlan eilt, ja er fliegt regelrecht mit mir von Baku nach Gobustan. Unterwegs wechseln wir von Marschrutka zu Marschrutka. Immer bleibe ich in Tarlans Schatten und weiß schon gar nicht mehr, wer ich eigentlich bin. Zugleich spielt das für den Moment ohnehin keine Rolle.

Angekommen in Gobustan, führt mich Tarlan zuerst zu sich nach Hause, zu *seinen Frauen*. Sie kommen, wie in einem Film, aus drei verschiedenen Ecken auf mich zu, strahlend, ohne zu lächeln. Jede von ihnen scheint mindestens ein wunderbares Geheimnis zu hüten. Und für diese halbe Stunde, die ich bei ihnen mit Tarlan im Hof verbringe, werde ich Teil des Ganzen. Da ist die Mutter, die Schwester, die Tochter der Schwester.

Tarlan eilt, handelt, führt. Ich habe nicht einmal Gelegenheit zu überlegen, warum er mir so zur Verfügung steht. Etwas treibt ihn an. Die Philosophin Tinay hatte zu mir nur gesagt: »Er wird sich freuen, dass er Ihnen alles zeigen kann.« Wobei für mich selbst im Nachhinein unklar bleiben wird, was er mir da eigentlich alles gezeigt hat.

Am Tisch setzt er sich mir direkt gegenüber. Die Frauen bringen Tee und Konfekt herbei. Und schon beginnt Tarlan, ganz in seiner Art, sprunghaft zu erzählen: »In Gobustan ist alles mystisch. Und die Zeichnungen im Stein erzeugen die Energie.«

Tänze

Es gibt im Stein eine Zeichnung mit zehn Wesen, menschlich wirkenden Wesen, die in zwei Reihen übereinander angeordnet sind. Und nur zwei von ihnen fassen sich an den Händen. Vielleicht ist es ja wirklich ein *Tanz,* wie diese Steinzeichnung bis heute betitelt wird. Rechts dieser gut sichtbaren Zeichnung führt ein breiter, heller Kanal über das dunkle Gestein und fällt wie ein Strahl von oben herab; oder es strömt umgekehrt; die Richtung, in die es strömt, bleibt offen. Schon während ich dies beschreibe, eröffnen sich mir nächste Assoziationsfelder. Und vielleicht ist ja gerade dieses Assoziieren das Wesentliche für uns, die wir unsere eigenen Tänze des Lebens *tanzen*.

... und zwar kommen sie nach Gobustan, dorthin, wo sich in Feuer und Energie das Herz der Erde befindet. Sie sind Menschen, aber dreißig Meter hoch. Sie sind die künftigen Erbauer der Megalithen. Sie sind auf die Erde gesandt worden und werden hier in Gobustan energetisiert. Mit der Energetisierung erhalten sie Kopf, Gehirn, Größe und Gestalt eines normalen Menschen. Gelandet auf der Erde, gehen sie ihren Dingen nach. Sie setzen die Zeichnungen in den Stein und bauen Boote. Und all das geschah damals vor 7000 Jahren auf dieser Erde zum allerersten Mal. (48)

Thor Heyerdahl

Tarlan lässt mich in einem Buch blättern, das er wie einen Schatz hütet: Thor Heyerdahl: *Beyond Borders, Beyond Seass. Jenseits der Grenzen, jenseits der Meere.* Der Norweger besuchte Aserbaidschan erstmals 1981, zur Zeit des Eisernen Vorhangs, eingeladen von der Akademie der Wissenschaften. Und zu diesem Anlass schrieb er: »Ich habe nicht an Barrieren zwischen den Nationen geglaubt. Ich habe an Menschen geglaubt, nicht an politische Parteien.« (49)

Thor Heyerdahl interessierte sich vor allem für die Felszeichnungen in Gobustan und hier wiederum vor allem für die Schiffe. Später fügte er an derselben Stelle hinzu: »Die dokumentierte Geschichte Norwegens reicht mehr als achthundert Jahre zurück. Traditionen über die ursprüngliche Heimat unserer Vorfahren wurden im 18. Jahrhundert in Irland aufgezeichnet und sagen, dass wir Nachkommen des Landes der Aser sind.« (50)

Und obwohl ich dies ja schon am Thor-Heyerdahl-Denkmal im Dorf Kisch gelesen habe, bleibe ich bei allem Respekt skeptisch.

Nachitschewan

Anders ergeht es mir, als Tarlan sein nächstes Projekt präsentiert: *Genesis-Park-Museum der menschlichen Zivilisation als Beispiel für die*

Architekturdenkmäler Aserbaidschans. Sofort bin ich begeistert. Die Gobustan-Megalithen aus der Zeit 8000 Jahre vor Christus bilden das Zentrum. Unter den Architekturdenkmälern, die sich dann rundum aneinanderreihen, befindet sich neben dem Mädchenturm Baku, dem Schirvanscha-Palast unter anderem auch das Mausoleum Qarabakhlar in der Autonomen Republik Nachitschewan.

Das Dorf Qarabakhlar liegt in der Exklave Nachitschewan. Ich hätte von Baku aus nach Nachitschewan fliegen können und hatte es immer vor. Mein Bezug war Uwe Henschel, der nicht allein die Restaurierung des Khan-Palastes in Scheki gemanagt hat, sondern auch in Qarabakhlar tätig war: »Das ist eine alte Koranschule, die gesichert worden ist, auch mit einem Mausoleum. Und in Nachitschewan selbst, in diesem Hauptort, haben wir dann das Mausoleum der Dschahan Kudi Chatun restauriert. – Was für mich das Fatalste dort war: Damals war der Krieg mit dem Irak. Und ich war in Nachitschewan. Über dieses Stück Land führte der Korridor, der geöffnet war für die Bomber. Und da sind die Bomber rübergeflogen. Ich habe schlotternde Knie gekriegt. Und die Iraner, mit denen ich zusammengearbeitet habe, in Nachitschewan, die sagten damals, 2003: *Uwe, wir sind die Nächsten.*«

Märchenbuch

Und noch einmal schlage ich Thor Heyerdahls *Beyond Borders, Beyond Seas*. *Jenseits der Grenzen, jenseits der Meere* auf und lese auf Seite 28: »Wenn es etwas gäbe, das ich mir in Zukunft wünschen könnte, würde es das sein, dass alle Probleme zwischen den verschiedenen Religionen ein Ende haben und dass jeder, der an eine schöpferische Kraft der Natur glaubt, sein intelligentes Gewissen, Intuition, den Heiligen Geist und alles andere benutzen würde, alles das, was in unserer kollektiven Macht steht, um Rat zu holen und die Natur zu schützen.« (50)

Tarlan bringt mich zurück zur Hauptstraße und vertraut mich dort einem der Männer an, die als Sammeltaxi Passagiere aufnehmen, bis diese, entlang der Strecke in Richtung Baku, aussteigen und dadurch Platz für die nächsten wird. Ich weiß nicht, was die Einzelnen bezahlen. Es geschieht immer so, dass ich es nicht sehen kann. An sich kann ich kaum glauben, dass ich für zwei oder vier Manat tatsächlich direkt zurück zu diesem Springbrunnen gebracht werde, an dem mein Gobustan-Ausflug am Morgen begann. Wohlbehalten komme ich an.

Tag 38

Plastisch und kosmopolitisch

Menschen

Durch ihre klare und sachkundige Auskunft bezüglich des elektronischen Visums, noch vor Beginn meiner Reise, gehört Simone Haeberli zu meinen wichtigsten Begleiterinnen. Bisher sind wir uns nicht persönlich begegnet. Es ist Sonntagnachmittag, und Simone war so freundlich, mich in ihre Wohnung in der Altstadt einzuladen. Ich bin auf dem Weg durch Itschäri Schähär. An den Moscheen, an denen ich vorüberkomme, hängen schwarze Fahnen aus. Was ist los?

Kaum habe ich die Wohnung betreten, in der Simone mit ihrem Sohn Samuel wohnt, zieht es mich dort regelrecht ans Fenster. Von hier oben reicht der Blick weit über die Dächer der Altstadt bis hin zum Kaspischen Meer: »Ja«, sagt Simone lächelnd.

»Das wollte ich dir zeigen. Ein wunderbarer Blick. Wir sind sehr glücklich hier.«

In Simones Wohnung verbinden sich die Zeiten. Da sind einerseits die museumsreifen alten Kachelöfen und hängt andererseits moderne Malerei an den Wänden. Wobei die heutigen Zeiten hier ohnehin nicht zu vergessen sind: Simones Sohn Samuel liebt Lego und lebt diese Liebe aus. Gerade sitzt er am Tisch und lässt einen Lego-Polizisten engagiert Streife fahren. Ohne von der Lego-Stadt aufzuschauen, verfolgt Samuel wach und interessiert unser Kennenlernen.

Es ist Anfang September. Und so, wie meine Reise nun langsam endet, endet in wenigen Wochen auch Simones Zeit in Baku und Aserbaidschan. Wir trinken Tee miteinander und tauschen uns aus. *Kennst du diesen? Kennst du jenen? Und hast du das schon gesehen?* Irgendwann fragt mich Simone nach dem Keramikkünstler Mir-Teymur Mammadov und seinem Haus. Ich kenne weder ihn noch das Haus. So beschließen wir einen kleinen Spaziergang. Und natürlich ist auch Samuel dabei. Der Weg zu diesem Kunstort führt uns aufs Neue durch das Labyrinth der Altstadt. Simone kennt sich aus.

Hinter sieben Ecken taucht schließlich ein Haus auf, dessen Fassade fast vollständig mit Keramik bestückt ist. Die Farbe Blau dominiert, sodass da sind: ein blaues Pferd, ein blauer Stier, ein Gesicht in Blau und immer wieder blaue Kacheln mit ganz unterschiedlichen Ornamenten.

Simone klingelt an der Tür, und Samuel bleibt immer an ihrer Seite. Die beiden sind so inniglich verbunden, dass es mich an die eigene Zeit mit meinen Söhnen erinnert. So warten wir. Nichts rührt sich im Haus. Wir wollen fast schon aufgeben, da wird die Tür von innen her aufgeschlossen.

Als wir eintreten, kommen wir in einen Raum, wo auch die Wände über und über mit Keramikarbeiten bestückt sind. Mittendrin entdecke ich Ali Baba, dessen vierzig Räuber zu Gestalten in

Alis Bart geworden sind. Im hinteren Bereich des Raumes steht ein großer Brennofen.

Der Meister der Keramik scheint nur auf unseren Besuch gewartet zu haben. Er erzählt hintereinander weg. Am Anfang übersetzt Simone noch für mich, und ich staune, wie gut sie die aserbaidschanische Sprache beherrscht. Dann wechselt der Meister zum Russisch, sodass wir Simones Hilfe nicht mehr bedürfen und sie gemeinsam mit Samuel in aller Ruhe die ausgestellten Keramikschätze besichtigen kann.

Ohne zu zögern, beginnt Mir Teymur Mammadov von sich selbst und dem Ton zu erzählen. Es ist, als hätte er seine Worte längst vorbereitet, in Form *gebrannt*.

Als er fünf Jahre alt war, begann er zu modellieren. Schon damals liebte er den Ton. Und so kindlich alles das zunächst gewesen sein mochte, so ernst nahmen es seine Eltern. Sie besorgten ihm das Material und bestärkten ihn in dem, was er tat. Heute ist der Meister sechzig Jahre alt und gilt als Koryphäe auf dem Gebiet.

Mir Teymur Mammadov spricht zunehmend in dieser schnellen, raunenden, sagen wir: *schamanischen Art*. »In Aserbaidschan gibt es fast neunzig verschiedene Arten von Ton. Siebzig davon habe ich selbst verwendet. Seit 2000 Jahren exportiert Aserbaidschan Ton in alle Welt. Diese Tonerde wird auch zu medizinischen Zwecken verwendet; vor allem die blaue Tonerde desinfiziert und heilt. Und wenn ein Teppich nicht gut riecht, dann wird er erst einmal eine Woche lang mit Schlamm behandelt. Anschließend kommt er in einen Bergfluss. So wird er gereinigt – wie in einer Waschmaschine.«

Entweder verstehe ich den Meister immer bruchstückhafter, oder er ist es, der immer mehr in Bruchstücken spricht: »Es gibt zwei Völker«, erzählt er inzwischen, »in denen die Frauen eine eigene Sprache sprechen: Das eine sind die Kosaken und das andere die Bayern. Kein Mann kann sie dann verstehen.« Ist es Scherz? Ist es ernst?

Der Meister macht eine kleine Atempause und führt weiter aus: »Odin kommt von hier.« So erzählt er, bis er seine Rede schließt: »Es gibt nur einen einzigen Gott. Er ist es, der uns alles gegeben hat – auch den Ton. Gott hat die Menschen aus Ton gemacht. Und am Ende seines Lebens kommt der Künstler immer zur Keramik, denn Keramik – das ist Malerei, Skulptur und Grafik in einem.«

Aschura

Inzwischen ist es der 10. September. *Aschura* ist das Fest zum Märtyrertod von Hussein, dem Enkel des Propheten Mohammed. Und die schwarzen Flaggen, die ich über den Eingängen der Moscheen bemerkt hatte, galten ihm.

Vierzig Tage nach Aschura wird *Arbaeen* gefeiert, das schiitische Gedenkfest; arabisch steht der Name *Arbaeen* für nichts weniger als für die viel zitierte Zahl Vierzig.

Heute, zu *Aschura*, sind überall in der Stadt gedeckte Tische aufgestellt, an denen Männer stehen – an der Metro, in Hauseingängen, auf freien Plätzen ... An dem ersten dieser Tische, an den ich trete, sind es drei junge Männer. Ich frage sie, was das Besondere dieses Tages ist. Sie sind offen mir gegenüber, erzählen mir, bieten mir Wasser an, heißen Tee, Datteln, auch das Viertel eines Gebäckstückes, das mich an die *Sonne* vom Novruz-Fest erinnert.

»Warum ist dieser Tisch so reich gedeckt?« – »Das ist für Hussein«, erzählt derjenige, der mir auch das Viertel der *Sonne* gereicht hat. »Er ist Enkel des Propheten Mohammed. Wir lieben ihn alle. In der Schlacht von Kerbela wurde er getötet.« – »Essen und Trinken wir hier symbolisch?« – »Nein, das nicht. Oder vielleicht doch: Wir essen und trinken gemeinsam, um seiner zu denken.«

Ashurey ist inzwischen umgezogen. Jetzt wohnt sie im Zentrum der Stadt, einer Moschee direkt gegenüber. Und als ich *nach Hause* komme, höre ich nun pausenlos die Gesänge. Es sind ruhige und getragene Gesänge, immer mit genug Energie, um weiter gesungen zu werden.

Tag 39

Ölig, blutig und reich

Prometheus im Kapellhaus

Prometheus hält sich nicht an die Anweisung von Zeus. Er raubt den Göttern das Feuer und bringt es den Menschen. Daraufhin bestraft ihn Zeus und kettet ihn an einen Felsen im Kaukasus.

Der Raub des Feuers ist Titel einer Ausstellung des Goethe-Zentrums in Baku, die Ende Mai 2019 im *Kapellhaus* eröffnet wurde. Das deutsch-aserbaidschanische Kuratorenduo, Alfons Huq und Asli Samadova, formuliert in der Ausstellungskonzeption den Gedanken, dass es vielleicht kein Zufall ist, wenn in ein und demselben Gebirge Prometheus in der Feuer-Frage bestraft wird und zugleich die erste industrielle Ölförderung der Welt angesiedelt ist. Es geht – wie es in der Einführung zur Ausstellung heißt –

um Wohlstand auf der einen Seite und auf der anderen Seite im Zusammenhang mit der Erdölförderung auch um »gewaltige ökologische Schäden, geopolitische Konflikte und soziale Verwerfungen. (...) In der Sowjetzeit galt Baku als ökologisches Notstandsgebiet, dessen größte Schäden seit der Unabhängigkeit beseitigt werden konnten. Der Ölboom ermöglichte auch erhebliche Investitionen im Kulturbereich, einschließlich der Restaurierung der einzigartigen orientalischen Altstadt.«

Im Kapellhaus stehe ich zunächst vor einem Bildschirm, auf den mehrere Namen projiziert sind. Es sind die Namen von vierundachtzig Menschen, hier notiert mit Vor- und Familiennamen, die seit der Ölkatastrophe von 1957 als vermisst gelten. Zu Sowjetzeiten kam es zu mehreren Ölkatastrophen in Aserbaidschan, von denen die Öffentlichkeit zumeist nichts erfuhr.

Dieser Bildschirm und die dazugehörigen Namen sind Teil einer, wie die beiden Künstlerinnen Sabina Shikhlinskaya und Chinara Majidova es nennen, *Ortsspezifischen Installation* unter dem Titel *Nicht zugestellter Brief*.

Ich treffe Sabina Shikhlinskaya direkt im Kapellhaus, was ein Glück ist, denn Sabina ist ansonsten hier und dort und überall. Wir schätzen uns vom ersten Augenblick an. Sie eröffnet mir, dass der Titel *Nicht zugestellter Brief* entlehnt ist von Abdullah Schaigs (1881–1959) hierzulande berühmter gleichnamiger Geschichte.

... und zwar sitzt der Mirsa am Rand des Basars. Und ein Erdölarbeiter, ein Analphabet, bittet diesen Schreiber nun darum, für ihn einen Brief an seine Frau zu verfassen: »Begrüße zunächst die Mutter meiner Kinder. Sag ihr, sie solle gut auf unsere Kinder aufpassen und sie schätzen. Dann schreibe: ‚Sei gelobt Allah, mir geht es gut.'«

Als der Brief geschrieben ist, steckt ihn der Arbeiter in seine Tasche, geht zur Arbeit und verunglückt tödlich. (51)

Wer in der Erdölförderung arbeitete, erst recht in diesen Anfangsjahren, war lebensbedrohlichen Gefahren ausgesetzt. Es kam zu Explosionen, zu Bränden. Wie viele Arbeiter und Hilfskräfte mögen in der Zeit des Booms in der sogenannten *Schwarzen Stadt,* dort wo die Förderung im Eigentlichen begonnen hat, tödlich verunglückt sein? Zur gleichen Zeit wuchs der Reichtum Einzelner. Prächtige Villen entstanden. Wobei sich einige dieser erfolgreichen Unternehmer wiederum als Philanthropen engagierten.

Im Eingangsbereich des Landmark Centers, unweit vom Kapellhaus, erzählt Sabina Shikhlinskaya eine weitere Erdölgeschichte, nämlich ein, wie sie es betitelt hat, Öl-Epos. Dieses Epos ist aufgegliedert in vier großformatige Wandgemälde. Auf dem Höhepunkt des Ölbooms war das Landmark Center die größte Getreidemühle der Stadt; heute ist es neben Hotel und Kino vor allem Bürohaus. Auf der obersten Etage befindet sich ein Restaurant mit vorzüglicher Aussicht und weiteren großformatigen Bildern der Künstlerin.

Sabina Shikhlinskaya, in St. Petersburg ausgebildet in Monumentalmalerei, malte ganze zehn Jahre lang nicht, sondern arbeitete in dieser Zeit vor allem künstlerisch-konzeptionell und drehte Videos ... Mittlerweile malt sie wieder, allerdings, wie sie selbst sagt – *nicht mehr so wie früher.* Sie bezeichnet ihr heutiges Herangehen als *konzeptionelle Malerei*, sie möchte *Geschichten erzählen* und verwendet dabei *Farben wie Wörter*.

Sabinas Öl-Epos beginnt mit dem *Urknall,* bei dem das Öl als Teil der Natur von Anfang an mit im Spiel ist. Sie *erzählt* auch vom Kaspischen Meer – in Blau und Schwarz, wobei sie das Schwarz des Öls tatsächlich mit Erdöl aufgetragen hat. Auf die Zeit des Ölbooms, der *Schwarzen Stadt*, folgen Erdöltürme, die sich durch die Spiegelungen in Öl-Lachen noch vervielfältigen. Gemalt im Stil des Sozialistischen Realismus, folgt nun die Darstellung von Erdölförderung zu Sowjetzeiten, bis schließlich in die Gegenwart übergeleitet wird und letztlich in das Zukünftige: Sabina Shikhlinskaya schließt ihren Öl-Epos mit dem Gerüst eines Bohrturmes ab, in den der Betrachter von unten her sozusagen *einsteigen* kann, um von dort aus nach oben schauen zu können, dorthin, wo noch alles offen ist.

Nobelmuseum

»Bis 1837 bestand in Russland ein staatliches Petroleummonopol, danach förderten meist ausländische Gesellschaften das Öl, die größte war die der Gebrüder Nobel; sie rationalisierte den Öltransport durch Einsatz von Großbehältern und Tankschiffen und machte Russland von der Einfuhr amerikanischen Rohöls unabhängig«, schreibt Richard Christ. (52)

Gemeinsam mit Ashurey fahre ich ins Viertel Keschla, um die *Villa Petrolea* zu besichtigen. Wir haben uns telefonisch angemeldet. Und als wir vor der damals am Rand der *Schwarzen Stadt* errichteten und unlängst rekonstruierten Villa stehen, werden wir schon erwartet. Ein kundiger Guide, der Museumsführer, leitet uns durch die herrschaftlichen Wohnräume der Nobels, wobei die Mehrzahl der gezeigten Einrichtungsgegenstände aus dem Familienbesitz stammen.

Die Nobels der damaligen Zeit sind vier Brüder. Robert ist der Erste von ihnen, der 1872 nach Aserbaidschan kommt. Anlass seiner Reise ist: Er hat von den Eisenbäumen gehört und möchte nun prüfen, ob diese auch für den Bau von Gewehren zu gebrauchen sind. Kaum ist er hier, steigt ihm allerdings der Geruch des Erdöls in die Nase, und er ist sich recht schnell sicher: »Hier gibt es Wertvolleres als Eisenbäume!«

Bereits nach vier Jahren muss Robert Nobel Aserbaidschan wieder verlassen, denn er verträgt das Klima nicht. An seiner Stelle kommt sein Bruder Ludvig mit Sohn Emanuel ins Land. Drei Jahre später beginnt die erste Nobel-Fabrik mit ihrer Produktion – *Branobel*. Bald darauf gibt es eine zweite.

Emanuel Nobel, der das Unternehmen leitet, lebt, genau wie sein berühmter Onkel Alfred, ohne eigene Familie. Das Unternehmen floriert, und er selbst gilt Anfang des 20. Jahrhunderts als der reichste Mensch der Welt.

Der erste Öltanker der Nobels erhält den Namen *Zoroaster.* Später, in den 1950er-Jahren, bildet dieser erste Öltanker *Zoroaster* beim Bau von *Neft Daschlari*, der größten Bohrinsel der Welt im Kaspischen Meer, gemeinsam mit weiteren versenkten Schiffen das Fundament dieser Erdölstadt.

Auf der unteren Etage der Nobel-Villa gehen wir durch die Arbeitsräume. Keiner der Nobels ist älter geworden als sechsundfünfzig Jahre. Als hätten sie es geahnt, stehen in den meisten der Räume gleich mehrere Uhren, entsprechend dem Lebensmotto: »Zeit ist wertvoller als Gold.«

Im Jahr 1920 müssen die Nobels Aserbaidschan verlassen. Bis zum letzten Moment warten sie und hoffen auf eine Änderung der politischen Lage. Dann aber – verkleidet als Arbeiter – ergreifen sie die Flucht.

Noch heute wird der alljährliche Nobelpreis auch aus den Erdölerträgen der Nobels in Aserbaidschan finanziert.

Ölboom-Geschichte(n)

Baku wuchs Ende des 19. Jahrhunderts, Anfang des 20. Jahrhunderts rasant. Die muslimischen Aserbaidschaner blieben dem eigenen Landbesitz und der Familie verbunden und arbeiteten zumeist als Hilfsarbeiter; die Russen und Armenier bildeten in dieser Zeit eine Mehrheit. Diese blieben entweder von vornherein Junggesellen oder lebten am Ort ohne ihre Familie. Die Arbeit war nicht allein lebensgefährlich und hart, sondern in diesen Jahren der *Schwarzen Stadt* auch voller Gewalt und Gesetzlosigkeit.

Damals kam über die Hälfte des in der Welt benötigten Erdöls aus Baku. Mit der Oktoberrevolution 1917 und den Verstaatlichungen der circa dreihundert privaten Ölgesellschaften fand der Ölboom sein plötzliches Ende. Alles befand sich fortan unter dem Dach der staatlichen Erdölgesellschaft *Azerneft*.

Dennoch wuchs mit dem Erdölreichtum das politische Interesse von außen. So ging es im Zweiten Weltkrieg auch um die Erdölfelder am Kaspischen Meer. Seitens Deutschlands war man sich sogar sicher: »Wenn wir das Öl bei Baku nicht kriegen, ist der Krieg verloren.« Nun erreichten die deutschen Truppen zwar die Felder bei Maikop, nach Grosny oder Baku aber kamen sie nie.

Als Gegenentwurf der *Schwarzen Stadt* wird seit 2011 das städtebauliche Großprojekt *Weiße Stadt Baku* realisiert. Der ölverseuchte Erdboden wurde und wird beräumt und ausgetauscht, einschließlich der Uferpromenade. Architekten aus aller Welt werden für Bauprojekte eingeladen. Das Heydar Aliyev Cultural Center, gebaut nach Entwürfen der irakisch-britischen Architektin Zaha Hadid, ist nur eines davon.

Tag 40

Freundschaftlich und familiär

B»evor du abreist, möchte ich dir noch von der Liebe erzählen.« Ulviya sagt es wie nebenher, zugleich entschieden. Mir erscheint das ungewöhnlich, auch Ulviyas Vertrauen in das, was ein Wort vermag.

Und so wichtig die Liebe ist: Aus unterschiedlichen Gründen verschiebt sich unser Gespräch immer wieder, bis auf den 40. Tag, den Tag meiner Abreise. Wir verabreden uns für den Abend und direkt auf dem Bahnhof.

Kinder

Immer wenn ich mit der Metro fahre, geht es über die Rolltreppe hinunter in die Tiefe. Dabei ist über Monitore ein Film zu sehen. Es ist ein Film über häusliche Gewalt. Die Dauer dieses Films ist genau auf die Geschwindigkeit der Treppe abgestimmt.

... und zwar sind da die Eltern. Sie sind zu Hause und sie streiten sich. Der kleine Sohn hat sich versteckt und beobachtet alles. Kaum ist der Vater weg, geht der Junge zur Mutter, um sie zu trösten ...

Unseren Kindern soll es gut gehen. Und vielleicht machen sie es sogar besser als wir. Die Hoffnung besteht.

... und zwar sitze ich in Länkäran in einem Café. Eine junge Familie setzt sich an den Nebentisch. Ihr Sohn, etwa sieben Jahre alt, trägt eine Nickelbrille. Während die Eltern die Bestellung aufgeben, kommt der Junge zu mir herüber und beginnt, ohne mich anzusehen, die geometrische Musterung eines der Stühle an meinem Tisch genauer zu untersuchen. Er studiert den Stuhl von allen Seiten. Schließlich setzt er sich – über Eck – zu mir und schaut ernst vor sich hin. Ich mag ihn sofort. Als die Eltern sein Verschwinden bemerken, lachen sie freundlich zu mir herüber, rufen ihn, und überhaupt ist sein Eis jetzt gekommen.

... später sitze ich auf dem Rückweg von Ismailly nach Baku in der Marschrutka. Unterwegs gibt es wie immer eine Pause. Als ich nach der Pause wieder zurück auf meinen Platz am Fenster gehe, setzt sich plötzlich ein etwa neunjähriger Junge neben mich. Dabei schaut er ernst und gewichtig aus, ohne mir einen Blick zu schenken. Seine Mutter sieht es, lacht und winkt ihn zu sich nach vorn.

Es ist später Nachmittag. Ulviya und ich treffen uns in der Pizzeria im Bahnhof. Meinen blauen Koffer habe ich dabei. Wir entscheiden uns für einen langen Tisch in der Ecke. Als ich mich setze, kommt mir, warum auch immer, Irmtraud Morgners Roman *Amanda* und vor allem die dortige fantastische Tafelrunde der Frauen in den Sinn. Und kaum sitzen wir, beginnt auch schon meine *Tafelrunden-Imagination* – und zwar mit Frauen *und* Männern, mit Kindern natürlich auch. Es setzen sich mit zu uns an den Tisch: Vater, Mutter, Sohn aus dem Kurzfilm in der Metro, der Junge mit der Nickelbrille samt Eltern sowie der Junge aus der Marschrutka, gemeinsam mit seiner Mutter.

Frauen und Partner

Flüsternd, wispernd, machen sich die imaginierten Gäste miteinander bekannt. Sie tauschen sich aus. Ulviya rückt näher zu mir und beginnt zu erzählen: »Ich bin halb russisch und halb aserbaidschanisch. Meine Eltern haben aus Vernunft geheiratet. Meine Mama war eine starke Frau und hat sogar Karate trainiert. Sie vertritt starke Positionen im Leben und hat zugleich ein weiches und liebevolles Herz. Es war sehr mutig von ihr, sich scheiden zu lassen, Mitte der 1990er-Jahre, in dieser schweren Zeit. Andere blieben trotz fehlender Liebe für immer zusammen. Damals war ich fünf Jahre alt. – Meine Mutter hat immer gearbeitet. Zuerst hat sie genäht, dann hat sie als Kunstlehrerin an einer Schule gearbeitet und später an der Universität. Sie hat ihr ganzes Leben mir gewidmet; mit dreißig Jahren schätzt du das mehr. Inzwischen ist sie 57 Jahre alt und immer noch schön und gepflegt. Manchmal versteht sie mein Leben nicht, aber – sie versucht es zu verstehen.«

... und zwar gibt es in Baku eine Moschee, die eine Frau gestiftet hat. Nabat Khanum Aschurbeyova war eine der reichsten Frauen in Aserbaidschan. Und diese Moschee heißt »Taza Pir«.

Nabat Khanum finanzierte 1905 den Bau von »Taza Pir« mit dem Brautgeld, das sie von ihrem Mann bekam. Der Philanthrop Taghiyev bot ihr an, bei der Finanzierung zu helfen. Doch Nabat Khanum lehnte ab: »Wenn Sie die Möglichkeit haben, dann lassen Sie selbst eine Moschee bauen!« Und obwohl Nabat Khanum damals bereits 110 Jahre alt war, kam sie jeden Tag auf die Baustelle. Als sie im Alter von 117 Jahren starb, wurde der Bau von ihrem Sohn fertig gestellt.

Der Philanthrop Hadschi Zeynalabdin Taghiyev, der den Grundstein der Moschee hatte setzen dürfen, durfte nun auch den letzten Stein in die Kuppel fügen. Viele Menschen waren gekommen. (53)

»Weißt du, Constanze«, erzählt Ulviya weiter. »Ich habe einen Traum: Ich möchte später einmal ein *Sozialbuch* schreiben, vielleicht mit einem Freund zusammen. Und in diesem Buch möchte ich über die Art und Weise unseres Lebens schreiben und wie es sich seit den 1990er-Jahren bei uns entwickelt und verändert hat – über die Arbeit, das Essen, das Benehmen, und auch darüber, wie wir unsere Freunde oder auch unseren Partner wählen. Es soll ein Blick von außen sein, Erinnerungen sollen erzählt werden, Geschichten, reale und erfundene.«

Das verblüfft mich, denn genau nach demselben Prinzip schreibe ich dieses Buch. Inzwischen sitzen Nabat Khanum samt Familie und der Philanthrop Hadschi Zeynalabdin Taghiyev mit bei uns am Tisch. Weitere Philanthropen kommen hinzu. Und würde es nicht an der Zeit sein, sich um die Bewirtung zu kümmern, könnte ich ihre Namen noch aufzählen. Auch Mayilov ist auf jeden Fall mit dabei.

Natürlich bewirte ich die Gäste mit traditionellen Köstlichkeiten – Kutab, Kebab, Piti, Pilaw, Levengi aller Art ... und nicht zu vergessen: mit »meinen« *drei Schwestern.* Dazu gibt es Fladenbrot, grüne Kräuter, Salate und Suppen. Alles geschieht wie von selbst, von unsichtbarer Hand. Der Tisch wird gedeckt, die Speisen aufgetragen, die Teekännchen gebracht und die Gläser gefüllt. An der Tafel herrscht eine feierliche, familiäre und zugleich höflich zurückhaltende Stimmung.

Über die Liebe

Es wird Abend. Bis zur Abfahrt des Zuges nach Tbilissi bleibt noch etwas Zeit. Der Bahnhof rauscht. Koffer werden über die Wege gerollt, Gespräche geführt und Lautsprecherdurchsagen erschallen.

»Liebe Hörer«, beginnt jetzt Ulviya zu scherzen: »Was kann ich Ihnen über die Liebe erzählen?« Wir lachen. Fragend ergänze ich: »Über die Liebe in Aserbaidschan?«

»Jaja, in Aserbaidschan«, versichert Ulviya und atmet kurz durch. Irgendwo im Hintergrund beginnt, und das ist *keine*

Imagination, eine Geige zu spielen, pausiert, um dann erneut einzusetzen.

Ich höre das Spiel der Geige und erinnere mich an Tinay, die Philosophin, und daran, was sie in einem Interview gesagt hat, befragt nach ihrer eigenen *weiblichen Geschichte*: »Ich habe leider keine Geschichte, die ein Vorbild für Gender-Aktivisten sein könnte. In dieser Hinsicht bin ich ein sehr langweiliges Thema. Rein weiblich zu sein, hat mich nie gestört. Die meisten Männer in meinem Leben waren gute Leute. Nur aus Versehen? Das könnte kaum der Fall sein.« (54)

»Was passiert momentan?«, fragt Ulviya rhetorisch weiter. »Heutzutage? Und was passiert mit mir?« Sie schaut mich lange an, ohne sich von meiner Tafelrunden-Imagination ablenken zu lassen.

Vor dem Gesetz sind in Aserbaidschan Männer und Frauen gleichgestellt. Bereits 1919 wurde in der ersten Republik Aserbaidschan das Wahlrecht für Frauen zum Gesetz. Heutzutage arbeitet mehr als die Hälfte aller Frauen. Mir selbst sind in meiner Zeit in Aserbaidschan eine ganze Reihe von Frauen in führenden Positionen begegnet – im Teppichmuseum, im Baku Book Center, im Tourismusinformationszentrum Scheki ... Die Statistik sieht meine persönlichen Erfahrungen allerdings nicht als exemplarisch an: Auch hier fehlen Frauen in den Führungspositionen.

Unsere Tafelrunde im Bahnhof zu Baku erweitert sich. Soeben sind zum Abschied auch sämtliche *meiner* Taxifahrer eingetroffen, Telman, Jacub, Aydin ... Zum Glück passen imaginiert immer mehrere Menschen auf einen Stuhl. Es werden mehr und mehr, und alle sind nicht zu nennen. Und während sich alle miteinander verbinden, erinnere ich mich an die Äußerung eines Aserbaidschaners, der mir unterwegs versichert hat: »Wir schätzen unseren Präsidenten. Und glauben Sie mir: Wenn wir wirklich einen anderen Präsidenten haben wollten, dann würden wir dafür sorgen, dass wir ihn bekommen. Und – unterschätzen Sie zudem nicht das Amt der Vizepräsidentin.«

Richtig, seit 2017 gibt es dieses Amt und wird ausgefüllt durch die Frau des heutigen Präsidenten, Mehriban Aliyeva.

Elinas Schicksal

... und zwar ist es der 6. April 2019. Elina ist vierzehn Jahre alt, und sie ist verzweifelt. Offenbar kann ihr niemand helfen. Es ist ein persönliches Schicksal, das sie erdrückt. Und so steigt sie an diesem Tag hinauf in die 3. Etage ihrer Schule und springt aus dem Fenster. Als sie am Boden aufkommt, lebt sie noch. Der Krankenwagen kommt erst später, denn zuerst möchte die Schulleiterin mit ihr sprechen. Elina fällt ins Koma. Zwei Tage später ist sie tot.

Wie ein Lauffeuer spricht sich Elina Hadschijevas Schicksal in Baku, ja in ganz Aserbaidschan herum. Die Nation ist eins; was einer geschieht, geschieht allen. Man nimmt emotional Anteil. Bis heute ist Elina nicht vergessen. Immer wieder wird von ihr erzählt. Und jeder erzählt die Geschichte anders. Und auch ich, die ich in dieser Zeit, da es geschah, gerade in Baku zu Gast gewesen bin, erfahre von Elinas Tod, denn sofort entwickelt sich eine umfängliche Social-Media-Bewegung: *Bleib nicht still für Elina.* Die Zivilgesellschaft ist wach, meldet sich zu Wort.

So höre ich unter anderem: »Soll es meinen Kindern auch so gehen? Oder den Kindern meiner Freunde? Soll ihnen vorgeworfen werden, dass sich ihre Eltern scheiden ließen? Wir sorgen für unsere Kinder, auch wenn wir getrennt leben.«

Unterschiedliche Farben

»Zugleich«, setzt Ulviya fort, »wählen hier sehr oft immer noch die Eltern den Ehepartner aus, auch in Baku. In den 1980er-Jahren, während der Zeit der UdSSR, war das nicht so. Da hat jeder geheiratet, wen er wollte, natürlich auch Partnerinnen oder Partner anderer Nationen. Damals waren wir alle zusammen, wie eine ganz eigene Nation. Aber inzwischen leben in der Hauptstadt viele, die in den 1990er-Jahren aus den verschiedenen Regionen des Landes nach Baku gekommen sind. – Heutzutage ist es oft auch so, dass die Frau vorher schon einen anderen Freund gehabt hat und das dann zum Problem für den jetzigen Mann wird. Er meint, er müsste unbedingt wissen, was genau zwischen der Frau und dem vorherigen Mann gewesen ist. Und wenn da ein Kuss war, dann gilt dieses Mädchen bereits als verdorben. Natürlich denken nicht alle so, aber das verdirbt die Gesellschaft. Das vergiftet mich auch selbst, weil ich immer daran denken muss, was andere über mich denken.«

Ich erinnere mich an Ashurey. Auch mit ihr habe ich natürlich über die Liebe gesprochen. Ashurey meinte, dass es vielleicht vor fünf Jahren noch so gewesen ist, wie Ulviya es jetzt erzählt, dass die Gesellschaft heute aber offener werde, zumindest in Baku.

So nach und nach kommen auch Chingiz, Elnur, Vügar, sogar Fazil und seine Frau und nehmen an meiner Tafel-Abschiedsrunde Platz. Ja, sämtliche Figuren meines Buches versammeln sich.

»In der letzten Zeit«, sagt Ulviya, »mache ich es dann einfach so, wie ich es denke. Es ist mir schon egal. Aserbaidschan ist eine demokratische Republik. Jeder entscheidet für sich selbst, was er macht. Und alles andere ist der Druck seitens anderer Menschen ... Wir erleben gerade diesen Punkt, wo die Menschen entweder alles ändern werden oder ... Und momentan findet auch so etwas wie eine kleine Revolution der jungen Menschen statt. – Im April sprang ein vierzehnjähriges Mädchen aus dem Fenster. Elina hatte ihre Haare gefärbt mit verschiedenen Farben. Und sie war befreundet mit einem Jungen. Eigentlich also nichts Besonderes, oder?«

Im Hintergrund klingelt ein Mobiltelefon. Inzwischen füllt sich die Pizzeria ganz real. Aber keiner der Reisenden fragt nach einem Platz an unserer Tafel ...

»Ich denke nicht, dass dieses Mädchen ein schlechter Mensch gewesen ist«, meint Ulviya, »oder gar ein unmoralischer. Und auch alle meine Freunde würden so nicht über sie denken. Du sollst helfen, dass der Mensch lebt, und nicht, dass er sterben möchte.«

... und zwar ist Khurschidbanu Natavan eine der größten Poetinnen, die Aserbaidschan je hatte. Ihr Denkmal steht im Zentrum von Baku, direkt vor dem Hard Rock Café, dort, wo junge Menschen gern sind. Natavan wurde als die einzige Erbin des Karabach-Khan 1832 in Schuscha geboren. Ihr Vorname Khurschidbanu stammt aus dem Persischen und bedeutet »Frau Sonne«, ihr Nachname ist ein Pseudonym und bedeutet auf Persisch »machtlos«. Natavan engagierte sich und sorgte 1883 für die erste Wasserleitung in ihrer Stadt.

»Wer sind sie alle, um mir zu sagen, was für mich richtig ist und was schlecht? Ich werde selbst meine Fehler machen, meine Erfahrungen.«

... und zwar beginnt die Verfassung des Landes mit den Worten: »Das aserbaidschanische Volk ist die einzige staatliche Machtquelle in der Republik Aserbaidschan.« Und es ist ein sehr altes Volk mit einer wechselvollen Geschichte und vielen, tiefen Erfahrungen. Was auch immer gesagt wird über dieses Volk, ob aus Kenntnis oder Unkenntnis: Das, was wahr ist, ist abgespeichert.

»Was sind deine Wünsche?«, frage ich Ulviya. Langsam nähert sich unser Gespräch seinem vorläufigen Ende. Und Ulviya antwortet: »Ich wünsche, dass jeder sich erlauben kann zu lieben. Einige hier sagen: *Ich werde heiraten und mir nebenher nehmen, wen ich will.* Das ist etwas, das ich nicht sehen will. Also, ich will mehr Liebe sehen. Ich will Paare sehen, junge Paare. Und dass die jungen Menschen in der Schule ihre erste Liebe nicht verheimlichen müssen. Eine erste Liebe ist doch das Beste, was sie erleben können!«

Ich schaue auf die Uhr. Ein wenig Zeit bleibt uns noch ...

»Meine Freunde sind für mich sehr wichtig, mein kleiner Freundeskreis. Und das sind *die* Menschen, die ich selbst gewählt habe aus Hunderten und Tausenden und sie mich auch. Das sind Menschen, mit denen ich leben und sterben kann. Wir unternehmen viel zusammen. Dabei sind wir sehr verschiedenartig. Jeder hat seinen eigenen Charakter. Aber das ist kein Problem, weil ich weiß, auch wenn wir uns streiten, nicht miteinander sprechen – ich werde wieder zurück zu diesen Freunden gehen. Sie warten schon auf mich. – Die Eltern kannst du nicht wählen. Aber deine Freunde wählst du selbst. Du übernimmst eine Verantwortung, wenn du jemanden *Freund* nennst. Den kann man nicht einfach verlassen und gehen. Das ist eine große Zusammenarbeit.«

Langsam beginne ich mich innerlich zu zerteilen. Der eine Teil schnappt sich bereits den blauen Koffer und geht langsam vor zum Bahnsteig; der andere Teil sitzt noch mitten in der imaginierten Tafelrunde und hört der realen Ulviya auch weiterhin aufmerksam zu: »Zum Beispiel ist da einer meiner Freunde. Inzwischen sind wir seit dreiundzwanzig Jahren befreundet, obwohl wir uns nicht so oft treffen. Aber ich weiß: Namik ist da. Und mit Kamil bin ich seit meinem vierzehnten Lebensjahr befreundet, jetzt also auch schon seit vierzehn Jahren. Und ich liebe auch die Frauen von Namik und Kamil. Ich liebe ihre Kinder. Freundschaft ist sehr wichtig. Ich würde sogar sagen: Wenn der Mann, *mein* Mann, meine Freunde nicht verstehen würde, dann wäre das ein deutliches Zeichen für mich …«

Mit vier Augen

Kaum hat Ulviya das Wort *Zeichen* ausgesprochen, löst sich die gesamte Tafelrunde in Luft auf. Es ist auch höchste Zeit. Ich werde wieder ganz ich und langsam begeben wir uns zum Zug. »Ich werde immer für Sie da sein«, hatte mir Ulviya kurz vor meiner Ankunft in Aserbaidschan versprochen. Und sie hat es gehalten.

Der Zug steht schon im Gleis und vor den einzelnen Waggons erwarten die einzelnen *Provodnitsij,* die Schaffnerinnen, uns Reisende. Eine Schaffnerin mit Blüte im Haar ist nicht zu sehen.

Plötzlich höre ich hinter mir Ashureys helles Lachen. Für einen Moment halte ich es für eine weitere Imagination. Aber als ich mich umdrehe, ist Ashurey wirklich da. »Überraschung!«, ruft sie fröhlich und klatscht, um diese Überraschung eindringlich zu besiegeln, einmal in die Hände. Schließlich sind wir Freunde, haben auch wir uns gewählt. Und nun tragen wir Verantwortung. So traurig ich auch bin, so sehr freue ich mich.

Kurz bevor die Waggontür sich hinter mir schließt und der Zug – langsam, langsam, meditativ – in Richtung Tbilissi losfährt, höre ich noch, wie Ulviya ruft: »Gute Reise! – Komm bald wieder!« Und Ashurey ruft: »Ich warte – auf dich, auf das Buch; ich warte mit vier Augen, ich warte wirklich sehr.«

Epilog

Der schöne Park

... und zwar ist da ein Kind, das den schönen Park so sehr liebt.
»Mama, gehen wir heute in den Park?«, fragt es die Mutter.
»Inschallah. Wenn Gott es erlaubt.«
Der Tag vergeht, und sie kommen nicht in den schönen Park.
»Mama, und gehen wir heute in den Park?«
»Inschallah.«
»Ich möchte so gern in den schönen Park. Gehen wir?«, fragt das Kind am dritten Tag und fügt gleich mit hinzu: »Mama, lass heute nicht Gott entscheiden. Bitte, entscheide heute du!«

Ortsregister

Quellenangaben

1 http://irs-az.com/new/pdf/201304/1367240353461714891.pdf.
2 Ethnic Tourism in Azerbaijan. Guidebook for Tourists. Ministerium für Kultur und Tourismus Aserbaidschan. Golden Book Publishing House 2015.
3 https://www.azadliq.org/a/25156605.html, Radio Free Europe vom 04.11.2013.
4 https://en.wikipedia.org/wiki/Mir_Movsum_Agha.
5 André Ahmed Al Habib: Sufismus. Das mystische Herz des Islam. Eine Einführung. Verlag H.J.Maurer, Frankfurt/ Main 2005, S. 218.
6 Aristoteles: Nikomachische Ethik. Philipp Reclam Verlag GmbH 1986, S. 17.
7 Nach den Infotafeln im Mädchenturm Baku.
8 Nach dem Programmzettel. Marionettentheaters Baku.
9 Günel Anarkyzy: Karabach Erzählungen. Übersetzungen: Sadagat Naghiyeva und Etibar Qaniyev. Mit Unterstützung der Bank Technique, des Europakongresses der Aserbaidschaner und des Diaspora Komitees der Republik Aserbaidschan. 2013, S. 10–12 sowie S. 13 ff.
10 *RadioFreeEurope/ RadioLiberty* vom 3. Februar 2019.
11 Lew Tolstoi: Krieg im Kaukasus. Neuübersetzung von Rosemarie Tietze. Suhrkamp 2018, S. 494.
12 www.azernews.az/culture/51031.html.
13 J. W. Goethe: Poetische Werke. West-östlicher Divan. Epen. Maximen und Reflexionen. Phaidon Verlag, S. 162.
14 Erzählt von Constanze John nach: https://en.wikipedia.org/wiki/Book_of_Dede_Korkut.
15 Nourida Ateshi (Hg.), Falter & Flamme. Ein Jahrtausend

aserbaidschanischer Liebeslyrik. Übersetzung von Nourida Ateschi und Jan Weinert. Matthes & Seitz, Berlin 2008, S. 9.

16 Nizami: Die Geschichte der Liebe von Leila und Madschnun. Erzählung. Aus dem Persischen und mit einem Nachwort von Rufolf Gelpke, Unionsverlag, Zürich 2001, S. 50.

17 Renate Würsch, Nizamis Schatzkammer der Geheimnisse. Eine Untersuchung zu Mahzan ul-asrar. Reichert Verlag, Wiesbaden 2005.

18 Aysel Abbasova, unveröffentlichte Texte.

19 Broschüre: Deutsche in Aserbaidschan, von Prof. Rauf Guseynow und Taira Aliyewa; Projektleiter: Razim Efendiew. Ministerium für Kultur und Tourismus der Republik Aserbaidschan.

20 www.kaukasusdeutsche.de/en/erinnerungsorte/aserbaidschan/muttersiedlungen/helenendorf.

21 nach Michail Lermontow: Aschik-Kerib. Verlagshaus Mescheryakov, Wien 2011.

22 Aşık. Siehe: www.wikiwand.com/de/A%C5%9F%C4%B1k.

23 en.wikipedia.org/wiki/Murtuza_Mukhtarov.

24 Chingiz: Thoughts about the given. Yarat und Moma Aserbaidschan, Redaktion: Amin Babayev. 2014.

25 https://media.az/culture/1067750465/kurator-nashumevshego-festivalya-to-be-a-woman-obschestvo-zaciklilos-na-izobrazhenii-transgendera-foto/?fbclid=IwAR3FKkeOefets8l3E60CJNV4X-9Wz9dosTqyZ_dtPOIeTbtpooRbvrRa6g8.

26 The Yarat paper. #3/03//2018, S. 13 und S. 14.

27 www.azer.com/aiweb/categories/magazine/31_folder/31_articles/31_Razimbabayev.html.

28 www.azer.com/aiweb/categories/magazine/72_folder/72-articles/72_Razim.html.

29 Nach: www.azer.com/aiweb/categories/magazine/43_

folder/43_articles/43_children.html.
30 www.azer.com/aiweb/categories/magazine/31_folder/31_articles/31_fazilnajafov.html.
31 Freiherr Max von Thielmann: Streifzüge im Kaukasus, in Persien und in der asiatischen Turkei. (Nachdruck der Ausgabe von 1875.) Nomad Press, Nürnberg 1979, S. 253.
32 Richard Christ: Um die halbe Erde in hundert Tagen. Reisegeschichten. Aufbau-Verlag, Berlin und Weimar 1976, S. 128.
33 sputnik.az/life/20160907/406982996/turbe-bobogil-cenub-lerik-ziyaretgah.html.
34 https://en.wikipedia.org/wiki/Shirali_Muslimov.
35 Hundertjährige in Aserbaidschan. In: Azerbaijan international, Autumn 1994 (2.3), S. 32–34. web.archive.org/web/20101213034612/http://azer.com/aiweb/categories/magazine/23_folder/23_articles/23_centenarians.html.
36 Guidebook des Länkäran Tourismusinformationszentrums (PDF).
37 Nizami: Die Geschichte der Liebe von Leila und Madschnun. Übersetzer: Rudolf Gelpke. Unionsverlag, Zürich 2001. S. 8.
38 Alexandre Dumas: Gefährliche Reise durch den wilden Kaukasus: 1858–1859. Neu bearb. und hrsg. von Ernst Bartsch. Ed. Erdmann in K. Thienemanns Verlag, Stuttgart 1995, S. 151.
39 jam-news.net/sufi-tombs-in-azerbaijan-whatever-you-do-dont-disturb-the-snakes/.
40 Nesimi. Ins Absolute schwand ich hin, mit Gott bin ich zu Gott geworden. Gedichte aus dem türkischen Diwan. Übersetzung, Kommentar und Vorwort: Michael Reinhard Heß, poetische Bearbeitung: Reinhart Moritzen. Sharq-Qarb, Baku 2012, S. 361.
41 Ebenda, S. 11.

42 Ulviyas Übersetzung.
43 Nourida Ateshi (Hg.), Falter & Flamme. Ein Jahrtausend aserbaidschanischer Liebeslyrik. Übersetzung von Nourida Ateschi und Jan Weinert. Matthes & Seitz, Berlin 2008, S. 46–49.
44 Two worlds can fit into me. I cannot fit into this world. Azerbaijan's immortal poet Immadeddin Nesimi. Michael Reinhard Heß. Gulandot Verlag 2019.
45 Immadeddin Nasimi: A great Azerbaijani poet. Poems, Mini classic c/o Samira.
46 Nizami: Die Geschichte der Liebe von Leila und Madschnun. Erzahlung. Aus dem Persischen und mit einem Nachwort von Rufolf Gelpke, Unionsverlag Zürich 2001, S. 51.
47 Essad Bey: 12 Geheimnisse im Kaukasus. Mit einem Nachwort von Tom Reis. H.J. Maurer Verlag 2008, S. 160.
48 Meditiert von Constanze John - nach den Erzählungen von Tarlan Manafov.
49 www.azer.com/aiweb/categories/magazine/82_folder/82_articles/82_heyerdahl.html.
50 Thor Heyerdahl: Beyond Borders, Beyond Seas. Azerbaijan International, 2011, S. 26.
51 http://www.azer.com/aiweb/categories/magazine/71_folder/71_articles/71_shaig.html.
52 Richard Christ: Um die halbe Erde in hundert Tagen. Reisegeschichten. Aufbau-Verlag, Berlin und Weimar 1976, S. 130.
53 Erzählt von einem aserbaidschanischen, geschichtskundigen und sehr gläubigen Freund.
54 https://literaz.com/news/go/39/tinay-musdiyeva-ile-musahibe.

Weiterführende Literatur

Vougar Aslanov: Die unglaubliche Geschichte von Malik Mammad und andere aserbaidschanische Märchen, Größenwahn Verlag, Frankfurt am Main 2016.

Lesley Blanch: Die Säbel des Paradieses. »So trafen die Säbel des Paradieses auf die Musketen des Zaren«. Rowohlt Verlag, Hamburg 1965.

Mark Elliott: Azerbaijan. The Mark Elliott Guide. (In englischer Sprache). Teas Press 2018.

Alexander Goldstein: Denk an Famagusta. Übersetzung: Regine Kühn. Matthes & Seitz, Berlin 2016.

Oruc Güvenc, Andrea Azize Güvenc: Heilende Musik aus dem Orient. Vom traditionellen Wissen der Schamanen und Sufis zur praktischen Anwendung altorientalischer Musiktherapie. Südwest Verlag, München 2009.

Maksud Ibragimbekow: Es gab keinen besseren Bruder. Verlag Volk und Welt, Berlin 1975.

Alexander Ilitschewski: Der Perser. Suhrkamp Verlag, Berlin 2016.

Heike Maria Johenning: City Trip Baku, Reise Know-How 2018.

Tom Reiss: Der Orientalist. Auf den Spuren des Essad Bey. Osburg Verlag, Hamburg 2008.

Kurban Said: Ali und Nino, Ullstein Taschenbuchverlag, Berlin 2017.

Jan Zychlinski: Jenseits der Grenzen. Beyond the Borders. Erkundungen bei den vergessenen Flüchtlingen im

Südkaukasus. Fotos, mit einem Vorwort von Ekkehard Maaß. Mitteldeutscher Verlag, Halle 2016.

Im Internet:
No comment! Baku 20 JANUARY 1990: www.youtube.com/watch?v=lBpLkzSLzPI
Der Brillantenarm: www.youtube.com/watch?v=IvVpbNaSk6k&t=136s
www.azerbaijanrugs.com

Danksagung

Ohne die folgenden Menschen wäre dieses Buch nie das geworden, was es heute ist. In diesem Sinne danke ich sehr:

Aysel Abbasova, Mehbara Abbasova, Aschik Adil, Gülbani Aliyeva und ihre Familie, Ulviya Alizade, Meister Amiraslan, Günel Anarkyzy (Rzayeva), Taxifahrer Aydin (Baku), Asgarov Ramin Aydin (State Tourism Agency of the Republic of Azerbaijan. Zaqatala Tourist Information Center. Director), Ilqar Azimov (Lankaran Tourism Information Centre, Explore Lenkeran with us), Chingiz Babayev, Elnur Babayev, Aysel Badalova, Birgit Berg-Becker, Hans Heiner Buhr, Jovelino Caldas, Maria Caldas, Vügar Dadashov, Elchin und seine Familie, Roland Erb, Marga Erb, Dr. Rüdiger Frey, Tarlan Gorchu, Heyran Gorchu, Gerd Grunewald, Andrea Azize Güvenç, Dr. Rahmi Oruç Güvenç, Familie Guliyev, Simone Häberli, Ralph Hälbig, Maria Anna Hälker, Samira Hashimzadeh, Husein Haji-Mustafazade, Katrin Hasert, Svenja Heinle, Veit Helmer, Uwe Henschel, Michael Reinhard Heß, Uwe Hilbig, Shah Palace Hotel Baku, Alfons Hug (Goethe-Zentrum Baku), Martha Hummel, Fikrät Ismailov, Jacub (Länkäran), Eckhard Jancker, Heike Maria Johenning, Vafa Khalilova, Barbara Kohler, Evelin Kolbe, Alexandra Kur, Carmen Laux, Eva Lennartz, Mir Teymur Mammadov, Sevil Mammadova, Tarlan Manafov, Ina Mehrfert, Sahil Michaelov, Mohammad (Länkäran), Tinay Tinay Muşdiyeva, Firahnaz Musayeva (Head of International Relations and Innovations Department. Teppichmuseum Baku), Murad Nabiyev, Seran Mamedov und Familie, Fazil Najafov und seine Frau, Sabine Nikolay, Samira Patzer-Ismailov, Natalie Pilz, Ashurey Ramazanova, Rustam Rustamov, Nadeshda Shabina, Shorena Shamanadze, Shamo und seine

Familie, Sabina Shikhlinskaya, Samira (Gändschä), Liane Schäfer, Shaki Host House (Äfqan, Näzakät, Fidan, Nicat), Taxifahrer Shamo (Ismayli, Lahidsch), Jutta Schlott, Ludmilla Thiele, Iskra Tarrant, Taxifahrer Telman (Sheki), Vahid (Lahidsch), Birgit Wohlgemut, Andrea Wurth, Rustam Xinaliqli und Familie, Sabina Yadullayeva (Azerbaijan Tourism board, Destination Management Organizations Specialist, Atq (Lahidsch), Sheki, Qakh, Zaqatala, Balaken), Zeynab sowie dem Lektor dieses Buches Matthias Teiting.

Mein besonderer Dank gilt dem DuMont Reiseverlag, insbesondere Dr. Philip Laubach-Kiani und Svenja Heinle, die diesen Titel bestärkt und begleitet haben.

DUMONTREISE.DE

DUMONT